Deutsch in Alltag und Beruf

Kurs- und Übungsbuch B1+/B2.1

mit Audios und Videos

Ulrike Moritz
Margret Rodi
Lutz Rohrmann

Ernst Klett Sprachen

Stuttgart

Von
Ulrike Moritz, Margret Rodi, Lutz Rohrmann

Das Lehrwerk ist eine Neubearbeitung des Titels „Berliner Platz 4 NEU" von Eva Harst, Susan Kaufmann, Anna Pilaski, Margret Rodi, Lutz Rohrmann und Ralf Sonntag.

Projektleitung: Annalisa Scarpa-Diewald
Redaktion: Annalisa Scarpa-Diewald, Carola Jeschke
Gutachter: Ludwig Hoffmann, Susan Kaufmann, Rainald Laurer und Evguenia Rauscher
Satz und Repro: Franzis print & media GmbH, München
Gestaltungskonzept und Layout: Britta Petermeyer, Snow, München und Nürnberg
Umschlaggestaltung: Studio Schübel, München
Coverfoto: © Monkey Business – shutterstock.com und RobinE – shutterstock.com
Illustrationen: Hans-Jürgen Feldhaus, Feldhaus Text & Grafik, Münster

Fotoarbeiten: Hermann Dörre, Dörre Fotodesign, München
Fotomodelle: Ruth Althammer, Moritz Benkert, Markus Brendel, Sabrina Cherubini, Marco Diewald, Sarah Diewald, Rossana Fußeder-Ribeiro, Raimund Fußeder, Berthold Götz, Emilia Hoppe, Sabine Hoppe, Annette Kretschmer, Christof Lenner, Alma Naidu, Bruno Marano, Christina Marano, Florian Marano, Anna Preyss, Raphael Rehbach, Jenny Roth, Benjamin Stadler, Roswita Steger, Florian Stierstorfer, Anja Straubhaar, Helge Sturmfels, Kostas Xynogalas

Für die Audios: Tonstudio Plan 1, München
Aufnahme, Schnitt, Mischung: Christoph Tampe
Musik: Annalisa Scarpa-Diewald
Sprecher und Sprecherinnen: Markus Brendel, Marco Diewald, Sarah Diewald, Philipp Hayoz, Florian Hoppe, Sabine Hoppe, Carlotta Immler, Teresa Immler, Veronika Immler, Annette Kretschmer, Rainald Laurer, Felice Lembeck, Christof Lenner, Florian Marano, Alma Naidu, Anna Preyss, Ulrich Scharmer, Anja Schümann, Florian Stierstorfer, Anja Straubhaar, Helge Sturmfels, Peter Veit

Für die Videos: Lizenz durch www.zdf.archive.com / ZDF Enterprises GmbH
Videotrainer: Oliver Bayerlein

Linie 1 B2 – Materialien

Kurs- und Übungsbuch B1+/B2.1 mit Audios und Videos	607111	Intensivtrainer B2.2	607117
Intensivtrainer B1+/B2.1	607114	Lehrerhandbuch B1+/B2	607116
Kurs- und Übungsbuch B2.2 mit Audios und Videos	607112	Testheft mit Audio-CD B1+/B2	607115
		Linie 1 Digital B1+/B2	607113

Audio-Dateien zum Download unter www.klett-sprachen.de/linie1/audioB2   **Code: L1-B1+/AU**
Video-Dateien zum Download unter www.klett-sprachen.de/linie1/videoB2   **Code: L1-B1+/VI**
Lösungen, Transkripte, Lernwortschatz, Kapitelwortschatz u.v.m. kostenlos unter www.klett-sprachen.de/linie1/DownloadB2

Besuchen Sie uns auch im Internet: www.klett-sprachen.de

1. Auflage   1 6 5 4 | 2024 23 22
© Ernst Klett Sprachen GmbH, Rotebühlstraße 77, 70178 Stuttgart, 2018
Alle Rechte vorbehalten.
www.klett-sprachen.de

Druck und Bindung: Elanders GmbH, Waiblingen

ISBN 978-3-12-607111-6

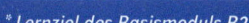

* Lernziel des Basismoduls B2

Linie 1 – aktiv und sicher zum Lernerfolg

Ziele

Linie 1

→ stellt das Sprachhandeln in den Vordergrund und macht so fit für Alltag und Beruf.

→ trainiert gezielt alle Fertigkeiten: Hören, Sprechen, Lesen und Schreiben.

→ bietet eine sanfte Grammatikprogression.

→ unterstützt den Unterricht mit heterogenen Lerngruppen.

→ orientiert sich am „Gemeinsamen Europäischen Referenzrahmen für Sprachen" (GER) sowie am Basismodul B2.

Die ersten vier Kapitel dieses Bandes festigen die Kenntnisse auf B1+-Niveau und bereiten auf das Niveau B2 vor.
Die Bände B1+/B2.1 und B2.2 führen zum Niveau B2 und bieten jeweils Material für ca. 160–200 Unterrichtsstunden.

Struktur Kurs- und Übungsbuch

Linie 1 hat auf dieser Niveaustufe

→ 8 Kapitel mit Kurs- und Übungsbuch,

→ 2 Haltestellen mit einem Angebot zu Landeskunde, Beruf und Wiederholung,

→ 2 Testtrainings mit Übungen zu den Prüfungsformaten der Prüfungen telc Deutsch B1·B2 Beruf und telc Deutsch B2,

→ nützliche Überblickseiten im Anhang: Lernwortschatz, Redemittel, Grammatik u.v.m.

Aufbau der Seiten

Die **Einstiegsseiten** führen in das Kapitelthema ein und präsentieren Lernziele, Wortschatz und wichtige Redemittel.

Auf **3 Doppelseiten** werden die sprachlichen Schwerpunkte des Kapitels in mehreren Lernsequenzen erarbeitet und gefestigt. Alle vier Fertigkeiten werden ausgewogen geübt.

Auf den **Rückschauseiten** wird der Lernerfolg gesichert („Das kann ich") und auf die Grammatikübersicht verwiesen („Das kenne ich").

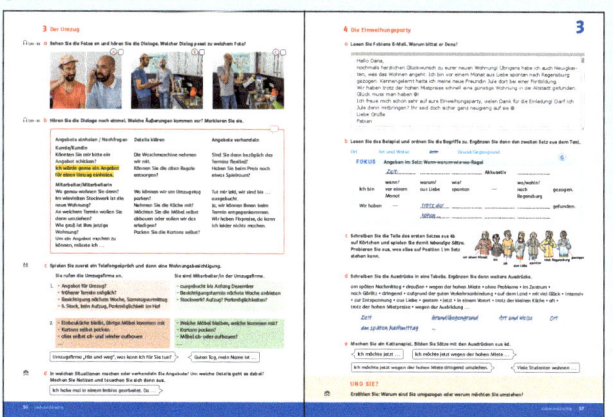

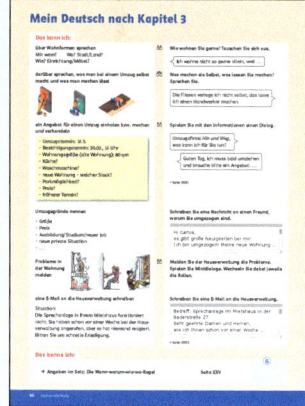

Die Übungsbuchkapitel schließen direkt an die Kursbuchkapitel an und folgen der Nummerierung des Kursbuchteils. **Zu jeder Aufgabe** im Kursbuchkapitel gibt es vertiefende Übungen im Übungsteil.

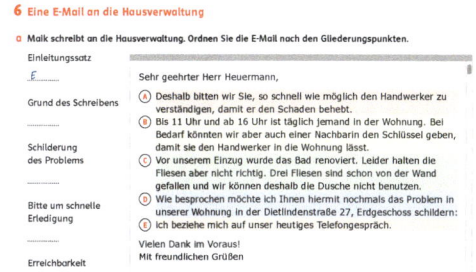

Kursbuchteil

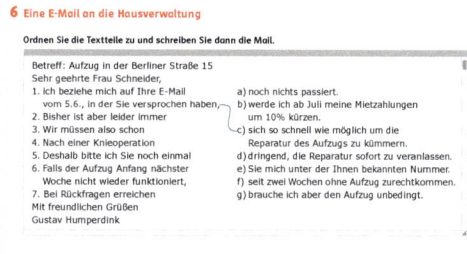

Übungsbuchteil

Didaktische Konzeption

- Handlungsorientierte Aufgaben bereiten die Lernenden auf **Alltag und Beruf** vor.
- Die Lernsequenzen schließen mit UND SIE?-Aufgaben ab, in denen die Lernenden als sich selbst und über sich selbst sprechen können und dabei das Gelernte anwenden.
- Die Rubrik VORHANG AUF bietet die Möglichkeit, das Gelernte spielerisch und dialogisch zu aktivieren.
- Viele Lernsequenzen sind als kleine **Szenarien** strukturiert, in denen alltägliche Kommunikationssituationen geübt werden.

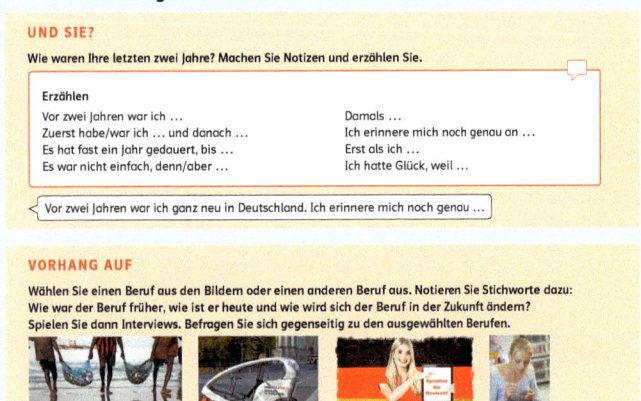

- Wiederkehrendes **Kapitelpersonal** bietet die Möglichkeit zur Identifikation.

- **Binnendifferenzierung** erfolgt durch Wahlmöglichkeiten nach Lerntyp, Interessen, Lerntempo usw.

- Die **Grammatikerarbeitung** erfolgt nach den Prinzipien des entdeckenden Lernens.

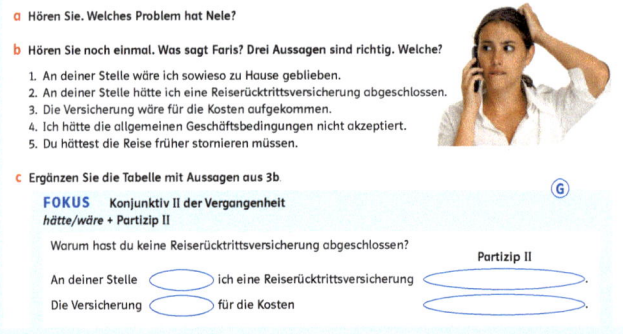

- **Spielerische Aktivitäten** gibt es in den Kapiteln und in den „Haltestellen".

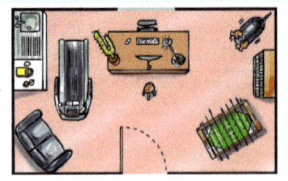

4 Wortschatztraining – Mit Wörtern spielen

a Räume einrichten – Zeichnen Sie eine Skizze von einer Wohnung oder einer Firma auf ein großes Blatt Papier. Möblieren Sie dann die Räume. Machen Sie sich Gedanken, wer hier wohnt oder arbeitet und was in den Räumen passiert.

- Das **Testtraining** in Kapiteln, Haltestellen und Testtrainings bereitet auf die Prüfungen *telc Deutsch B1·B2 Beruf* (P B1·B2 Beruf) und *telc Deutsch B2* (P B2) vor.

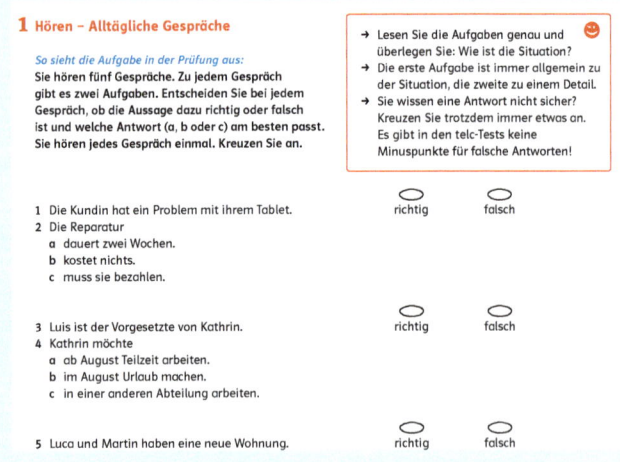

Das bin ich.

JOIN

Chronik   Info   Freunde (62)   Fotos   Mehr

✎ Beitrag

Steckbrief

Gabriela Bergmann

geboren am:
9.2.1990
wohnt in:
München / Deutschland
verheiratet,
eine Tochter (3)
arbeitet bei:
Stilbruch Modemessen
Hobbys:
Wandern, Skifahren,
Fotografieren
Interessen:
Natur, Mode

Fotos
345 Fotos
alle anzeigen

Freunde

Tina Peschl

Amy Havel

Nikos Beratis

18.7.

Am Samstag waren wir in den Bergen wandern. Linas erster Ausflug nach ganz oben! Ob ihr später das Wandern wohl auch noch so viel Spaß macht wie heute?

👍 55

17.7.

Oben auf der Alm gab es frische Milch und ein Radler!

👍 36

10.7.

Die Fashion Premiere Salzburg. Es gibt mal wieder viele Besucher und viele Fragen an uns! Abends komme ich müde nach Hause und freue mich auf meine Familie. Aber ich will mich nicht beschweren. Natürlich brauche ich meine Arbeit, den Kontakt zu den Kollegen und andere Aufgaben als zu Hause.

👍 30

5.7.

Pizza Margherita

Pizza backen ist jetzt meine Spezialität ☺. Wenn es komplizierter wird, kocht Ron.

👍 44

1 Gabrielas Seite

a Sehen Sie sich Gabrielas Profil an. Zu welchen Aspekten bekommen Sie Informationen? Fragen und antworten Sie.

> Was macht Gabriela gern?

> Ich glaube, sie ist gern in den Bergen.

b Was würden Sie heute auf Ihr Profil schreiben? Schreiben Sie einen Eintrag und vergleichen Sie im Kurs.

Sprechen sich und andere vorstellen; von den ersten Tagen bei der Arbeit erzählen; über Freizeitaktivitäten und Hobbys sprechen | **Hören** persönliche Gespräche | **Lesen** persönliche Mitteilungen; persönliche E-Mail; Interview; Infotext zum Thema Lebenslauf | **Schreiben** Forumsbeitrag über ein Hobby oder eine Freizeitbeschäftigung; Lebenslauf | **Beruf** die ersten Tage am neuen Arbeitsplatz; Lebenslauf

2 Das ist Gabriela.

a Lesen Sie die Nachrichten an Gabriela. Wer hat welche Nachricht geschrieben? Ordnen Sie die Grüße zu.

1. Dein Schwesterherz
2. Bis später, Ron
3. Liebe Grüße, Nikos
4. Viele Grüße Betty Reuter

A ☐

Liebe Frau Bergmann,
als neue Kollegin begrüßen wir Sie ganz herzlich in unserem Team und hoffen, dass Sie sich bei uns wohlfühlen!
Bitte kommen Sie morgen um 11 Uhr in mein Büro, damit ich Sie dann allen Mitarbeitern persönlich vorstellen kann.

B ☐

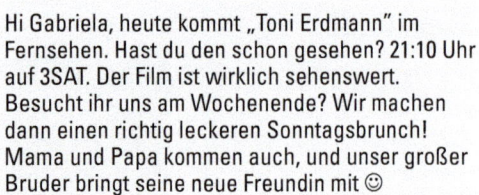

‹ Startseite (2)   ›   📞

Hi Gabriela, heute kommt „Toni Erdmann" im Fernsehen. Hast du den schon gesehen? 21:10 Uhr auf 3SAT. Der Film ist wirklich sehenswert. Besucht ihr uns am Wochenende? Wir machen dann einen richtig leckeren Sonntagsbrunch! Mama und Papa kommen auch, und unser großer Bruder bringt seine neue Freundin mit ☺

Verfasse eine Nachricht …   Aa   📷   ⋯   👍

C ☐

Hallo Schatz, ich muss weg und wir sehen uns heute Abend erst spät. Unsere Kleine schläft schon seit 18 Uhr! Anna passt auf sie auf.
Sie kann bis 21 Uhr bleiben. Das schaffst du trotz Messe, oder? Übrigens: Ich habe dein Lieblingsessen gekocht: Lasagne ☺. Steht im Kühlschrank …

D ☐

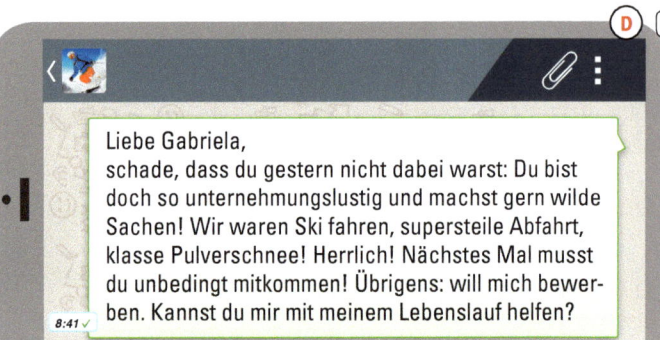

Liebe Gabriela,
schade, dass du gestern nicht dabei warst: Du bist doch so unternehmungslustig und machst gern wilde Sachen! Wir waren Ski fahren, supersteile Abfahrt, klasse Pulverschnee! Herrlich! Nächstes Mal musst du unbedingt mitkommen! Übrigens: will mich bewerben. Kannst du mir mit meinem Lebenslauf helfen?

8:41 ✓

b Lesen Sie die Texte noch einmal. Welche zusätzlichen Informationen zum Profil auf Seite 1 bekommen Sie über Gabriela?

◁ Gabriela hat eine neue Stelle angefangen.

🎧 1.02–04   **c** Hören Sie die Gespräche. Zu welchen Nachrichten aus 2a passen sie? Es gibt mehrere Möglichkeiten. Begründen Sie Ihre Auswahl.

◁ Gespräch 2 passt zu Nachricht B, weil …

🎧 1.02–04   **d** Hören Sie noch einmal. Sind die Aussagen richtig oder falsch? Korrigieren Sie die falschen Aussagen.

1. Eine Freundin sagt, dass für Gabriela die Arbeit nicht so wichtig ist.
2. Gabrielas Mutter denkt, dass Gabriela momentan ein bisschen vergesslich ist.
3. Die Kolleginnen finden, dass Gabriela etwas zurückhaltend ist.

UND SIE?

a Was möchten Sie über die anderen Kursteilnehmer wissen? Notieren Sie mindestens acht Stichpunkte für ein Profil auf ein Blatt.

Name:
Kommt aus:
Charaktereigenschaften:
Lieblingsfilm:
…

b Tauschen Sie Ihre Profil-Blätter aus und schreiben Sie Ihre Antworten zu den Stichpunkten.

c Geben Sie die ausgefüllten Profile zurück und stellen Sie sich gegenseitig vor. Die anderen können weitere Fragen stellen.

Ich möchte Zahra vorstellen. Sie … ▷

3 Ein neuer Arbeitsplatz

a Lesen Sie die E-Mail und notieren Sie Informationen zu diesen Begriffen.

der erste Tag   die Kollegen und Kolleginnen   die Aufgaben   die Familie

Lieber Nikos,

entschuldige, dass ich dir erst jetzt schreibe. Seit September arbeite ich wieder und zwar in einer Agentur für Modemessen. Dort organisiere ich Messeauftritte für Modefirmen! Seitdem ich in der neuen Firma begonnen habe, verfliegt die Zeit nur so.
Als ich am ersten Tag in die Agentur kam, war ich sehr nervös. Aber bisher läuft alles super. Die neuen Kollegen und Kolleginnen sind sehr nett. Sobald ich eine Frage habe, kommt jemand und hilft mir.
Überrascht war ich darüber, dass die Chefin mir gleich das Du angeboten hat. Das war in meiner alten Firma nicht so. Bis ich mich daran gewöhnt habe, dauert es noch ein bisschen 😊. Die Einarbeitung ist spannend, denn ich habe viele neue Aufgabengebiete. Solange ich in der Firma bin, merke ich gar nicht, wie müde ich bin. Aber wenn ich abends nach Hause komme, bin ich kaputt. Und dann kommt die Familie. Ron kümmert sich um vieles, während ich bei der Arbeit bin. Aber es bleibt einiges zu tun. Und Lina gefällt es gar nicht, dass ich abends so spät nach Hause komme. Wenn ich die Haustür aufschließe, möchte sie gleich auf den Arm.
Du wolltest Ratschläge zum Thema „Lebenslauf". Schau dir mal den Text im Anhang an.
Und bevor du deine Bewerbung abschickst, können wir gerne darüber sprechen.

Liebe Grüße
Gabriela

der erste Tag : Gabriela war nervös, aber ...

b Markieren Sie in 3a die Konnektoren: *als, bevor, bis, seitdem, sobald, solange, während, wenn.*
Ergänzen Sie dann die Konnektoren in den Sätzen 1–8. Es gibt zum Teil mehrere Möglichkeiten.

1. Gabriela hat weniger Zeit, ... sie eine neue Stelle hat.

2. .... sie ihre neue Arbeit begonnen hat, war sie aufgeregt.

3. Alle helfen ihr, ... sie Fragen hat.

4. Es dauert etwas, ... man sich an eine neue Arbeit gewöhnt hat.

5. .... Gabriela arbeitet, merkt sie nicht, dass sie müde ist.

6. Ron kümmert sich um vieles, ... Gabriela arbeitet.

7. .... sie nach Hause kommt, möchte ihre Tochter zu ihr.

8. .... Nikos die Bewerbung abschickt, will Gabriela mit ihm sprechen.

G

sobald – solange

Sobald ich eine Frage habe, hilft er.
→ *in dem Moment*
Frage: Wann?

Solange ich arbeite, ist alles o.k.
→ *die ganze Zeit*
Frage: Wie lange?

c Schreiben Sie die Sätze zu Ende. Vergleichen Sie dann im Kurs.

1. Als ich hierher kam, …
2. Seitdem ich in Deutschland bin, …
3. Sobald ich die Arbeit beendet habe, …
4. Bevor ich meinen Lebenslauf abschicke, …

5. Bis ich zu arbeiten beginne, …
6. Solange ich im Büro bin, …
7. Wenn ich abends nach Hause komme, …
8. Während ich zu Mittag esse, …

UND SIE?

Erzählen Sie im Kurs. Wählen Sie.
Ihre ersten Tage im Job.   **oder**   Ihre ersten Tage im Deutschkurs / in Deutschland.

Wenn ich an meine ersten Arbeitstage denke, …

4 Gabrielas Hobbys

a Lesen Sie den Artikel im Outdoor-Journal: Welche Überschrift passt am besten? Kreuzen Sie an.

(A) ☐ Mit der Kamera in die Natur (B) ☐ Wir stellen unsere Kunden vor (C) ☐ Rucksack zu gewinnen

Gabriela Bergmann wandert und fotografiert für ihr Leben gern. Wandern ist für sie Entspannung,
5 Abschalten vom stressigen Alltag zwischen Job und Familie. Die Bewegung in der Natur, Tiere zu beobachten und be-
10 sondere Pflanzen zu sehen, sind ihr wichtig. Und ihre Kamera hat sie auf ihren Wandertouren immer dabei. Wir haben Gabriela in unserem Store in der Herrenstraße kennengelernt, als sie gerade
15 neue Wanderschuhe gekauft hat.
Outdoor-Journal: Frau Bergmann, Sie haben gerade Wanderschuhe gekauft. Seit wann wandern Sie denn?
Bergmann: Meine Eltern haben meine Geschwis-
20 ter und mich immer in die Alpen mitgenommen. Schon als Kind habe ich gelernt, die Berge zu lieben. Wandern ist wirklich eine große Leidenschaft von mir. Später habe ich mich dann für alle möglichen Aktivitäten in den Bergen interessiert: Wandern,
25 Klettern, Canyoning, Skifahren und Schneeschuhwandern – und dann habe ich auch angefangen, mich mit den Pflanzen und Tieren dort zu beschäftigen.

Outdoor-Journal: Sind Sie so ein richtiger Natur-
30 mensch?
Bergmann: Naja, das würde ich so nicht sagen. Ich lebe gerne in der Stadt. Die Natur brauche ich zum Abschalten, Ausspannen. Mein zweites Hobby ist die Fotografie. Ich fotografiere gerne die Natur, aber
35 genauso gerne mache ich Fotos in der Stadt.
Outdoor-Journal: Haben Sie die Begeisterung für die Fotografie auch von Ihren Eltern übernommen?
Bergmann: Nein, mei-
40 ne Oma hat mir eine Kamera geschenkt, als ich 12 war. Sie hat mir damals auch gezeigt, wie die Kamera funktioniert.
45 Das Fotografieren gefällt mir immer noch. Vor ein paar Jahren habe ich mir eine richtig gute Kamera gekauft und an einem
50 Fotokurs teilgenommen. Inzwischen mache ich viel Fotobearbeitung am Computer. Fotografieren ist auch für meine Arbeit wichtig. Ich arbeite in der Messeorganisation. Und auch da kann man eine Kamera gut gebrauchen.
55 **Outdoor-Journal:** Vielen Dank für das Gespräch und viel Freude mit Ihren neuen Schuhen!

Schreiben Sie in unserem Forum über Ihr Hobby! Unter allen Teilnehmern verlosen wir einen modernen Trekking-Rucksack.

b Lesen Sie den Text noch einmal. Eine Person notiert Stichpunkte zu *Natur*, die andere zu *Fotografie*. Tauschen Sie anschließend Ihre Informationen aus.

Natur: Entspannung und Abschalten, ...   *Fotografie: Natur und Stadt, ...*

c Wortschatz genau verstehen – Wählen Sie einige Ausdrücke aus dem Artikel und erklären Sie sie.

abschalten   beobachten   etwas dabeihaben   die Leidenschaft
     die Begeisterung   etwas von jemandem übernehmen   ...

abschalten: Das bedeutet hier, dass man nicht mehr an seinen Alltag denkt, sondern den Kopf frei hat.

UND SIE?

Welche Freizeitaktivitäten finden Sie interessant? Was machen Sie in Ihrer Freizeit? Wofür begeistern Sie sich? Was würden Sie sonst noch gerne machen? Sprechen Sie.

Ich interessiere mich für ..., weil ...   Seit ... mache ich ... Das habe ich begonnen, als ...
Ich habe Interesse an ... Deshalb ...   Ich beschäftige mich gern mit ... Deswegen ...
... macht mir viel Spaß. Man kann ...   Ich würde auch gern ... , denn ...

5 Ich fotografiere die Natur.

a Schreiben Sie die Sätze aus dem Interview mit Gabriela Bergmann in die Tabelle.

1. Ich fotografiere die Natur.
2. Meine Oma hat mir eine Kamera geschenkt.
3. Das Fotografieren gefällt mir.
4. Ich habe an einem Fotokurs teilgenommen.

Ⓖ

FOKUS Verben und Ergänzungen

Subjekt	Verb (1)	Dativ	Akkusativ	Ergänzung mit Präposition + D/A	Verb (2)
Ich	fotografiere		die Natur.		

b Schreiben Sie Sätze mit diesen Verben in eine Tabelle wie in 5a.

sich interessieren für   spielen   sich begeistern für   lesen   sich beschäftigen mit
sammeln   schreiben   gefallen   gewinnen   wünschen   empfehlen

Subjekt	Verb (1)	Dativ	Akkusativ	Ergänzung mit Präpositionen + D/A	Verb (2)
Ich	interessiere		mich	für Basketball.	

c Sammeln Sie weitere Beispiele für Verben, die mit Akkusativ, mit Dativ, mit Akkusativ und Dativ oder mit Präpositionen stehen.

d Schreiben Sie zu 6 Verben aus 5c je einen Satz auf Blätter. Zerschneiden Sie die Sätze und geben Sie sie einer anderen Gruppe. Diese ordnet Ihre Sätze wieder.

| Marco | zeigt | mir | sein Fahrrad. |

UND SIE?

Schreiben Sie für ein Forum einen kurzen Beitrag über Ihr Hobby oder eine Freizeitbeschäftigung. Schreiben Sie etwas zu den folgenden Punkten.

Mein Hobby ist Computerspielen …

– Beschreiben Sie die Aktivität.
– Wie sind Sie darauf gekommen?
– Wann machen Sie das?

– Was braucht man dazu?
– Was gefällt Ihnen an dieser Aktivität besonders?
– Für wen ist die Aktivität geeignet?

Nur die wichtigsten Stationen zählen

Worauf es beim Lebenslauf ankommt – von Abschlussnote bis Zusage

Abschlussnote. Wenn Schul- und Studienabschluss besonders gut waren, sollten Sie die Note im Lebenslauf nennen.

Bild. Sie sind nicht verpflichtet es beizulegen, aber Sie können damit Sympathiepunkte sammeln. Beim Fototermin sollten Sie das anziehen, was in der Branche getragen wird. Nehmen Sie kein Automatenfoto!

Chronologisch. Bitte dokumentieren Sie nicht Ihr Leben von der Geburt bis zum heutigen Tag. Stattdessen sollten Sie Themenblöcke bilden, zum Beispiel „berufliche Erfahrung", „Ausbildung/Studium" und „Zusatzqualifikationen". Ordnen Sie die Blöcke zeitlich und beginnen Sie dabei immer mit der aktuellsten Information.

Diskriminierung. Das Gleichstellungsgesetz sagt, dass man den Geburtsort und das Geburtsdatum nicht mehr angeben muss. Es ist trotzdem besser, sie anzugeben. Weglassen können Sie aber die Anzahl der Geschwister und die Berufe der Eltern.

Fremdsprachen. Schreiben Sie nicht nur, welche Sprachen Sie sprechen, sondern auch, wie gut Sie die Sprachen können. Ideal sind Verweise auf Sprachtests. Ansonsten schreiben Sie: Grundkenntnisse, gute oder sehr gute Kenntnisse und dazu die Niveaustufe (A1–C2) nach dem Europäischen Referenzrahmen. Dabei sollten Sie unbedingt ehrlich sein, sonst kann es beim Vorstellungsgespräch peinlich werden.

Hobbys. Lesen und Schwimmen – persönliche Interessen machen den Bewerber menschlich, Pflicht sind diese Angaben aber nicht. Manche Personalchefs stören sie sogar. Sportliches oder musisches Engagement ist aber immer ein Plus. Sie können dafür den Themenblock „Engagement" einführen.

Jahresangaben. Dass man am 21. Juni Abitur gemacht hat, interessiert niemanden. Für die Zeit in der Schule reicht die Angabe: „2008 bis 2016". Bei Praktika wird der Monat in Zahlenform notiert. Also: „08/2017 bis 10/2017".

Links. Eine Bewerbung versendet man heute häufig online. Ein Vorteil: Sie können auf weitere Dokumente per Link verweisen.

Lücken. Auf keinen Fall sollten Sie versuchen, einen Lebensabschnitt zu vertuschen. Lücken fallen negativ auf. Wer ehrlich ist und schreibt, dass er nach dem Studium noch sechs Monate durch Europa gereist ist, kann dadurch Interesse wecken.

Praktika und Berufserfahrung. Wichtig ist nicht nur, wie lange und wo Sie ein Praktikum gemacht oder gearbeitet haben, sondern auch, was Sie gemacht haben. Zählen Sie mit Spiegelstrichen in Stichworten auf, welche Aufgaben Sie hatten. Auch Ausbildungs- und Studienschwerpunkte sollten Sie auflisten.

Stichworte. Formulieren Sie Sätze im Lebenslauf nicht aus.

Times New Roman. Seien Sie mit Spielereien im Layout vorsichtig. Mit dieser Standardschrift machen Sie nichts falsch. Sie können auch die Schrift Calibri benutzen – sie ist mal etwas anderes, aber verwenden Sie im Lebenslauf nur eine Schriftart. Diese darf auf keinen Fall kleiner als 10 Punkt sein. Ideal ist 11 oder 12 Punkt.

Unterschrift. Nicht nur das Anschreiben, sondern auch den Lebenslauf sollten Sie unterschreiben.

Vorlagen. Nutzen Sie Vorlagen aus dem Internet nur als Anregung. Übernehmen Sie sie nicht, die Personalchefs kennen diese auch.

Xanthippe153@gmx.de. Vorsicht vor sprechenden, unseriösen E-Mail-Adressen. Wer noch keine elektronische Adresse hat, die nur den eigenen Namen beinhaltet, sollte sich schnell eine einrichten.

Zusage.

6 Einen Lebenslauf schreiben

a Gabriela hat ihrem Freund Nikos den Artikel links geschickt. Lesen Sie die Tipps zum Schreiben eines Lebenslaufs. Ergänzen Sie die Sätze 1–6 mit den grünen Wörtern aus dem Text.

1. Man soll nicht das ganze Leben erzählen. Es ist besser wenn man .... bildet.

2. Wenn man falsche Dinge behauptet, dann kann das im .... ein Problem sein.

3. Was als angemessene Kleidung zählt, ist je nach .... unterschiedlich.

4. Es ist gut, wenn man über privates Engagement berichtet, aber .... ist es nicht.

5. Das .... des Lebenslaufs sollte einfach, klar und ohne Spielereien sein.

6. Auch einen .... wie z. B. eine mehrmonatige Reise sollte man erwähnen.

b Welche Tipps waren neu für Sie? Sprechen Sie im Kurs

> Ich wusste nicht, dass man kein Foto beilegen muss.

> Es war neu für mich, dass …

c Lesen Sie den Ausschnitt aus Nikos Lebenslauf. Ordnen Sie die Überschriften zu.

1. Schule und Ausbildung   2. Berufserfahrung   3. Persönliche Daten   4. Hobbys

☐

Name:	Nikos Beratis
Geburtsdatum und -ort:	02.05.1993, Dortmund
Anschrift:	Müllerstraße 42, 80469 München
Telefon:	0172 300 000 000
E-Mail:	Nik.Beratis@yahoo.com

☐

03/2016 bis heute   Einkäufer, Modehaus Leitmeier: Besuch von Textilmessen, Angebotseinholung, Abschluss von Verträgen mit Lieferanten
11/2015 bis 02/2016   Praktikum in der Herrenabteilung, Modehaus Leitmeier, München

☐

09/2012 bis 08/2015   B.A.-Studium Mode und Management, Modeakademie UTM Berlin, Note 1,8
1999 bis 2012   Grundschule und Gymnasium in Jena, Abitur

☐   Saxophon spielen, Computergrafik

d Schreiben Sie Ihren Lebenslauf.

e Kontrollieren Sie zu zweit, ob Sie etwas Wichtiges vergessen haben.

> Lassen Sie Ihre Bewerbungsunterlagen immer von Muttersprachlern durchsehen.

VORHANG AUF

Stellen Sie sich vor. Wählen Sie.

privat
Sie sind auf einer Party und kennen die anderen nicht. Stellen Sie sich vor, sprechen Sie über Ihre Interessen und Hobbys. Fragen Sie die anderen nach persönlichen Informationen.

oder

beruflich
Sie sind auf einer Firmenparty und lernen Menschen aus Ihrer Branche kennen. Sprechen Sie über wichtige Stationen in Ihrem beruflichen Werdegang: Ausbildung, Berufserfahrung, Sprachen …

ÜBUNGEN

1 Gabrielas Seite

Einträge auf Profilseiten – Ergänzen Sie die Wörter in der richtigen Form.

abholen   nervös   anfangen   stressig   sich ärgern   sympathisch   verpassen   direkt   verschlafen   hören

1. Heute war mein erster Tag im neuen Deutschkurs. Vorher war ich ganz schön ....! Aber meine neuen Mitschüler sehen alle sehr nett aus und die Lehrerin wirkte auch .... Ich freue mich, dass ich weiterlernen kann.

2. Katastrophe! An manchen Tagen steht man mit dem falschen Fuß auf! Zuerst habe ich den Wecker nicht .... und ...., dann habe ich den Bus .... und kam zu spät zum Kurs. Und das am ersten Tag! Das hat .... wirklich .... Morgen stelle ich mir zwei Wecker!

3. Heute hat mein neuer Deutschkurs .... 😊 ! Ich freue mich, aber es wird sicher auch .... Jeden Morgen Unterricht und dann .... zur Arbeit. Wenn mein Mann die Kinder vom Kindergarten .... kann, geht das. Aber wenn nicht?

2 Das ist Gabriela.

a Zehn Fragen zum Kennenlernen – Schreiben Sie Fragen in der Du-Form.

1. berufstätig / du / sein / ?
2. du / arbeiten / bei / welche Firma / ?
3. zufrieden sein / mit / du / deine Arbeit / ?
4. du / deine Freizeit / machen / was / in / ?
5. du / wofür / sich interessieren / ?
6. was / machen / du / gern allein / ?
7. was / du / gern mit Freunden / machen?
8. heißen / dein Lieblingsfilm / wie / ?
9. welches Buch / lesen / du / gerade / ?
10. was / du / machen / am Wochenende / ? (Perfekt)

Bist du berufstätig?

b Wählen Sie in 2a fünf Fragen aus und beantworten Sie sie für sich persönlich.

c Welche Eigenschaften treffen auf Sie zu? Markieren Sie und vergleichen Sie mit anderen.

sportlich   ehrlich   fröhlich   unternehmungslustig   musikalisch   schüchtern

kollegial   offen   fleißig   launisch   faul   gefühlvoll

lebendig   hilfsbereit   organisiert   pünktlich   sparsam   geizig   ängstlich

temperamentvoll   gut gelaunt   neugierig   intelligent

...

d Suchen Sie zu den Adjektiven aus 2c das Gegenteil.

sportlich – unsportlich,
schüchtern – offen / extrovertiert,

Lernen Sie Adjektive mit ihrem Gegenteil.

e Schreiben Sie ein Selbstporträt. Die Satzanfänge helfen. Vergleichen Sie im Kurs.

Geboren bin ich …	Typisch für mich ist …
Meine Ausbildung zum …	An mir nervt mich, dass …
Studiert habe ich …	Ich sehe gern … / Ich höre gern …
Heute arbeite ich …	Ich liebe … / Ich mag nicht so gern …
Meine Freunde und Freundinnen	In 10 Jahren sehe ich mich …
lieben mich, weil …	In 20 Jahren werde ich …

3 Ein neuer Arbeitsplatz

a Verbinden Sie die Sätze mit dem Konnektor in der Klammer.

1. Ich habe die Zusage für die neue Stelle bekommen. Ich habe mich sehr gefreut. (als)
2. Ich habe mit dem neuen Job begonnen. Ich bin umgezogen. (bevor)
3. Ich habe studiert. Ich habe in einer WG gewohnt. (solange)
4. Ich wohne in der Stadt. Ich nutze das kulturelle Angebot intensiv. (seitdem)
5. Ich komme nach Hause. Ich vergesse meine beruflichen Probleme. (sobald)
6. Ich bekomme einen festen Vertrag. Es dauert noch ein halbes Jahr. (bis)
7. Ich bin in der Probezeit. Ich darf keinen Urlaub nehmen. (während)
8. Ich werde einen unbefristeten Vertrag haben. Ich werde das feiern. (wenn)

1. Als ich die Zusage für die neue Stelle bekommen habe, habe ich mich sehr gefreut.
Ich habe mich sehr gefreut, als ich …

b Ergänzen Sie *solange*, *sobald*, *bevor* oder *seitdem*. Es gibt mehrere Möglichkeiten.

1. Wir schicken Ihnen das Angebot, ... wir Ihre Anfrage erhalten.

2. .... der Vertrag läuft, ist Herr Michelsen Ihr Ansprechpartner.

3. Bitte prüfen Sie alle Unterlagen, ... Sie den Vertrag unterschreiben.

4. Ich rufe Sie an, ... ich Ihre Nachricht habe.

5. .... unsere Firma in ein neues Gebäude umgezogen ist, haben wir größere Büros.

6. .... die Sonne auf das Gebäude scheint, ist es an meinem Arbeitsplatz sehr warm.

7. .... Frau Nigura krank ist, übernehme ich ihre Aufgaben.

8. Viele Mitarbeiter machen Überstunden, ... wir den Auftrag aus China erhalten haben.

c Lesen Sie den Forumsbeitrag und schreiben Sie eine Antwort. Vergleichen Sie im Kurs.

stauffer 12	Nächste Woche fange ich eine neue Stelle in Frankfurt an. Ich werde weiterhin in der gleichen Branche arbeiten, aber ich wechsle den Arbeitgeber. Und ich bin wahnsinnig nervös. Seitdem ich vor 15 Jahren meinen Abschluss als Industriekaufmann gemacht habe, habe ich nur einmal den Arbeitgeber gewechselt. Die neue Stelle ist eine spannende Herausforderung. Aber wie wird es sein, wieder ganz von vorne zu beginnen? Wer von euch hat ähnliche Erfahrungen gemacht und kann mir Tipps für die ersten Tage bei der neuen Arbeit geben?

Hallo Stauffer, alles halb so schlimm – jeder hat mal irgendwo wieder von vorne
angefangen. Ich zum Beispiel …

4 Gabrielas Hobbys

a Ergänzen Sie das passende Verb. Manchmal gibt es mehrere Möglichkeiten.

abschalten   bearbeiten   beschäftigen   ~~dabeihaben~~   interessieren   kaufen   teilnehmen   wandern

1. die Kamera _dabeihaben_

2. neue Wanderschuhe ....

3. in den Bergen ....

4. Fotos am Computer ....

5. vom Alltag ....

6. an einem Fotokurs ....

7. sich mit Tieren ....

8. sich für Fotografie ....

b Schreiben Sie mit den Ausdrücken aus 4a Sätze in der Vergangenheit. Vergleichen Sie im Kurs.

1. Früher hatte ich meine Kamera immer dabei, heute fotografiere ich fast alles mit meinem Smartphone.

5 Ich fotografiere die Natur.

a Dativ oder Akkusativ? Schreiben Sie Sätze. Vergleichen Sie im Kurs.

Subjekt	Verb	Ergänzung
die Wanderschuhe	gefallen	die Kundin
die Jacke	passen	meine Kollegin
die Kollegin	lesen	E-Mails
	kennenlernen	neue Wanderwege
Nikos Gabriela und Ron	danken	seine Freundin
	einladen	die Mitarbeiter
der Teilnehmer	gewinnen	der Wettbewerb
der Chef	besuchen	
viele Leute	gehören	das Naturschutzgebiet
die Kamera		die Großmutter
Pizza	schmecken	die ganze Familie

Die Wanderschuhe gefallen der Kundin.

b Beantworten Sie die Fragen mit Personalpronomen. Achten Sie auf Dativ und Akkusativ.

1. Erklärst du dem Kunden die Geschäftsbedingungen?
2. Teilen Sie den Mitarbeitern Ihre Entscheidung schriftlich mit?
3. Gibst du deiner Chefin eine Erklärung für deine Entscheidung?
4. Schickst du der Firma die Rechnung noch einmal?
5. Können Sie der Kundin den Kaufvertrag erklären?
6. Hat der Chef seinen Angestellten den freien Tag gegeben?

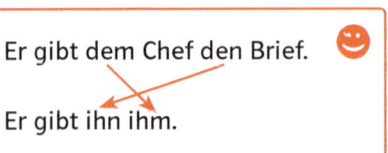

Er gibt dem Chef den Brief.
Er gibt ihn ihm.

1. Ja, ich erkläre sie ihm.

c Verben mit Präpositionen – Ergänzen Sie die Präpositionen und die Artikelwörter.

1. Nikos denkt oft _über_ s_eine_ Zukunft nach.

2. Er will sich _____ e_____ neue Stelle bewerben.

3. Er bittet Gabriela _____ e_____ Gefallen.

4. Gabriela entschuldigt sich _____ Nikos
   _____ d_____ späte Antwort.

5. Ron kann _____ s_____ Fahrrad nicht verzichten.

6. Gabriela denkt oft _____ i_____ Tochter.

7. Es fällt ihr nicht immer leicht, sich _____ i_____
   Arbeit zu konzentrieren.

8. Nach der Arbeit freut sie sich _____ i_____ Familie.

9. Gabriela erinnert sich gern _____ i_____ Großmutter.

10. Sie begeistert sich schon seit vielen Jahren _____ Fotografie.

an • an • auf • auf • auf • bei • für • für • für • über • um

d Welches Verb passt? Ergänzen Sie die Verben in der richtigen Form.

sprechen   sich kümmern   sich gewöhnen   teilnehmen   unterstützen   sich interessieren

1. Gabriela _____ für Mode.

2. Sie _____ um die Messeauftritte von Modefirmen.

3. Sie _____ mit ihrer Chefin über eine wichtige Messe.

4. Viele bekannte Modefirmen _____ an der Messe _____.

5. Eine Kollegin _____ Gabriela bei der Vorbereitung.

6. Die Familie muss _____ an Gabrielas neue Arbeitszeiten _____.

6 Einen Lebenslauf schreiben

a Ausdrücke aus dem Text auf Seite 6 – Was passt zusammen? Verbinden Sie.

1. Themenblöcke   a) ordnen
2. Informationen zeitlich   b) benutzen
3. mit der aktuellsten Information   c) wecken
4. die Bewerbung online   d) unterschreiben
5. Interesse   e) bilden
6. eine Standardschrift   f) beginnen
7. den Lebenslauf   g) einrichten
8. sich eine E-Mail-Adresse h) versenden

b Ergänzen Sie die Satzanfänge mit den Ausdrücken aus 6a und schreiben Sie Sätze. Vergleichen Sie im Kurs.

1. Wenn man einen Lebenslauf schreibt, sollte man …
2. Es ist sinnvoll, …
3. Heute ist es üblich, …
4. Es ist heutzutage auch normal, …
5. Mit Informationen über besondere Reisen kann man ….
6. Man sollte immer …
7. Man darf nicht vergessen, …
8. Auf jeden Fall sollte man …

1. Wenn man einen Lebenslauf schreibt, sollte man Themenblöcke bilden.

c Welche Information steht wo im Lebenslauf? Ordnen Sie die Wörter den Themenblöcken zu.

1. Akademischer Abschluss
2. Ausgeübter Beruf
3. Berufsabschluss
4. Besuchte Hochschule
5. Betrieb oder Schule der Ausbildung
6. IT-Kenntnisse
7. Ehrenamtliche Tätigkeiten

8. Fremdsprachen
9. Führerschein
10. Geburtsdatum und -ort
11. Hobbys
12. Praktika
13. Schulabschluss
14. Schultyp und Schulort

15. Staatsangehörigkeit
16. Unternehmen und Ort
17. Vor- und Nachname
18. Weiterbildungen
19. Zeitraum der Ausbildung
20. Zeitraum des Schulbesuchs
21. Zeitraum des Studiums

Persönliche Daten ....

Berufserfahrung ....

Studium _1,_ ....

Berufsausbildung ....

Schulausbildung ....

Zusatzqualifikationen ....

Besondere Kenntnisse und

Fähigkeiten ....

Sonstiges ....

🎧 1.05 **d** Hören Sie das Gespräch. Was hat Lea bei ihrem Lebenslauf bereits richtig gemacht? Kreuzen Sie an.

☐ 1. Das Foto ist passend.

☐ 2. Der Aufbau ist richtig.

☐ 3. Sie hat ihre Sprachkenntnisse genau beschrieben.

☐ 4. Sie hat auch etwas über ihre Hobbys geschrieben.

☐ 5. Die Informationen sind vollständig.

☐ 6. Sie hat den Lebenslauf unterschrieben.

🎧 1.05 **e** Hören Sie noch einmal und schreiben Sie die fehlenden Informationen in den Lebenslauf.

Lebenslauf

Persönliche Daten:

Name:	Lea Majewski
Geburtsdatum und -ort:	10. 05.1998, _Bochum_
Anschrift:	Parkstraße 12, 40477 Düsseldorf
Telefon:	0161-2347890
E-Mail:	majewskilea@kil.com

Berufserfahrung:

09/2017–heute	Speditionskauffrau in der Firma Meyer&Güler, Düsseldorf Betreuung wichtiger Kunden, Transport- und Zollabwicklung

Berufsausbildung:

................/2014–07/2017	Ausbildung als Kauffrau für Spedition und Logistikdienstleistung, Rellinger-Transporte, Dortmund
04/2013	4-wöchiges Schulpraktikum in der Logistikabteilung, Firma Kühn, Bochum

Schulausbildung:

2004–2014	Grund- und Realschule in Bochum

Besondere Kenntnisse:

Fremdsprachen:	Englisch, ...; Spanisch, ...
IT-Kenntnisse:	MS-Office

Sonstiges:

Hobbys:	Volleyball spielen, Kino, Reisen

P B1·B2
Beruf

f Lesen sie die E-Mail von Nikos an Gabriela und entscheiden Sie, welche Wörter a–j am besten in die Lücken 1–8 passen. Sie dürfen jedes Wort nur einmal verwenden, zwei Wörter bleiben übrig. Ergänzen Sie die Wörter.

Liebe Gabriela,

danke für deine E-Mail! Ich kann mir gut vorstellen, dass du bei (1) .... neuen

Arbeit viel zu tun hast und auch, dass es für deine Familie erstmal gar nicht leicht war, sich

(2) .... deine neue Arbeitssituation zu gewöhnen. Und es freut mich sehr, dass

deine neuen Kollegen und Kolleginnen so nett und hilfsbereit sind. Habt (3) ....

denn auch spannende Projekte? Arbeitet ihr nur mit großen Modefirmen (4) ....

oder habt ihr auch kleinere Kunden?

Vielen Dank auch für die Tipps (5) .... Lebenslauf! Ich wusste gar nicht,

(6) .... auch so sehr auf das Layout geachtet wird. Anfang letzter Woche habe

ich meine erste Bewerbung verschickt. Jetzt warte ich jeden Tag ganz ungeduldig

(7) .... eine Antwort. Die Firma ist in München und noch nicht so bekannt, aber

ich glaube, sie machen spannende Sachen. Na, habe ich (8) .... neugierig

gemacht? Ich hoffe, wir sehen uns bald! Nächstes Wochenende wollen Toni und ich in die

Berge. Habt ihr vielleicht Zeit und Lust mitzukommen?

Viele Grüße

Nikos

a) an	c) dass	e) dich	g) ihr	i) zum
b) auf	d) deiner	f) euch	h) warum	j) zusammen

🎧 1.06–10 **g** Personalchefs berichten – Sie hören vier Aussagen. Sie hören die Aussagen nur einmal. Entscheiden Sie beim Hören, ob die Aussagen 1–4 richtig oder falsch sind.

	R	F
1. In der Firma von Bernd Walter werden Bewerbungen per Post und online gleichermaßen angenommen.	☐	☐
2. Silke Dudenhoff lädt auch sehr gute Kandidatinnen und Kandidaten mit unprofessionellen Bewerbungsunterlagen nicht zu Vorstellungsgesprächen ein.	☐	☐
3. Rüdiger Ohnesorg empfiehlt, eine automatische Rechtschreibkorrektur zu benutzen.	☐	☐
4. Brigitte Schönhaus sagt, dass Lücken im schriftlichen Lebenslauf nicht unbedingt ein Problem sein müssen.	☐	☐

Mein Deutsch nach Kapitel 1

Das kann ich:

mich und andere vorstellen

Herkunft
Interessen
Eigenschaften
Vorlieben
...

Stellen Sie eine andere Person aus der Gruppe vor.

> Ich möchte euch Milena vorstellen. Sie ist ...

über die ersten Tage bei der Arbeit / im Deutschkurs sprechen

Tauschen Sie sich über Ihre ersten Eindrücke am Arbeitsplatz oder im Deutschkurs aus.

> Ich erinnere mich noch genau, als ich ...

> Bei mir war das so: ...

→ Seite XLVII

eine Freizeitaktivität vorstellen

– Welche Aktivität?
– Warum und wo kann man sie ausüben?
– Warum gefällt sie Ihnen?

Stellen Sie den anderen in der Gruppe eine Freizeitaktivität vor, die Sie gerne machen oder gerne machen würden.

> Ich interessiere mich für Tauchen, weil ich gerne im Wasser bin.

→ Seite XLVII

Tipps zum Schreiben eines Lebenslaufs verstehen

Was ist bei einem Lebenslauf wichtig? Sammeln Sie. Vergleichen Sie im Kurs.

→ Seite XLIX

einen Lebenslauf schreiben

Rania wurde am 02.10.1994 in Tunis geboren. Jetzt lebt sie in Magdeburg. Ihre Adresse ist Moltkestraße 5. Nachdem sie die Schule in Tunis abgeschlossen hatte, kam Rania 2012 nach Magdeburg. Von 2012 bis 2013 hat sie dort an einem Integrationskurs teilgenommen. 2013 hat sie eine Ausbildung als Arzthelferin begonnen und 2016 abgeschlossen. Seit 2017 arbeitet sie in der Praxis von Dr. Dirks.

Schreiben Sie mit den Informationen links einen Lebenslauf für Rania.

Persönliche Daten: ...

Berufserfahrung: ...

Das kenne ich:

Ⓖ

→ temporale Konnektoren
→ Verben und Ergänzungen

Seite XXXIX
Seite XLIII

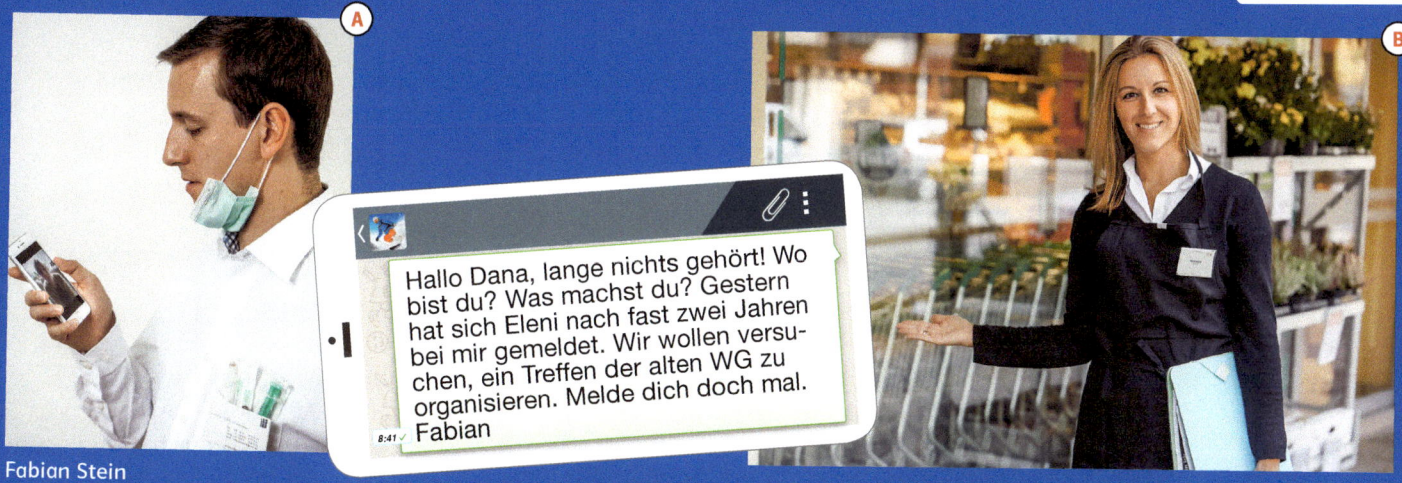

Fabian Stein

Hallo Dana, lange nichts gehört! Wo bist du? Was machst du? Gestern hat sich Eleni nach fast zwei Jahren bei mir gemeldet. Wir wollen versuchen, ein Treffen der alten WG zu organisieren. Melde dich doch mal.
Fabian

Dana Nowak

Eleni Dumitru

Ahmed Gül

1 Alte Freunde

a Lesen Sie die Nachricht und sehen Sie die Bilder an. Was erfahren Sie über die Personen?

🎧 1.11–13 **b** Hören Sie. Was erfahren Sie noch über Fabian, Dana, Eleni und Ahmed? Machen Sie Notizen.

🎧 1.11–13 **c** Hören Sie noch einmal und kreuzen Sie an: richtig oder falsch?

	R	F
1. Eleni hat Fabian auf der Webseite von einem Krankenhaus entdeckt.	☐	☐
2. Eleni hat die Firma gewechselt und arbeitet jetzt im Außendienst.	☐	☐
3. Dana ist nach Erfurt gezogen, weil ihr Mann dort lebt.	☐	☐
4. Zum WG-Treffen können auch die Partner/innen kommen.	☐	☐
5. Ahmed kommt mit seiner Freundin zu dem WG-Treffen.	☐	☐
6. Ahmed sucht eine neue Tätigkeit.	☐	☐

d Haben Sie einmal jemanden nach langer Zeit wieder getroffen? Wie war das?

> Ich habe neulich eine alte Freundin zufällig im Bus getroffen. Es war sehr nett. Wir haben …

> Ich habe im Internet Kontakt mit einem alten Freund aufgenommen. Er hat sofort reagiert. …

Sprechen von alten Bekannten erzählen; über persönliche Entwicklungen berichten; über Zukunftspläne sprechen; Bewerbungsgespräch | **Hören** biografische Informationen verstehen; Ausschnitte aus einem Bewerbungsgespräch verstehen | **Lesen** E-Mail mit biografischen Informationen; Texte zur Veränderung von Berufsbildern | **Schreiben** über persönliche Entwicklungen berichten, Textzusammenfassung | **Beruf** Bewerbungsgespräch, Berufsbilder im Wandel

2 Das Treffen

a Lesen Sie die Texte. Welcher Text passt zu wem?

> Als ihr alle weg wart, wurde es einsam in der Wohnung. Aber ich habe das nicht so sehr gemerkt, weil ich in der Firma neue Aufgaben bekommen habe und viel unterwegs war. Letztes Jahr musste meine Freundin Ines aus ihrer Wohnung raus und suchte dringend etwas. Sie ist bei mir eingezogen und es läuft super mit uns beiden. Sie ist Übersetzerin und arbeitet viel zu Hause. Wenn wir zusammen sind, haben wir immer viel zu erzählen.

> Am Anfang habe ich in einem Studentenwohnheim gewohnt. Dort habe ich Alice kennengelernt. Wir wollten schnell zusammenziehen und haben eine Wohnung gefunden, die uns beiden gefallen hat. Leider hielt die Beziehung nicht lange. Alice hat ein Stipendium in Lyon bekommen und ist wieder ausgezogen. Es war zuerst nicht leicht, die Wohnung allein zu finanzieren, aber jetzt mit der Stelle im Krankenhaus geht es.

> Ihr wisst ja, dass ich am Anfang viel Heimweh hatte. Der neue Job war nicht einfach. Eine neue Filiale und neue Kollegen, die es zuerst gar nicht gut fanden, dass die Chefin nicht aus Erfurt ist. Erst als ich Maik kennengelernt habe, sah die Welt wieder anders aus. Ich habe daran ja nie geglaubt, aber es war wirklich Liebe auf den ersten Blick. Ein halbes Jahr später sind wir zusammengezogen und haben geheiratet. Inzwischen läuft meine Filiale auch ziemlich gut und wir arbeiten im Team ausgezeichnet zusammen. Na ja, wenn das Kind da ist, wird wieder alles anders. Vermutlich müssen wir dann umziehen.

b Lesen Sie noch einmal und beantworten Sie die Fragen.

1. Wer lebt mit einem Partner / einer Partnerin zusammen?
2. Warum ist Fabian aus dem Studentenwohnheim ausgezogen?
3. Wie war Danas Beginn in der neuen Filiale?
4. Ab welchem Zeitpunkt hat sich Dana in Erfurt wohlgefühlt?
5. Wie war für Eleni die Zeit nach dem Ende der Wohngemeinschaft?
6. Warum ist Ines bei Eleni eingezogen?

UND SIE?

Wie waren Ihre letzten zwei Jahre? Machen Sie Notizen und erzählen Sie.

Erzählen	
Vor zwei Jahren war ich …	Damals …
Zuerst habe/war ich … und danach …	Ich erinnere mich noch genau an …
Es hat fast ein Jahr gedauert, bis …	Erst als ich …
Es war nicht einfach, denn/aber …	Ich hatte Glück, weil …

> Vor zwei Jahren war ich ganz neu in Deutschland. Ich erinnere mich noch genau …

3 Ahmeds E-Mail

a Lesen Sie und notieren Sie drei Fragen zu Ahmeds E-Mail. Fragen Sie sich gegenseitig im Kurs.

> Liebe Leute,
> ich bin wirklich traurig, dass ich beim Treffen nicht dabei sein kann. Deshalb schreibe ich euch wenigstens ein paar Zeilen darüber, was bei mir inzwischen ==geschehen ist==. Nachdem ich im Urlaub Fiona ==kennengelernt hatte==, war schnell klar, dass wir keine Fernbeziehung wollten. Da sie eine gute Stelle in einem Hotel am Bodensee hatte (und noch hat), bin ich nach Lindau gezogen. Zum Glück kannte Fiona den Marktleiter eines Einkaufzentrums und so bekam ich gleich eine Arbeit. Die Wohnungsfrage war schwieriger. Nachdem wir fast zwei Monate gesucht hatten, dachten wir schon, dass wir am See nichts finden. Schließlich haben wir etwas in Friedrichshafen gefunden. Das ist in der Nähe von Lindau. In zehn Minuten ist man am Bodensee. Meine Arbeit gefiel mir am Anfang ganz gut, aber inzwischen denke ich darüber nach, noch eine Ausbildung zu machen. Jedenfalls habe ich mich für einen Sprachkurs „Berufliche Kommunikation" angemeldet, um in diesem Bereich mein Deutsch noch zu verbessern.
> So, jetzt seid ihr ungefähr auf dem Stand. Ich wünsche euch eine schöne Zeit zusammen und warte darauf, dass mir jemand von euch alle Neuigkeiten detailliert berichtet.
> Liebe Grüße
> Ahmed

b Markieren Sie die Vergangenheitsformen in der E-Mail und in den Texten auf Seite 16. Machen Sie eine Tabelle im Heft und ergänzen Sie die anderen Formen.

Infinitiv	Präteritum	Perfekt	Plusquamperfekt
		ist geschehen	
			hatte kennengelernt

c Verbformen trainieren – Schreiben Sie Verben auf Kärtchen. Ziehen Sie ein Kärtchen und würfeln Sie.

 Präsens   Perfekt

 Präteritum   Plusquamperfekt

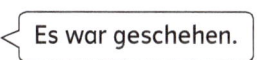 Es war geschehen.

 geschehen

d Welche Zeitform verwendet man wann? Ergänzen Sie die Namen der Zeitformen. Nennen Sie je ein Beispiel aus den Texten in 2a und 3a.

Ⓖ

FOKUS   Zeitformen der Vergangenheit

1. Wenn man mündlich oder in persönlichen Schreiben über Vergangenes berichtet, verwendet man für die meisten Verben das [?]
2. Die Verben *sein, haben, werden* und alle Modalverben verwendet man meistens im [?]
3. Einige Verben wie *kommen, bekommen, gehen, sehen, denken* … verwendet man auch häufig im [?]
4. Wenn man über etwas spricht, was in der Vergangenheit schon vergangen war, verwendet man häufig das [?]

⚠️ In Zeitungsartikeln und schriftlichen Erzählungen findet man häufiger das Präteritum.

UND SIE?

Schreiben Sie eine Mail über Ereignisse der letzten Zeit. Wählen Sie.

Schreiben Sie über sich.   oder   Erfinden Sie die Geschichte einer anderen Person.

4 Und was sind deine Pläne?

a Die Fotos A–H stellen Zukunftspläne dar. Welche Pläne könnten das sein? Sprechen Sie.

> Ich denke, die Frau auf Bild A möchte mit Yoga Geld verdienen.

> Oder es geht darum, dass jemand in Zukunft mehr Ruhe und Entspannung haben möchte.

🎧 1.14–16 **b** Hören Sie. Welche Pläne haben die Personen?

c Lesen Sie die Aussagen und hören Sie noch einmal. Korrigieren Sie die Aussagen in 1–6.

1. Fabian wird vermutlich im nächsten Jahr eine Arztpraxis aufmachen.
2. Er will Kinderarzt werden.
3. Dana wird ihren Job aufgeben, wenn das Kind da ist.
4. Eleni hat einen Nebenjob als Yogalehrerin.
5. Maik und Dana werden nach der Geburt des Kindes ein Haus bauen.
6. Maik macht gerade eine Ausbildung als Fahrlehrer.

d Über die Zukunft sprechen – Ordnen Sie die Sätze a–f den Regeln 1 oder 2 zu. Begründen Sie Ihre Wahl.

1. Um über die Zukunft zu sprechen, benutzt man meistens das Präsens mit einer Zeitangabe: morgen, nächste Woche, im Mai, 2025 …

   ....

2. Für Voraussagen/Prognosen, Vermutungen, Versprechen und Pläne benutzt man oft *werden* (+ *wohl/vermutlich/…*) mit dem Verb im Infinitiv.

   a...

a) Ich werde dir helfen.
b) Mein Kurs beginnt im Mai.
c) Er wird wohl bald hier ankommen.
d) Nächstes Jahr ziehe ich nach Leipzig.
e) Ich werde eine Ausbildung als Fahrlehrer machen.
f) Ihr werdet die Prüfung bestehen.

> Satz a ist ein Versprechen. Deshalb steht hier *werden* mit Infinitiv.

e Schreiben Sie drei Beispiele für mögliche Ereignisse in der Zukunft und je ein Beispiel für einen Plan, eine Voraussage, ein Versprechen und eine Vermutung.

> Zukunft: Nach dem Kurs gehe ich ins Kino und sehe mir den neuen „Startrek" an. …
> Versprechen: Ich werde bis zum nächsten Mal die Wörter lernen.
> Voraussage: …

5 Wo sehen Sie sich in fünf Jahren?

🎧 1.17 **a** Hören Sie den Auszug aus einem
Bewerbungsgespräch. Welche Anzeige passt?

Ⓐ

ZX Maschinen – Lindau
bietet zum 1. September:
2 Ausbildungsplätze als Mechatroniker/in
Voraussetzungen:
– guter mittlerer Schulabschluss (oder vergleichbar)
– Interesse an moderner Technik

Ⓑ

Computell GmbH bietet zum 1. Januar:
Ausbildung: IT-Systemelektroniker
Voraussetzung:
– Realschulabschluss (oder vergleichbarer Abschluss)
Informieren und bewerben Sie sich unter: www.computell.de

Ⓒ

Eka Gutkauf GmbH sucht ab sofort:
Marktleiter/innen für Märkte im Bodenseeraum
Voraussetzungen:
– Berufsabschluss im Einzelhandel
– Freude am Umgang mit Menschen

🎧 1.17 **b** Hören Sie noch einmal und kreuzen Sie an: richtig oder falsch?

	R	F
1. Ich bin 2013 nach Deutschland gekommen.	☐	☐
2. Ich habe im Supermarkt die Computer repariert.	☐	☐
3. Ich habe eine Ausbildung zum Informatiker gemacht.	☐	☐
4. Ich habe auch schon im Bereich Computer-Service gearbeitet.	☐	☐
5. Ich glaube, dass ich bei Ihnen viel lernen kann.	☐	☐
6. In fünf Jahren möchte ich meine eigene Firma haben.	☐	☐
7. Ich möchte später gerne weiter am Bodensee leben.	☐	☐
8. Ich weiß, dass mein Alter ein Problem ist.	☐	☐
9. Ich glaube, dass meine Berufserfahrungen der Firma nützen können.	☐	☐

c Zehn Fragen aus Bewerbungsgesprächen – Zu welchen Fragen gibt es in 5b eine Aussage? Ordnen Sie zu.

a) Können Sie mir ein bisschen über sich erzählen? ......*1*......

b) Warum haben Sie sich bei uns beworben? ....

c) Aus welchem Grund wollen Sie Ihren derzeitigen Arbeitgeber verlassen? ....

d) Was machen Sie in Ihrer Freizeit? ....

e) Was wissen Sie über unser Unternehmen? ....

f) Was möchten Sie in drei/fünf/zehn Jahren erreicht haben? ....

g) Was würden Sie gerne verdienen? ....

h) Warum denken Sie, die richtige Besetzung für diese Stelle zu sein? ....

i) Wo sehen Sie Ihre persönlichen Stärken und Schwächen? ....

d Suchen Sie fünf Fragen aus. Spielen Sie ein kurzes Bewerbungsgespräch zu einem Stellenangebot aus 5a
oder bringen Sie eigene Anzeigen mit.

UND SIE?

Wo sehen Sie sich in 3 oder 5 Jahren beruflich und privat? Sprechen Sie und berichten Sie danach im Kurs.

Ich bin ausgebildete Kauffrau und möchte mich bei einer internationalen Spedition bewerben.

Wenn mein Kind geboren ist, …

6 Berufe im Wandel

a Was sagen die Abbildungen über Veränderungen in der Arbeitswelt? Sprechen Sie im Kurs.

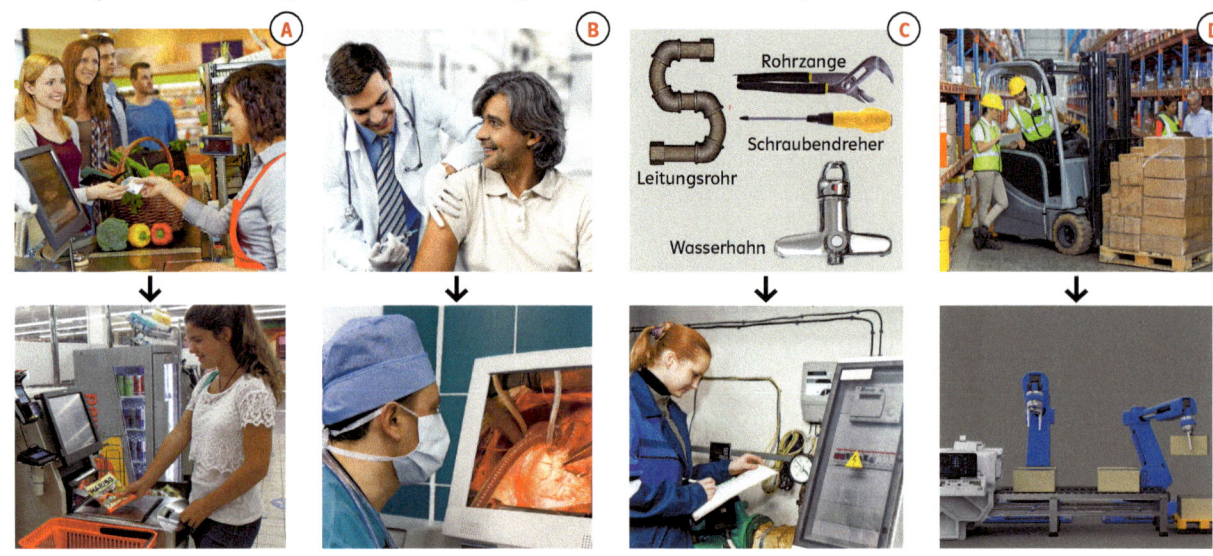

b Lesen Sie die drei Texte schnell. Welche Abbildungen aus 6a passen zu welchem Text? Begründen Sie Ihre Wahl.

Die Arbeitswelt befindet sich in rasantem Wandel. Das Stichwort heißt Industrie 4.0. Neue Berufe entstehen, alte Berufe werden durch Maschinen ersetzt oder sie verändern sich. Wir haben Menschen aus verschiedenen Berufsfeldern zu den Veränderungen befragt. Hier ihre Antworten.

Michaela Benzel – Als ich meine Ausbildung
5 machte, war ich die erste Frau in diesem Beruf
und die wichtigsten Werkzeuge waren die
Rohrzange und der Schraubendreher. Ich habe
gelernt, wie man Wasserhähne repariert, Leitungen legt und Heizungen wartet. Das alles
10 gehört weiterhin zu meinem Beruf, aber noch
viel mehr.
Früher war Energie billig und Begriffe wie
„Energiesparen" und „Umweltschutz" waren
fast unbekannt. Dann stiegen die Preise für Öl
15 und Gas. Man suchte und fand einerseits neue
Energieformen und andererseits Möglichkeiten, um Energie sparsamer zu nutzen.
Ich lernte in Fortbildungen, wie man Solaranlagen installiert. Heute erziele ich fast die Hälfte
20 meines Umsatzes mit Solaranlagen.
Dazu kommt die Digitalisierung. Ich muss zwar
nicht selbst programmieren können, aber ich
muss wissen, wie man die digitalen Geräte ein-
stellt und was man tun kann, wenn Probleme
25 auftreten.
Ich glaube nicht, dass mein Beruf durch Roboter gefährdet ist, aber dass sich in den
nächsten Jahren weiterhin viel ändern wird, ist
klar.

30 **Ahmed Gül –** Wenn ich zu meinen Verwandten
in die Türkei fahre, dann ist das wie eine Zeit-
reise. In dem Dorf, aus dem meine Eltern kommen, gibt es noch viele kleine Läden, in denen
die ganze Familie mitarbeitet. In Deutschland
35 erwirtschaften die Supermärkte und Discoun-
ter heute 95% des Umsatzes im Einzelhandel.
In den letzten Jahren hat sich viel verändert.
Der erste große Schritt waren die Scannerkas-
sen, durch die die Kassiererin nicht mehr ein-
40 tippen muss und zugleich das Lager sofort Bescheid weiß, was verkauft wurde. Der nächste
Schritt wird vermutlich sein, dass man keine
Kasse mehr braucht. Der Kunde schiebt seinen
Einkaufswagen durch einen Scanner und in
45 wenigen Sekunden sind die Waren automatisch erfasst, abgerechnet und bezahlt. Heutzutage braucht man gar nicht mehr in Läden zu
gehen. Man kann alles am Computer bestellen
und die Waren werden geliefert. In Zukunft
50 weiß der Kühlschrank selbst, was fehlt und bestellt automatisch. Im Lager werden Roboter
immer mehr Tätigkeiten übernehmen, die heute noch von Menschen erledigt werden. Das
Problem wird sein, wie die Menschen das Geld
55 verdienen, um die Waren zu kaufen.

Dr. Frank Stein – „Roboter werden uns nie ersetzen," das glauben die meisten meiner Kollegen. Ich bin mir da nicht mehr so sicher. Natürlich wird es immer Ärzte geben, aber wie viele und wo? Mein Vater war Hausarzt. Er hatte eine Praxis, und wenn jemand sehr krank war, ist er zu ihm nach Hause gefahren und hat ihn untersucht. Dazu brauchte er fast gar keine Geräte. Heute hat selbst der Hausarzt teure Maschinen und Hausbesuche gibt es immer weniger. In der Chirurgie kann heute eine Spezialistin von einem Krankenhaus in Hamburg aus einen Patienten in Madrid operieren. Patientengespräche können über das Internet geführt werden. Viele Aufgaben während einer Operation sind bereits heute voll automatisiert.

c Wählen Sie einen Text aus 6b aus und lesen Sie ihn genau. Was bedeuten die Wörter im Kasten aus Ihrem Text? Erklären Sie die Wörter den anderen im Kurs. Sie können definieren, beschreiben, Beispiele formulieren, zeichnen oder auf etwas zeigen.

Michaela Benzel	Ahmed Gül	Dr. Frank Stein
Rohrzange	Scannerkasse	Roboter
eine Heizung warten	Einzelhandel	ersetzen
Solaranlage	Bescheid wissen	Praxis
einstellen	Einkaufswagen	Operation
Umsatz	am Computer bestellen	automatisieren

Beispiel: Rohrzange

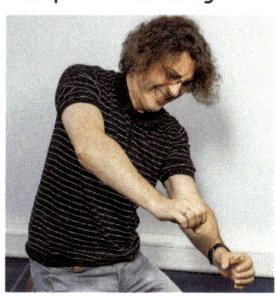
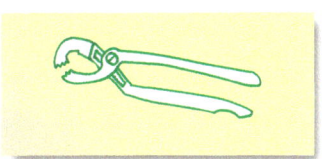

Das ist ein großes Werkzeug. Michaela Benzel benutzt es oft bei der Arbeit. Sie kann damit etwas aufmachen oder zumachen.

d Markieren Sie die wichtigsten Aussagen in Ihrem Text und fassen Sie ihn dann mündlich zusammen. Die anderen stellen danach Fragen.

Textzusammenfassung

In meinem Text geht es um …
… berichtet, dass …
Er/Sie ist der Meinung, dass …
In der Zukunft wird …

Fragen zum Text

Wie sieht … die Entwicklung in den nächsten Jahren aus?
Sieht … seine Zukunft eher positiv oder negativ?
Welche Probleme … ?

VORHANG AUF

P B1·B2
Beruf

Wählen Sie einen Beruf aus den Bildern oder einen anderen Beruf aus. Notieren Sie Stichworte dazu: Wie war der Beruf früher, wie ist er heute und wie wird sich der Beruf in der Zukunft ändern? Spielen Sie dann Interviews. Befragen Sie sich gegenseitig zu den ausgewählten Berufen.

Fischer/in

Taxifahrer/in

Sprachlehrer/in

Uhrmacher/in

ÜBUNGEN

1 Alte Freunde

🎧 1.18 **Ergänzen Sie die Nachricht auf dem Anrufbeantworter. Manchmal gibt es mehrere Möglichkeiten. Hören Sie zur Kontrolle.**

Bei   derselben   ~~hier~~   Oft   ein wenig   *viel*   etwas   es   los   *noch*   Seit   Vor

Hallo Fabian, (1) _*hier*_ ist Eleni. Wie geht (2) .... dir? Wie lange dauert dein

Medizinstudium denn (3) ....? Hast du (4) .... von den anderen gehört?

(5) .... mir war in den letzten zwei Jahren so viel (6) ...., privat und beruflich,

dass ich (7) .... den Überblick verloren habe. Ich arbeite nach wie vor in der gleichen

Firma. (8) .... einem Jahr bin ich für Kundenbetreuung und Marketing zuständig und muss

(9) .... reisen. (10) .... denke ich an die schöne Zeit in unserer Wohn-

gemeinschaft. Ich wohne immer noch in (11) .... Wohnung. (12) ....

einem Jahr ist meine Freundin Ines eingezogen … Lass uns telefonieren.

 Hilfe? – Hören Sie zuerst und ergänzen Sie dann.

2 Das Treffen

a Ergänzen Sie.

Beziehung   Filiale   Firma   Stelle   Stipendium   Studentenwohnheim   Übersetzer   Team

1. Wir arbeiten immer zu zweit oder zu dritt im .... zusammen.

2. Ich habe jetzt eine neue ...., da kann ich selbstständiger arbeiten.

3. Dana leitet eine .... eines Supermarkts in Erfurt.

4. Unsere .... hat in diesem Jahr 15 neue Kolleg/innen eingestellt.

5. Die .... zu meinem Chef ist gut. Wir haben selten Konflikte.

6. Fast jede Universität in Deutschland hat mindestens ein ....

7. Ich könnte ohne ein .... nicht studieren.

8. Ulf studiert Deutsch und Chinesisch. Er will .... werden.

b Schreiben Sie mit den folgenden Satzanfängen Aussagen über sich selbst oder schreiben Sie Aussagen für eine der Personen auf dem Foto. Vergleichen Sie im Kurs.

1. Vor … Jahren …
2. Ich erinnere mich noch genau …
3. Es hat einige Zeit gedauert, bis …
4. Ich hatte Glück, weil…
5. Als ich zum ersten Mal …
6. Nachdem ich …

Vor zwei Jahren bin ich in meine jetzige Wohnung gezogen.

> 😊 Schreiben lernt man nur, wenn man viel schreibt. Schreiben Sie so oft wie möglich, z. B. Aussagen über sich oder über Ihre Familie und Freunde. Tauschen Sie Ihre Texte im Kurs. Korrigieren Sie sich gegenseitig oder bitten Sie Muttersprachler um Hilfe.

3 Ahmeds E-Mail

a Schreiben Sie eine E-Mail mit den passenden Verbformen.

Lieber Ahmed,
wir / *haben* / ein wirklich schönes Wiedersehen / .
Zuerst / *gehen* / in ein nettes Restaurant / wir // und / *essen* / sehr gut / .
Dann / *gehen* / wir / zu Fabian nach Hause / .
Dort / wir / bis zum Morgen / *sich unterhalten* / .
Alle / *erzählen* / Geschichten aus ihrem Leben / .
Wissen / du / zum Beispiel / , // dass / fünf Jahre in Indien / Elenis Freundin Ines / *leben* / ?
Ich / *gehen* / ins Hotel / um drei Uhr morgens / , // aber die anderen / *bleiben* / bis um fünf / !
Wir / *beschließen* / , // nächstes Jahr / uns / wieder zu treffen / .
Vielleicht / dann / wir / *kommen* / an den Bodensee / zu dir / .
Liebe Grüße
Dana

Lieber Ahmed,
wir hatten ein wirklich schönes Wiedersehen. Zuerst sind ...

b Ergänzen Sie die Zeitungsnotiz mit den Verbformen.

beantragten   gab   stieg   trugen   fand ... statt   gab   kamen   stammte   war

Einbürgerungsfeier im Rathaus

Knapp 400 Menschen (1) .... am Sonntag in den großen Rathaussaal. Die

Stimmung (2) .... entspannt und fröhlich. Die meisten hatten sich zu dem

besonderen Anlass schick gekleidet, fast alle Herren (3) .... Krawatten.

Zum 10. Mal (4) .... die Feierstunde für die Neubürger ....

Allerdings (5) .... es dieses Jahr eine Besonderheit: Zum ersten Mal

(6) .... die zweitgrößte Gruppe der Neubürger/innen aus Großbritannien.

Grund ist der Brexit. Letztes Jahr (7) .... es 40 britische Einbürgerungsanträge.

Diese Zahl (8) .... in diesem Jahr auf 50. Insgesamt (9) ....

in diesem Jahr 391 Menschen aus aller Welt in unserer Stadt die Einbürgerung.

c Schreiben Sie die Sätze.

1. Nachdem / kennenlernen / Ahmed / Fiona / , // er / umziehen / an den Bodensee / .

   Nachdem Achmed Fiona kennengelernt hatte, ...

2. Nachdem / ausziehen / seine Freundin / , // Fabian / müssen / die Miete alleine bezahlen / .

   ....

3. Als / bekommen / wir / unsere zweite Tochter / , // wir / brauchen / eine größere Wohnung / .

   ....

4. Als / aufgeben / wir / fast schon / die Suche / , // finden / wir / doch noch eine günstige Wohnung / .

   ....

5. Wir / können / erst vor einer Woche / umziehen /, // nachdem / renovieren / wir / die neue Wohnung / .

   ....

4 Und was sind deine Pläne?

P B2 Lesen Sie die beiden Artikel und lösen Sie die Aufgaben 1–5 zu den Texten. Kreuzen Sie an: ⓐ, ⓑ oder ⓒ.

Ankommen in Deutschland

Vor zwei Jahren hat Hamid seine Heimat verlassen. Er ist nicht religiös, liebt Rap-Musik und sieht am liebsten amerikanische Fernsehserien und Filme. In Deutschland ist das kein Problem, in seiner Heimat
5 konnte er aber nie offen darüber sprechen. Er ist nicht nur wegen des Krieges geflohen und hat seine Familie und viele gute Freunde zurückgelassen, sondern auch, weil er frei leben wollte. Dieses Ziel hat er in Deutschland eigentlich erreicht. Er muss keine
10 Angst mehr haben und kann sein Leben leben.
Trotzdem steht ihm noch viel im Weg. Vor allem muss er zahlreiche bürokratische Hürden überwinden. „Alles dauert so lange, ich komme nur in ganz kleinen Schritten voran", sagt er. Er will Ingenieur
15 werden, aber er hat Schwierigkeiten, weil ihm immer noch einige Dokumente fehlen. An die Uni kann er aus diesem Grund noch nicht. Er besucht einen Gast-Kurs an der Universität in Kons-
20 tanz am Bodensee. Zugleich bereitet er sich auf die Prüfungen vor, die er für die Zulassung zum Studium braucht, und arbeitet in einem Imbiss. „Im Rahmen meiner
25 Möglichkeiten versuche ich einfach, das Beste aus meiner Situation zu machen, auch wenn es manchmal frustrierend ist", sagt Hamid. „Denn eines mache ich mir immer wieder klar: Ich habe acht Versuche gebraucht, um nach Deutschland zu kommen,
30 wir sind gekentert, ich bin fast ertrunken, es war alles sehr gefährlich, aber ich würde es sofort wieder tun, wenn ich müsste. Hier ist meine Zukunft."

Wovon die Deutschen träumen

von Maria Marquart

Die Deutschen würden wohl jede gute Fee zum Gähnen bringen. […] Das zeigt eine Umfrage der Gesellschaft für Konsumforschung für SPIEGEL ONLINE. Sie belegt aber auch: Die Deutschen sorgen sich
5 nicht nur um ihr eigenes Wohl, sondern auch um das Glück ihrer Angehörigen und Freunde.
Die Umfrage sollte die Träume der Menschen herausfinden. Darum wurden sie gefragt, welche drei Wünsche sie einer guten Fee nennen würden. […]
10 Mehr als die Hälfte wünscht sich Gesundheit, für fast 40 Prozent ist finanzielle Sicherheit ein Traum und nahezu ein Drittel wünscht sich Glück in der Familie. Fast ebenso häufig wie Partnerschaft und Kinder wurde mit 30,4 Prozent aber auch der
15 Wunsch nach materiellen Dingen genannt.
Von allen Befragten, die Gesundheit als Wunsch nannten, dachten dabei fast 38 Prozent an das eigene Wohlbefinden. Jeder Zehnte hatte immerhin die Gesundheit seiner Familie im Kopf. […]
20 Beim Thema Finanzen sind die Deutschen nicht besonders einfallsreich. 22 Prozent nannten als wichtigen Wunsch, dass sie einfach genug Geld haben. Vom Lottogewinn träumen mehr als sieben Prozent. Nur vier Prozent würden sich von der Fee zum Su-
25 perreichen mit einem riesigen Vermögen machen lassen. Das ist insofern bemerkenswert, als etwa genauso viele Befragte sagten, sie würden sich einfach nur einen ausreichend bezahlten Job wünschen.
Die gute Fee müsste sich auch beim Thema Familie
30 nicht besonders ins Zeug legen. 13 Prozent […] wünschen sich, dass sie mit ihrem aktuellen Partner und ihren Kindern glücklich sind. Bei mehr als acht Prozent allerdings fehlt der passende Partner oder die passende Partnerin noch. Einen wirklich außerge-
35 wöhnlichen Wunsch nannten mit weniger als einem Prozent nur ganz wenige Befragte: Sie würden sich einen verstorbenen Mitmenschen zurückholen lassen. […]

1. Hamid ist geflohen, weil er
   ⓐ keine Arbeit hatte.
   ⓑ seine Religion leben wollte.
   ⓒ frei sein wollte.

2. In Deutschland
   ⓐ ist er gut integriert.
   ⓑ muss er viele Probleme lösen.
   ⓒ darf er nicht arbeiten.

3. Hamid möchte
   ⓐ Ingenieur werden.
   ⓑ nicht in Deutschland bleiben.
   ⓒ direkt am Bodensee wohnen.

4. Viele Deutsche
   ⓐ haben spezielle Wünsche.
   ⓑ haben Wünsche für ihre Familie und Freunde.
   ⓒ sind unzufrieden.

5. Von der Fee wünscht sich die Mehrheit der Befragten
   ⓐ Gesundheit.
   ⓑ das Wiedersehen mit einem geliebten Toten.
   ⓒ den Gewinn von einer Million Euro.

5 Wo sehen Sie sich in fünf Jahren?

🎧 1.19 **a** **Ergänzen Sie die Auszüge aus einem Bewerbungsgespräch mit den Ausdrücken a)–i). Hören Sie zur Kontrolle.**

a) Ich habe mir dann einen Plan gemacht

b) Diese Erfahrungen würde ich gerne nutzen

c) Durch meine Ausbildung und meine Berufserfahrung

~~e) In den vergangenen Jahren~~

d) Für die ausgeschriebene Stelle

f) Mein aktuelles Ziel ist

g) unterschiedlichen Herausforderungen stellen

h) verliere ich das Ziel nicht aus den Augen

i) weiß, worauf es ankommt

● Könnten Sie uns ein bisschen über sich erzählen?

○ Ich bin Franziska Sink, 31 Jahre. (1) ⓒ war ich bei der Taler AG tätig und dafür verantwortlich, neue Kunden zu betreuen. Dabei konnte ich einige Punkte in der Kundenbetreuung verbessern, was Sie im Zusammenhang mit der ausgeschriebenen Stelle vermutlich interessiert. (2) ◯, um mich in Ihrem Haus weiterzuentwickeln.

● Wo sehen Sie sich selbst in fünf Jahren?

○ (3) ◯, ein Unternehmen zu finden, in dem ich mich beruflich, aber auch persönlich weiterentwickeln kann. Ich möchte mich dabei gerne (4) ◯, um in möglichst vielen Bereichen dazuzulernen.

● Warum sind genau Sie die Richtige für den Job?

○ (5) ◯ brauchen Sie jemanden, der gut mit Zahlen umgehen kann, lösungsorientiert denkt und die Wünsche der Kunden im Blick hat. (6) ◯ bringe ich die fachlichen Qualifikationen mit und (7) ◯.

● Können Sie mit Arbeit unter Druck umgehen?

○ Auch unter Druck (8) ◯. In meiner bisherigen Stelle kam es häufiger vor, dass Kunden kurzfristige Wünsche geäußert haben. (9) ◯ und diesen Schritt für Schritt abgearbeitet.

  Hilfe? – Hören Sie zuerst und ergänzen Sie dann.

✏ **c** **Schreiben Sie einen kurzen Text über die Bilder und vergleichen Sie Ihre Texte im Kurs.**

> ✏ In der Karikatur geht es um …
> Im oberen Bild sieht man …
> Er oder sie geht …
> Dieses Bild zeigt …
> Das untere Bild zeigt dagegen …
> Man sieht wieder …
> Aber der Weg ist nun …
> Aber am Ende …

6 Berufe im Wandel

a Wortschatzerweiterung − Die 16 Werkzeuge und Gegenstände braucht man bei handwerklichen Tätigkeiten. Schreiben Sie die Bezeichnungen mit Artikeln zu den Bildern.

Arbeitshandschuhe   Schutzhelm   ~~Verlängerungskabel~~   Bohrmaschine

Eimer   Farbrolle   Klebeband   Hammer   Werkzeugkasten   Zange   Pinsel

Schraubenschlüssel   Teppichmesser   Wasserwaage   Spachtel   Schraubendreher

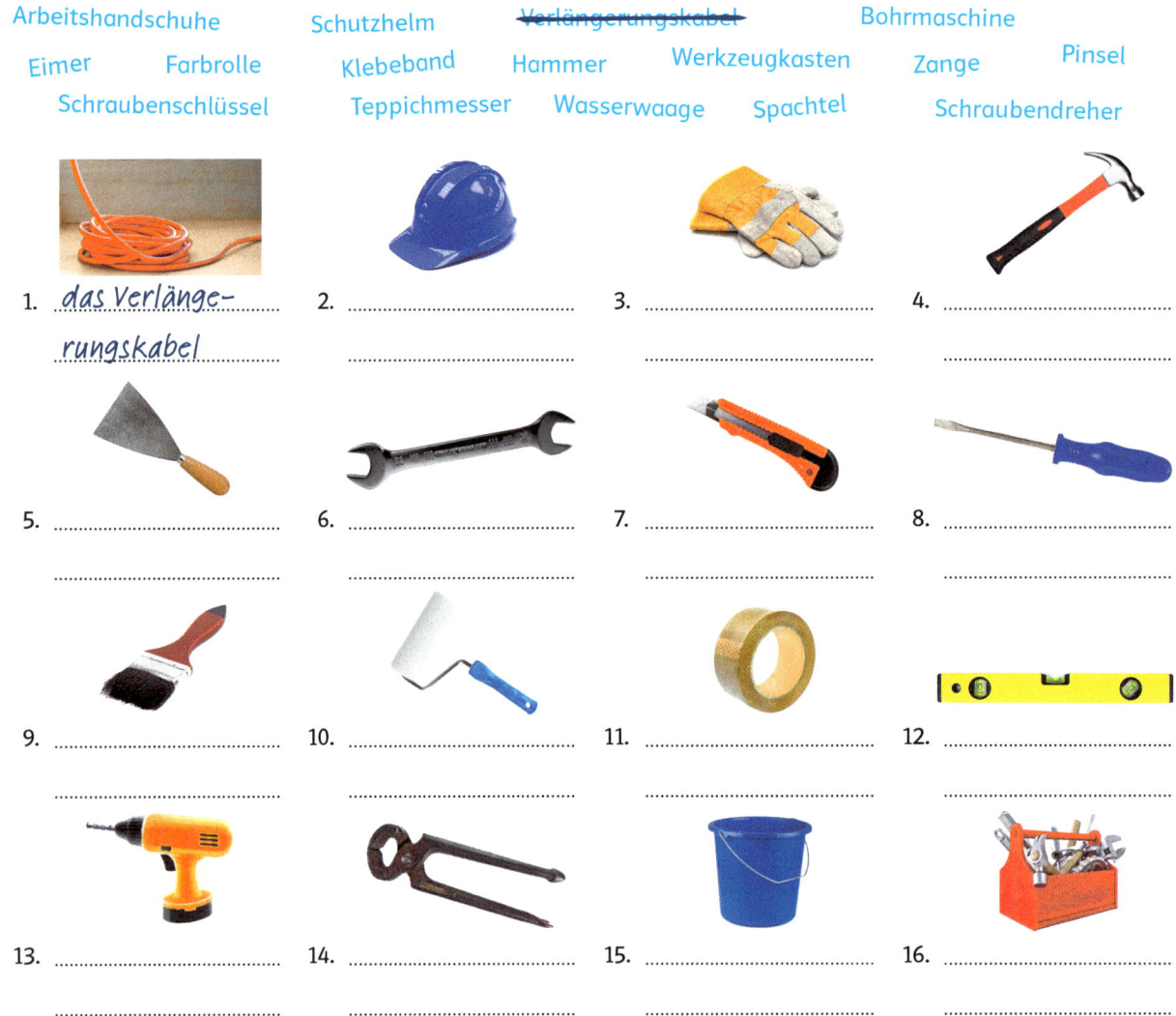

1. _das Verlänge-rungskabel_
2. ....
3. ....
4. ....

5. ....
6. ....
7. ....
8. ....

9. ....
10. ....
11. ....
12. ....

13. ....
14. ....
15. ....
16. ....

P B1·B2
Beruf

🎧 1.20 – 24

b Sie hören fünf Gespräche. Zu jedem Gespräch gibt es zwei Aufgaben. Entscheiden Sie bei jedem Gespräch, ob die Aussage dazu richtig oder falsch ist und welche Lösung (ⓐ, ⓑ oder ⓒ) am besten passt. Sie hören jedes Gespräch einmal. Kreuzen Sie an.

1. Frau Dumitru soll   Ⓡ Ⓕ
   die Homepage neu gestalten.

2. Sie möchte
   ⓐ Kollegen interviewen.
   ⓑ einen Fragebogen entwickeln.
   ⓒ eine Homepage entwerfen.

3. Dana telefoniert,   Ⓡ Ⓕ
   weil bestellte Ware
   nicht gekommen ist.

4. Die Ware
   ⓐ kommt am Vormittag an.
   ⓑ wurde gestohlen.
   ⓒ wird am Nachmittag
   geliefert.

5. Ahmed hat gekündigt. Ⓡ Ⓕ

6. Der Marktleiter
   ⓐ bietet ihm mehr Geld an.
   ⓑ bittet, dass er länger
   arbeitet.
   ⓒ entlässt ihn fristlos.

7. Frau Meckel soll   Ⓡ Ⓕ
   heute operiert werden.

8. Es gibt ein Problem
   ⓐ mit dem Labor.
   ⓑ mit Frau Meckel.
   ⓒ mit Frau Steinmetz.

9. Ines hat keine Lust   Ⓡ Ⓕ
   zum Kochen.

10. Eleni
    ⓐ hilft beim Übersetzen.
    ⓑ macht etwas zum Essen.
    ⓒ hat nicht eingekauft.

c Ergänzen Sie die Sätze mit den passenden Verben in der richtigen Form.
Die Verben stehen alle in den Texten auf Seite 20 und 21.

benutzen   ändern   einstellen   erwirtschaftet   installieren   operiert
untersucht   erledigen   gehören   erfasst   ersetzt   gelegt

1. Immer mehr Arbeitskräfte wurden in den letzten Jahren
   durch Roboter ....

2. Auch in Zukunft wird sich die Arbeitswelt weiterhin
   schnell ....

3. Heute .... viele Handwerker
   häufiger Computer als Schraubendreher.

4. Computerkenntnisse .... heute zu fast jedem Beruf.

5. Schon heute kann man fast alle Geldgeschäfte im Internet ....

6. Heute wird mehr Gewinn mit Service .... als mit Produkten.

7. Früher haben Installateure hauptsächlich Leitungen
   ....

8. Auch ein Heizungsbauer muss heute Software
   .... können.

9. Früher wurde man vom Hausarzt fast ohne Geräte
   ....

10. Kaum ein Chirurg .... heute ohne die Hilfe von Computern.

11. Wenn man im Netz surft, werden automatisch persönliche Daten ....

12. Wir müssen uns darauf ...., dass einfache Arbeitsplätze verschwinden.

d In der folgenden E-Mail sind zehn Fehler. Fünf Verbformen sind falsch. Fünf Nomen sind falsch
geschrieben. Korrigieren Sie.

Liebe Kolleginnen und Kollegen,

unsere Firma möchte in den kommenden Monaten die Homepage neu ~~gestaltet~~ *gestalten*.

Der Geschäftsfürung ist es ein wichtiges anliegen, dass möglichst viele Mitarbeiter und

Mitarbeiterinnen in die Entscheidungsprozesse einbinden werden. Daher hat mich Dr. Müller

gebet, einen Fragebogen zu entwickelt, den ich Ihnen im Anhang zuschicke. Die Fragen

dienen zu Ihrer Orientirung. Wenn Sie weitere Anmerkungen haben, so möchte ich Sie

bitten, mir diese mit dem ausgefüllten Fragebogen zukommen zu lassen. Als Termin für die

abgabe des ausgefüllten Bogens haben wir die 30. KW vorsehen.

Mit freundlichen Grüßen

Eleni Dumitru

Assistentin der Geschäftsleitung

Mein Deutsch nach Kapitel 2

Das kann ich:

von alten Bekannten erzählen

Wen getroffen?
Wann?
Wie war das Wiedersehen?

Tauschen Sie sich über alte Bekannte aus.

> Ich habe neulich … getroffen.
> Es war sehr nett. Wir haben …

über persönliche Entwicklungen berichten

beruflich
privat

Was hat sich in den letzten zwölf Monaten bei Ihnen verändert? Sprechen Sie.

> Nachdem ich meinen Sprachkurs begonnen hatte, …

> Als ich nach … kam, …

→ Seite XLVII

über die Zukunft sprechen

beruflich
privat

Formulieren Sie drei Äußerungen über die nahe und die fernere Zukunft.

> Nächstes Jahr ziehe ich nach Leipzig.
> Nach dem Kurs …
> In fünf Jahren …

Voraussagen, Vermutungen, Versprechen und Pläne äußern

Formulieren Sie zwei Voraussagen, zwei Vermutungen, zwei Versprechen und zwei Pläne.

> Ich werde wohl bald umziehen.

ein Bewerbungsgespräch führen

beruflicher Hintergrund
Motivation
Zukunftspläne
Geld

Einigen Sie sich auf eine Firma (Restaurant, Handwerksbetrieb, Industriebetrieb …). Notieren Sie je drei Fragen eines Arbeitgebers für ein Bewerbungsgespräch. Fragen Sie sich dann gegenseitig.

> Warum möchten Sie bei uns arbeiten?

→ Seite L

Das kenne ich:

(G)

→ Perfekt, Präteritum und Plusquamperfekt	Seite XXXII
→ Futur mit *werden*	Seite XXXII

HALTESTELLE

1 Sprechtraining

Texte lebendig vorlesen

🎧 1.25–26 **a** Sie hören einen Satz zweimal. Welche Version verstehen Sie besser, A oder B?

🎧 1.27 **b** Hören Sie noch einmal und markieren Sie Pausen zwischen den Wortgruppen.

Mein Traum wäre, | dass ich nach der Ausbildung bei Ihnen weiterarbeiten kann und nach und nach meine Qualifikationen erweitere.

c Markieren Sie in den folgenden Sätzen die Pausen zwischen den Sinneinheiten, die Sie sprechen möchten, und lesen Sie die Sätze dann laut vor.

1. Das Unternehmen ist sehr innovativ, deshalb können die Mitarbeiter und Mitarbeiterinnen hier viel lernen und sich weiterentwickeln.

2. Ältere Bewerber bringen in vielen Fällen mehr Lebenserfahrung mit als jüngere Bewerber und haben meist auch bereits Berufserfahrungen in verschiedenen Berufsfeldern gesammelt.

3. Sie wissen in der Regel auch genauer, was sie wollen, und sind deshalb sehr wertvolle Mitarbeiter oder Mitarbeiterinnen.

>
> Versuchen Sie immer in Sinneinheiten zu sprechen.
>
> Bilden Sie Wortgruppen.

🎧 1.28 **d** Hören Sie den Text mehrfach und markieren Sie die Pausen zwischen den Sinneinheiten.

> **Tipps für einen Lebenslauf**
> Lücken. | Auf keinen Fall | sollten Sie versuchen, einen Lebensabschnitt zu vertuschen. Lücken fallen negativ auf. Wer ehrlich ist und schreibt, dass er nach dem Studium noch sechs Monate durch Europa gereist ist, kann dadurch Interesse wecken.
> Praktika und Berufserfahrung. Wichtig ist nicht nur, wie lange und wo Sie ein Praktikum gemacht oder gearbeitet haben, sondern auch, was Sie gemacht haben. Zählen Sie mit Spiegelstrichen in Stichworten auf, welche Aufgaben Sie hatten. Auch Ausbildungs- und Studienschwerpunkte sollten Sie auflisten.

> Trainieren Sie das Sprechen, indem Sie laut lesen. Nehmen Sie kurze Notizen aus der Zeitung und üben Sie.

2 Lebensphasen

a Lesen Sie 1–8 und sprechen Sie im Kurs: Was ist für Sie das „beste" Alter?

1 0 bis 10 Jahre   3 20 bis 30 Jahre   5 50 bis 60 Jahre   7 70 bis 80 Jahre

2 10 bis 20 Jahre   4 30 bis 50 Jahre   6 60 bis 70 Jahre   8 80+

b Lesen Sie die acht Textabschnitte und bringen Sie sie in eine chronologische Reihenfolge.

Jeder Abschnitt des Lebens bietet eigene Chancen, die wir nutzen können, und Risiken, mit denen wir leben müssen.

A 4
In dieser Lebensphase passiert alles gleichzeitig. Die berufliche Karriere entscheidet sich. Vielleicht heiratet man und bekommt Kinder. Wir können und müssen in allen Lebensbereichen zeigen, was wir gelernt haben. Korrekturen sind möglich, aber sie werden von Jahr zu Jahr schwieriger. Für viele Menschen sind das sehr intensive, interessante und anstrengende Jahre. Wer sich jetzt auch um seine Gesundheit kümmert, steigert seine Chancen auf ein gesundes Leben im Alter. Nach und nach wird die Lebenserfahrung wichtiger als die Spontaneität. Am Ende dieser Zeit werden viele ruhiger, während andere noch einmal Neuanfänge versuchen.

B ☐
Am Ende dieser Phase ist man selbstständig und (mehr oder weniger) erwachsen. In diesen Jahren werden unser Gehirn und unser Körper umgebaut. Die Pubertät verunsichert uns. Wir sind oft nervös, aber auch voller Energie. Wir bauen uns zusammen mit unseren Freunden und Freundinnen unsere eigene Welt. Wir müssen uns mit den Erwachsenen und unseren Altersgenossen auseinandersetzen und lernen dabei, Konflikte auszutragen. Jugendliche verbringen in dieser Zeit viele Stunden mit Lernen. Nie wieder fällt uns das Lernen so leicht wie jetzt. Gegen Ende dieser Zeit überlegen wir, was wir beruflich machen wollen.

C ☐
Am Anfang steht die Geburt. Sie bietet die Chance auf das Leben. Vor 200 Jahren starben in Deutschland 20% aller Neugeborenen und bis heute sterben in einigen Ländern noch 10%. Menschen brauchen im Gegensatz zu den meisten Tieren nach ihrer Geburt viel Hilfe, bis sie selbstständig leben können. Unsere Gene und unsere Umwelt bestimmen unsere Zukunft. Alles liegt vor uns. Kinder lernen jeden Tag etwas Neues. In den ersten Jahren in der Familie und dann zusammen mit Gleichaltrigen im Kindergarten und in der Schule.

D ☐
Wir erkennen, dass es in unserem Leben vermutlich keine großen Veränderungen mehr geben wird. Das kann zufrieden machen oder traurig. Immer öfter haben wir gesundheitliche Probleme. Man kann im Sport und auch beruflich nicht mehr so viel machen wie früher. Die Kinder sind erwachsen und machen sich selbstständig. Das bietet die Chance, den Alltag noch einmal neu zu gestalten. Manche haben aber deshalb Schwierigkeiten, ihrem Leben einen Sinn zu geben.

E ▢

In diesem Jahrzehnt geht unsere berufliche Karriere zu Ende. Für manche ist die Umstellung auf das Leben ohne bezahlte Arbeit nicht leicht. Anderen gelingt es, die gewonnene Zeit für neue Projekte zu nutzen. Die Ungleichheit zwischen den sozialen Gruppen steigt. Einige haben in dieser Zeit ihr größtes Geldvermögen, andere haben kaum genug zum Leben. Mit sportlichen Aktivitäten kann man die natürlichen Alterungsprozesse zwar hinauszögern, aber nicht komplett verhindern.

F ▢

Männer sterben im Durchschnitt mit etwa 78 Jahren, Frauen mit etwa 83. Auch wenn körperlich alles immer mühsamer wird, können Menschen auch diese Lebensphase sehr positiv erleben. Entscheidend dafür ist, dass sie gute soziale Kontakte und Aufgaben haben, die ihrem Leben einen Sinn geben, z. B. in der Betreuung der Enkel oder Urenkel oder beim Engagement in der Gesellschaft. Klare Tagesstrukturen und Routinen werden immer wichtiger.

G ▢

Je älter man wird, desto stärker wird das Funktionieren bzw. Nicht-Funktionieren des eigenen Körpers zum Thema.
Immer mehr Menschen erreichen weltweit diese Lebensphase. In den Industrienationen ist die Lebenserwartung am höchsten. Dort sind von 1000 Frauen des gleichen Jahrgangs nach 90 Lebensjahren noch 293 am Leben und von 1000 Männern noch 165.

H ▢

In der Mitte dieses Jahrzehnts ist unsere Persönlichkeit mehr oder weniger fertig entwickelt: wir sind offen oder verschlossen, neugierig oder lernunwillig. Man kann sich zwar bis zu seinem Lebensende ändern, aber die Grenzen sind nun klar. Menschen in den westlichen Industrieländern bleiben heute länger „jugendlich". Frauen, die früher ihr erstes Kind Ende 20 bekamen, galten als „alte Mütter". Heute ist das die Regel. Bis Mitte zwanzig möchten wir meistens älter sein als wir sind, danach nur noch jünger.

c Wählen Sie einen Abschnitt aus. Lesen Sie ihn genau und klären Sie unbekannte Wörter, die Ihrer Meinung nach zum Verständnis wichtig sind.

> In Abschnitt A, 30 bis 40 Jahre, kommt das Wort „gleichzeitig" vor. Es bedeutet, dass mehrere Dinge zur gleichen Zeit passieren.

d Fassen Sie Ihren Abschnitt für die anderen zusammen.

e Über Lebensphasen berichten – Wählen Sie.
Erzählen Sie von Bekannten, deren Lebensphasen ganz anders waren, als das im Text steht.

oder

Beschreiben Sie eine von Ihren persönlichen Lebensphasen in wenigen Worten.

f Das Lebensphasen-Spiel
Schritt 1 – Vorbereitung: Sammeln Sie gemeinsam 20 Fragen im Kurs.

Wie geht es dir? Was sind deine Pläne für das nächste Jahr? Was isst du gern? ...

Schritt 2 – Spielen Sie im Kurs: A stellt eine Frage, B wählt eine Lebensphase aus und beantwortet die Frage dem Alter entsprechend. Die Gruppe rät, welche Lebensphase B gewählt hat.

Wie geht es dir?

Ach, ich bin zufrieden. Manchmal habe ich Probleme mit dem Rücken und die Augen sind auch nicht mehr so gut. Aber ich will nicht klagen.

Ja, ich bin über 80.

Du bist über 80.

3 Wortschatztraining – Berufswortschatz thematisch wiederholen

a Wortschwall – Lesen Sie die Spielanleitung und spielen Sie.

Kleine Gruppen spielen gegeneinander. Jede Gruppe hat einen Platz zum Schreiben (z. B. Tafel, Flipchart, Packpapier an der Wand).

1. Schreiben Sie die Themen rechts auf Karten. Sie können noch weitere Themen ergänzen.

2. Eine Gruppe beginnt. Ein Gruppenmitglied zieht eine Themenkarte und nennt das Thema.

3. Innerhalb von einer Minute schreiben die Gruppen so viele Wörter zu dem gerade genannten Themenbereich auf, wie sie können.

4. Nach einer Minute zählt jede Gruppe die von einer anderen Gruppe gesammelten Wörter. Für jedes genannte Wort gibt es einen Punkt.

5. Die Gruppe mit den meisten Punkten gewinnt diese Runde. Dann wird die nächste Karte gezogen ...

Arbeitssuche und Bewerbung

Internet

Büro und Werkstatt

Arbeit und Familie

Kollegen und Kunden

Es geht los: „Bewerbung"!

Kündigung erhalten? Gehört das zum Thema?

b Erweiterung: Wortbildung

Erweitern Sie den Wortschwall-Wettbewerb. Nun sollen die Gruppen abgeleitete Nomen, Verben oder Adjektive finden.

Bewerbung
sich bewerben um eine Stelle bei einer Firma
der Bewerber, –
die ...

c Erweiterung: Texte schreiben

Wählen Sie aus den Listen in 3a und 3b jeweils drei Wörter aus und schreiben Sie damit einen Text.

Rund ums Wohnen

(A) der Rollladen (B)

die Puppe

der Esstisch

die Eckbank

die Couch

die Gardine

das Parkett

(C) das Spielzeug (D)

der Couchtisch

die Wolldecke

der Kinderstuhl

die Schublade

die Kommode

die Stehlampe

das Kissen

1 Wohnformen

a Sehen Sie die Fotos an. Sammeln Sie Wortschatz zum Thema *Wohnen*: Möbel, Geräte, ...

b Was gefällt Ihnen in den Räumen auf den Fotos oben, was nicht? Was fehlt Ihnen? Was brauchen Sie nicht?

> Die weiße Couch finde ich super, aber das Regal ist hässlich, das würde ich verschenken.

c Wer wohnt in diesen Wohnungen vermutlich? Sprechen Sie.

Mann oder Frau? • allein / ein Paar / eine Familie / eine WG? • Alter? • Beruf? • Einkommen? • Hobbys?

> Hier wohnt bestimmt …   Ich vermute, hier lebt …   < Von Beruf könnte er/sie … sein.

🎧 1.29 **d** Hören Sie. Dana und Maik sind umgezogen. Welches Foto passt?

🎧 1.29 **e** Hören Sie noch einmal und kreuzen Sie an: richtig oder falsch?

	R	F
1. Dana ist nach dem Umzug zufrieden.	☐	☐
2. Sie findet ihren Esstisch nicht schön.	☐	☐
3. Dana und Maik waren sich von Anfang an über die Einrichtung einig.	☐	☐

Sprechen was man beim Umzug selbst macht und was man machen lässt; über Umzugsgründe und -erfahrungen sprechen; einen Umzug organisieren | **Hören** Gespräch mit der Umzugsfirma; Mängelmeldung bei der Hausverwaltung | **Lesen** Blogtext zum Thema Umzug | **Schreiben** Nachricht an die Hausverwaltung | **Beruf** Angebote machen und verhandeln

20.07. ⬭

„Klar brauchen wir drei jetzt eine größere Wohnung!" 😊
Das hat Maik gestern zu mir gesagt. Geräumiger, aber
möglichst genauso günstig wie unsere jetzige Wohnung
soll sie sein. Heute haben wir stundenlang in Onlinepor-
talen gesucht und jetzt sind vier Wohnungen in der
engeren Auswahl, die gute Grundrisse haben. In den
nächsten Tagen können wir sie besichtigen. Ich halte
euch auf dem Laufenden!

03.08. ⬭

„Das darf doch nicht wahr sein!", dachte ich mir: Bei der ersten Wohnung waren außer uns 43 andere Interessenten da. Was für eine Chance haben wir bei so vielen Bewerbern? 😠 Also gleich weiter zu Wohnung
Nummer 2: eine traumhafte Dachgeschosswohnung, Einbauküche, fairer Preis, aber weder Balkon noch
Fahrstuhl. Die dritte Wohnung war unglaublich schmutzig! 😠 Aber bei der vierten und letzten Wohnung
hatten wir dann ein Erfolgserlebnis: Erdgeschoss mit kleiner Terrasse, drei Zimmer, hell, Altbau … Wir
haben uns für die Dachgeschosswohnung und die Erdgeschosswohnung vormerken lassen und alle Unterlagen (Selbstauskunft, Nachweis der Mietschuldenfreiheit, Einkommensnachweise etc.) gleich den Haus-
verwaltungen gegeben, denn man muss schnell sein … Drückt uns die Daumen!

15.08. ⬭

„Nun nimm schon ab!", sagte ich zu Maik, als die Nummer der Hausverwaltung auf seinem Handy-Display
erschien. Nach einem kurzen Telefonat war alles perfekt. Wir haben die Erdgeschosswohnung und können
Anfang Oktober einziehen! Sie ist zwar leider 150 Euro teurer als unsere jetzige Wohnung, aber wir freuen
uns natürlich trotzdem total, dass es geklappt hat! 😊

20.08. ⬭

„Komm, organisieren wir mal ein paar Sachen!" Nun sitzen wir planend am Küchentisch. Wir müssen leider
unsere alte Wohnung noch renovieren. Die Böden lassen wir von einem Handwerker abschleifen. Die Wände
streichen wir selbst, einen Maler zu beauftragen wäre uns zu teuer. Unsere neue Wohnung wird uns zum
Glück frisch gestrichen übergeben. Vor unserem Einzug wird sogar das Bad neu gemacht. Wir bekommen
ganz schicke Fliesen! Trotzdem bleibt noch einiges zu organisieren, z. B. der Internetanschluss. Da müssen
wir hoffentlich keinen Techniker kommen lassen. Die Lampen können wir auch selbst anschließen, das geht
ohne Elektriker. Ein paar Möbel brauchen wir noch, die wollen wir gebraucht besorgen. Dafür lassen wir den
Umzug von einer Umzugsfirma machen – man gönnt sich ja sonst nichts!! Selbst schleppen wollen wir nicht,
das Aufbauen und Einräumen nachher ist Arbeit genug!

07.10. ⬭

„Das hat ja super geklappt!". Um 9 Uhr standen die Jungs
von der Umzugsfirma vor unserer alten Wohnung. Sie haben
alles total professionell geschafft! Am Abend, als unser Baby
endlich schlief, saßen wir zum Feiern entspannt auf der
Couch – in UNSERER neuen Wohnung. Zwischen den
unausgepackten Kartons stießen wir beide mit einem Glas
Sekt an. Morgen geht's dann weiter: Schränke zusammen-
bauen, Regale montieren … Besuch zum Helfen ist immer
willkommen … 😉

16.10. ⬭

„Endlich haben wir auch den Formalkram erledigt!" Online ummelden funktioniert tatsächlich, auch
wenn es nicht überall ganz einfach war! Ob Post, Bank, Krankenkasse oder Handyanbieter, mit einer
Menge Klicks und einer guten Portion Geduld hatten alle unsere neue Adresse. Und wir mussten
nicht mit schreiendem 😠 Baby stundenlang irgendwo warten – ein Riesenvorteil!!
Einladung zur Einweihungsparty folgt!

2 Unsere neue Wohnung

a Lesen Sie den Text auf Seite 34. Welche Überschrift passt zu welchem Abschnitt?

① Der Umzugstag   ② Internet statt Warteschlangen   ③ Wohnungsbesichtigungen

④ Die Zusage   ⑤ Unsere Entscheidung   ⑥ Umzugsplanung

b Lesen Sie den Text noch einmal. Was stimmt: ⓐ, ⓑ oder ⓒ?

1. Dana und Maik suchen eine Wohnung, weil …
   ⓐ die alte Wohnung zu teuer ist.
   ⓑ ihr Vermieter ihnen gekündigt hat.
   ⓒ sie mehr Platz brauchen.

2. Sie müssen …
   ⓐ ihre alte Wohnung streichen.
   ⓑ beim Umzug viele schwere Sachen tragen.
   ⓒ viele neue Möbel kaufen.

3. Die beiden haben …
   ⓐ insgesamt zwei Wohnungen angesehen.
   ⓑ sich für zwei Wohnungen beworben.
   ⓒ die erste Wohnung bekommen.

4. Am Umzugstag haben sie abends…
   ⓐ zu zweit etwas getrunken.
   ⓑ Möbel montiert.
   ⓒ den Möbelpackern ein Glas Sekt spendiert.

c Umziehen – Was passiert zuerst, was dann? Wählen Sie zehn Ausdrücke und ordnen Sie sie.
Es gibt verschiedene Möglichkeiten. Vergleichen Sie dann mit einem anderen Paar.

den Mietvertrag unterschreiben • im Möbelhaus Möbel ansehen • einen Nachsendeantrag stellen •
die Umzugskartons packen • zur Einweihungsparty einladen • in einem Internetportal nach freien
Wohnungen suchen • sich für ein Stadtviertel entscheiden • den Umzug organisieren •
sich für eine Wohnung vormerken lassen • die Mietschuldenfreiheit nachweisen • einen Einkommens-
nachweis abgeben • Vermieter/in oder Hausverwaltung kontaktieren • sich ummelden •
eine Umzugsfirma beauftragen • renovieren • eine Kaution hinterlegen • eine Wohnung besichtigen •
sich einen Grundriss schicken lassen • …

d Lesen Sie den Abschnitt vom 20.8. noch einmal und machen Sie eine Liste. Was machen Dana und Maik
selbst, was lassen sie machen?

> Sie lassen die Böden von den Handwerkern abschleifen.

UND SIE?

Was machen Sie in Ihrer Wohnung selbst, was lassen Sie machen? Erzählen Sie.

> Wände streiche ich selbst, aber Fliesen legen – das kann ich nicht. Da muss ich einen Fliesenleger rufen.

3 Der Umzug

🎧 1.30 – 32 **a** Sehen Sie die Fotos an und hören Sie die Dialoge. Welcher Dialog passt zu welchem Foto?

A ☐ B ☐ C ☐

🎧 1.33 – 35 **b** Hören Sie die Dialoge noch einmal. Welche Äußerungen kommen vor? Markieren Sie sie.

Angebote einholen / Nachfragen	Details klären	Angebote verhandeln
Kunde/Kundin Könnten Sie mir bitte ein Angebot schicken? ==Ich würde gerne ein Angebot für einen Umzug einholen.==	Die Waschmaschine nehmen wir mit. Können Sie die alten Regale entsorgen?	Sind Sie denn bezüglich des Termins flexibel? Haben Sie beim Preis noch etwas Spielraum?
Mitarbeiter/Mitarbeiterin Wo genau wohnen Sie denn? Im wievielten Stockwerk ist die neue Wohnung? An welchem Termin wollen Sie denn umziehen? Wie groß ist Ihre jetzige Wohnung? Um ein Angebot machen zu können, müsste ich …	Wo können wir am Umzugstag parken? Nehmen Sie die Küche mit? Möchten Sie die Möbel selbst abbauen oder sollen wir das erledigen? Packen Sie die Kartons selbst?	Tut mir leid, wir sind bis … ausgebucht. Ja, wir können Ihnen beim Termin entgegenkommen. Wir haben Fixpreise, da kann ich leider nichts machen.

c Spielen Sie zuerst ein Telefongespräch und dann eine Wohnungsbesichtigung.

Sie rufen die Umzugsfirma an.	Sie sind Mitarbeiter/in der Umzugsfirma.
1. – Angebot für Umzug? – früherer Termin möglich? – Besichtigung nächste Woche, Samstagvormittag – 5. Stock, kein Aufzug, Parkmöglichkeit im Hof	– ausgebucht bis Anfang Dezember – Besichtigungstermin nächste Woche anbieten – Stockwerk? Aufzug? Parkmöglichkeiten?
2. – Einbauküche bleibt, übrige Möbel kommen mit – Kartons selbst packen – alles selbst ab- und wieder aufbauen …	– Welche Möbel bleiben, welche kommen mit? – Kartons packen? – Möbel ab- oder aufbauen? …

Umzugsfirma „Hin und weg", was kann ich für Sie tun? ⟩ ⟨ Guten Tag, mein Name ist …

d In welchen Situationen machen oder verhandeln Sie Angebote? Um welche Details geht es dabei? Machen Sie Notizen und tauschen Sie sich dann aus.

Ich habe mal in einem Imbiss gearbeitet. Da … ⟩

4 Die Einweihungsparty

a Lesen Sie Fabians E-Mail. Worum bittet er Dana?

Hallo Dana,
nochmals herzlichen Glückwunsch zu eurer neuen Wohnung! Übrigens habe ich auch Neuigkeiten, was das Wohnen angeht: Ich bin vor einem Monat aus Liebe spontan nach Regensburg gezogen. Kennengelernt hatte ich meine neue Freundin Jule dort bei einer Fortbildung.
Wir haben trotz der hohen Mietpreise schnell eine günstige Wohnung in der Altstadt gefunden. Glück muss man haben ☺!
Ich freue mich schon sehr auf eure Einweihungsparty, vielen Dank für die Einladung! Darf ich Jule denn mitbringen? Ihr seid doch sicher ganz neugierig auf sie ☺.
Liebe Grüße
Fabian

b Lesen Sie das Beispiel und ordnen Sie die Begriffe zu. Ergänzen Sie dann den zweiten Satz aus dem Text.

Ort   Art und Weise   ~~Zeit~~   Grund/Gegengrund   Ⓖ

FOKUS   Angaben im Satz: Wann-warum-wie-wo-Regel

	Zeit:			Akkusativ		
	wann?	**warum?**	**wie?**		**wo/wohin?**	
Ich bin	vor einem Monat	aus Liebe	spontan	—	nach Regensburg	gezogen.
Wir haben	—	*trotz der hohen ...*				gefunden.

c Schreiben Sie die Teile des ersten Satzes aus 4b auf Kärtchen und spielen Sie damit *lebendige Sätze*. Probieren Sie aus, was alles auf Position 1 im Satz stehen kann.

vor einem Monat · bin · ich · aus Liebe · spontan · nach Regensburg · gezogen

d Schreiben Sie die Ausdrücke in eine Tabelle. Ergänzen Sie dann weitere Ausdrücke.

am späten Nachmittag • draußen • wegen der hohen Miete • ohne Probleme • im Zentrum • nach Görlitz • dringend • aufgrund der guten Verkehrsanbindung • auf dem Land • mit viel Glück • intensiv • zur Entspannung • aus Liebe • gestern • jetzt • in einem Vorort • trotz der kleinen Küche • oft • trotz der hohen Mietpreise • wegen der Ausbildung ...

Zeit	*Grund/Gegengrund*	*Art und Weise*	*Ort*
am späten Nachmittag	...		

e Machen Sie ein Kettenspiel. Bilden Sie Sätze mit den Ausdrücken aus 4d.

〈 Ich möchte jetzt ... 〉   〈 Ich möchte jetzt wegen der hohen Miete ... 〉

〈 Ich möchte jetzt wegen der hohen Miete dringend umziehen. 〉   〈 Viele Studenten wohnen ... 〉

UND SIE?

 Erzählen Sie: Warum sind Sie umgezogen oder warum möchten Sie umziehen?

5 Es gibt da ein Problem.

🎧 1.36 **a** Maik ruft die Hausverwaltung an. Hören Sie. Welche Zeichnung passt?

 (A) ☐    (B) ☐    (C) ☐

🎧 1.36 **b** Hören Sie noch einmal und ordnen Sie zu.

1. Ist in der Wohnung
2. Wir fühlen uns sehr wohl hier, aber
3. Gestern sind leider drei Fliesen
4. Wirklich? Wie kann das
5. Wir können jetzt
6. Dann würde ich Sie
7. Und schreiben Sie bitte auch,
8. Ich hoffe,
9. Natürlich, ich kümmere mich

a) von der Wand gefallen.
b) die Dusche nicht benutzen.
c) wann jemand bei Ihnen zu Hause erreichbar ist.
d) das geht dann schnell!
e) um Folgendes bitten:
f) dann gleich darum.
g) denn sein?
h) alles in Ordnung?
i) es gibt leider ein Problem.

c Welche Probleme kann es in einer Wohnung geben? Wie kann man sie lösen? Schreiben Sie.
Es gibt mehrere Möglichkeiten.

> Die Türklinke muss repariert werden. = Man muss die Türklinke reparieren.

Problem

die Zentralheizung
der Abfluss von der Badewanne
der Rollladen   der Aufzug
die Tür vom Einbauschrank
   der Wasserhahn im Bad
die Sprechanlage
das Türschloss   der Fenstergriff
    die Türklinke   …

funktioniert nicht   ist abgegangen
kann nicht hochgezogen werden
schließt nicht mehr richtig   tropft
   muss repariert werden   ist kaputt
kann nicht abgeschaltet werden
ist verstopft   muss überprüft werden
muss ausgetauscht werden   klemmt
ist nicht dicht   ist abgebrochen   …

Lösung

anrufen
   … Bescheid sagen
sich darum kümmern
Abflussreiniger verwenden
   wieder anschrauben
reparieren   entlüften
   …

Problem: Die Zentralheizung funktioniert nicht. Lösung: Sie muss entlüftet werden.

d Wählen Sie ein Problem und eine Lösung aus 5c. Spielen Sie Dialoge wie im Beispiel.

> Der Rollladen kann nicht mehr hochgezogen werden. Was mache ich denn jetzt?

> Kannst du ihn irgendwie reparieren?

> Nein, das schaffe ich nicht. Da klemmt irgendwas.

> Okay, ich sage gleich dem Hausmeister Bescheid.

6 Eine E-Mail an die Hausverwaltung

a Maik schreibt an die Hausverwaltung. Ordnen Sie die E-Mail nach den Gliederungspunkten.

Einleitungssatz

_E_ . . . .

Grund des Schreibens

. . . .

Schilderung
des Problems

. . . .

Bitte um schnelle
Erledigung

. . . .

Erreichbarkeit

. . . .

Sehr geehrter Herr Heuermann,

(A) Deshalb bitten wir Sie, so schnell wie möglich den Handwerker zu verständigen, damit er den Schaden behebt.

(B) Bis 11 Uhr und ab 16 Uhr ist täglich jemand in der Wohnung. Bei Bedarf könnten wir aber auch einer Nachbarin den Schlüssel geben, damit sie den Handwerker in die Wohnung lässt.

(C) Vor unserem Einzug wurde das Bad renoviert. Leider halten die Fliesen aber nicht richtig. Drei Fliesen sind schon von der Wand gefallen und wir können deshalb die Dusche nicht benutzen.

(D) Wie besprochen möchte ich Ihnen hiermit nochmals das Problem in unserer Wohnung in der Dietlindenstraße 27, Erdgeschoss schildern:

(E) ich beziehe mich auf unser heutiges Telefongespräch.

Vielen Dank im Voraus!
Mit freundlichen Grüßen
Maik Nowak

---

b Schreiben Sie eine E-Mail wie in 6a. Schreiben Sie etwas zu allen Punkten aus 6a. Wählen Sie.

Schreiben Sie zu Problem 1, 2 oder 3.   oder   **Erfinden Sie selbst ein Problem.**

1. Sie brauchen noch einen Zweitschlüssel für Ihre Wohnung.
2. Der Maler hat Ihr Wohnzimmer gestrichen, aber er hat nicht sauber gearbeitet. Sie möchten Nachbesserungen, aber er hat nicht auf Ihre Anrufe reagiert.
3. Der Boiler in der Küche ist ausgefallen.

Einleitungssatz
Ich beziehe mich auf unser heutiges Telefongespräch / Ihre E-Mail / Ihre Nachricht.
Wie soeben telefonisch besprochen …

Grund des Schreibens
Hiermit möchte ich Sie bitten …
Ich möchte Sie noch einmal daran erinnern, …
Wir hatten vereinbart, dass …

Bitte um schnelle Erledigung
Bitte klären Sie bald mit … folgendes Problem: …
Deshalb bitte ich Sie dringend darum, so schnell wie möglich …

Erreichbarkeit
Falls Sie noch Rückfragen haben, können Sie mich gerne jederzeit unter der Nummer … anrufen.
Wir sind täglich von … Uhr bis … Uhr zu Hause / nicht zu Hause.

VORHANG AUF

Wählen Sie eine Situation. Planen und spielen Sie einen Dialog.

Guten Tag, Frau Kaminski, es gibt ein Problem …

ÜBUNGEN

1 Wohnformen

a Wortschatz wiederholen und erweitern – Was gehört wohin? Schreiben Sie die Nomen mit Artikel und Plural zu den Räumen und ergänzen Sie weitere Nomen. Vergleichen Sie im Kurs.

Spiegel   Dusche   Stehlampe   Eckbank   Staubsauger   Tiefkühlschrank   Wolldecke   Kissen

Uhr   Sofa   Regal   Wasserkocher   Mikrowelle   Kommode   Teppich   Schreibtisch   Herd   *Bild*

A das Arbeitszimmer

....

....

....

....

B das Wohnzimmer

....

....

....

....

C das Bad

....

....

....

....

D die Küche

....

....

....

....

b Notieren Sie für jeden Raum aus 1a mindestens drei Aktivitäten.

> *A im Arbeitszimmer: telefonieren, etwas recherchieren, ...*
> *B ...*

c Was bedeuten die Räume in 1a für Sie? Schreiben Sie einen kurzen Text über jeden Raum. Vergleichen Sie im Kurs.

> *Ich habe kein eigenes Arbeitszimmer zu Hause,*
> *aber es wäre schön, wenn ich eines hätte.*
> *Dann könnte ich ...*
> *Im Schlafzimmer lese ich gern. Deshalb ...*

> Wenn ich ... hätte, könnte ich ...
> ... ist am Wichtigsten für mich.
> In ... fehlt mir ..., weil ...
> In ... brauche ich ...
> Wenn Freunde kommen, dann ... .

2 Unsere neue Wohnung

a Jakobs Blog – Was passt? Ergänzen Sie die Sätze.

renoviert   vormerken lassen   auf der Couch   besichtigen

auf dem Laufenden   ~~in der engeren Auswahl~~   alles perfekt   die Daumen

5.10.	Wir haben drei Wohnungen (1) _in der engeren Auswahl_. Bald können wir sie alle
	(2) .... Natürlich halte ich euch (3) ....!
11.10.	Wir haben uns für eine Wohnung (4) .... Drückt uns
	(5) ...., dass wir sie bekommen!
18.10.	Nach einem längeren Telefonat war (6) .... Die neue Wohnung
	wird uns zum Monatsende (7) .... übergeben.
3.12.	Am Umzugsabend saßen wir zum Feiern entspannt (8) ....

b Jeweils ein Verb passt nicht. Streichen Sie es durch.

1. einen Mietvertrag   ~~besichtigen~~ • unterschreiben • ausfüllen • abschließen

2. einen Nachsendeantrag   ausfüllen • stellen • abgeben • vormerken

3. eine Wohnung   renovieren • besichtigen • bestellen • streichen

4. die Unterlagen   kontaktieren • ordnen • zusammenstellen • mitbringen

5. die Umzugskartons   packen • tragen • suchen • helfen

6. viele Stunden im Möbelhaus   verbringen • sein • wohnen • einkaufen

7. einen Umzug   planen • schicken • vorbereiten • durchführen

c Schreiben Sie zu 1–7 in 2b jeweils einen Satz. Vergleichen Sie im Kurs.

1. Gestern habe ich den Mietvertrag für meine neue Wohnung abgeschlossen.

d Wortfamilien – Suchen Sie Nomen, Verben und Adjektive zu den Nomen 1–5. Arbeiten Sie auch mit dem Wörterbuch und vergleichen Sie im Kurs.

1. Miete   3. Wohnung   5. Hilfe
2. Umzug   4. Bewerbung

1. die Miete: die Mieterhöhung,
der Vermieter / die Vermieterin mieten ...

> Suchen Sie immer wieder zu einem 😊
> Wort andere Wörter aus der Wortfamilie.
> So erweitern Sie Ihren Wortschatz!

e Was lassen Sie machen? Schreiben Sie die Sätze.

1. ich / die Böden / in der neuen Wohnung / abschleifen / lassen / .
2. du / auch / die Wände / streichen / lassen / ?
3. er / die Lampen / anschließen / lassen / .
4. wir / das Bad / neu machen / lassen / .
5. ihr / den Umzug / von einer Firma / machen / lassen / ?
6. sie / die neuen Möbel / liefern / lassen / .

1. Ich lasse die Böden in der neuen Wohnung abschleifen.

f Ein Mietvertrag – Lesen Sie den Text. Entscheiden Sie, ob die Aussagen 1–3 richtig oder falsch sind. Kreuzen Sie an.

Mietvertrag

Der Vermieter Karl Hauser und der Mieter Ali Ghanem schließen hiermit folgenden Mietvertrag:

§ 1 Mieträume
Im Haus 73436 Gmundhain, Hamburger Straße 17, werden folgende Räume vermietet: ein Zimmer mit Kochgelegenheit, Bad mit Dusche und WC.
Die Wohnfläche beträgt 40 qm.
Der Mieter ist berechtigt, die Waschküche zu benutzen.
Der Mieter bekommt für die Mietzeit zwei Haus-, zwei Wohnungs- und zwei Kellerschlüssel.

§ 2 Mietzeit
Das Mietverhältnis beginnt am 1.6.20… Es ist zeitlich nicht befristet.

§ 3 Miete
Die Miete beträgt monatlich 470 € kalt. Es wird hiermit verbindlich vereinbart, dass dieser Betrag für den Zeitraum von zwei Jahren nicht erhöht wird. Eventuelle Mieterhöhungen nach diesem Zeitraum und alle sonstigen Vertragsänderungen müssen dem Mieter schriftlich mitgeteilt werden.
Außerdem bezahlt der Mieter für Heizung und Warmwasser 55 € monatlich im Voraus. Diese Vorauszahlungen werden jährlich abgerechnet. Weitere Betriebskosten werden nicht berechnet.

§ 4 Pflichten der Vermieters vor Einzug
Der Vermieter verpflichtet sich, vor Einzug des neuen Mieters folgende Arbeiten in der Wohnung vornehmen zu lassen:
– Streichen der Wände,
– gründliche Reinigung der Teppichböden.

§ 5 Mängel und Schäden in der Wohnung
Tritt in der Wohnung ein Mangel auf, so muss der Mieter dies dem Vermieter sofort mitteilen.
Der Vermieter ist für dessen Beseitigung verantwortlich.
Wird der Mangel nicht in einer zumutbaren Zeit beseitigt, kann der Mieter in diesem Zeitraum die Miete kürzen.

§ 6 Kündigung
Der Mieter kann den Mietvertrag jederzeit mit einer Frist von 3 Monaten kündigen.
Nach Ablauf von 5 Jahren verlängert sich für den Vermieter die Kündigungsfrist auf 6 Monate und nach Ablauf von 8 Jahren auf 9 Monate.

1. Die Wohnung hat keine extra Küche, aber man kann dort kochen. | Richtig | | Falsch |

2. Der Vermieter kann dem Mieter Mieterhöhungen mündlich mitteilen. | Richtig | | Falsch |

3. Herr Ghanem muss die Wohnung selbst renovieren, bevor er einzieht. | Richtig | | Falsch |

3 Der Umzug

🎧 1.37–38 **Ein Angebot einholen. Ergänzen Sie die Dialoge und hören Sie zur Kontrolle.**

Dialog 1

a) um Ihnen ein Angebot machen zu können,

b) Mittwoch um 16:30 Uhr Zeit?

c) müsste klappen.

d) was kann ich für Sie tun?

e) bräuchte bitte ein Angebot.

f) denn genau?

g) Am liebsten wäre mir

h) ich kann täglich ab 16 Uhr.

i) 50 Quadratmeter.

● „Hin und weg", Kowalski am Apparat, (1) 🗹
○ Guten Tag, mein Name ist Gabeler, ich möchte nächsten Monat umziehen und (2) ☐
● Wann genau wollen Sie denn umziehen, bitte?
○ (3) ☐ der 15. September.
● Ja, das (4) ☐
○ Wunderbar.
● Aber (5) ☐ müssten wir mal bei Ihnen vorbeikommen.
○ Natürlich, (6) ☐
● Eine Frage nur vorweg: Wie groß ist denn Ihre jetzige Wohnung?
○ (7) ☐
● Okay. Wo wohnen Sie (8) ☐
○ In der Heinestraße 27.
● Haben Sie nächsten (9) ☐
○ Ja, das passt.

Dialog 2

a) Im wievielten Stock

b) mit der Küche?

c) für alle Möglichkeiten

d) immer genug.

e) kein Problem.

f) mir noch überlegen.

g) nur die Waschmaschine

h) ein paar Informationen

i) Möbel ab- und aufbauen

j) im Erdgeschoss.

○ Guten Tag, Herr Kowalski, kommen Sie bitte herein.
● Danke, Frau Gabeler. Dann bräuchte ich jetzt (1) ☐ von Ihnen. (2) ☐ ist die neue Wohnung?
○ Die neue Wohnung ist zum Glück (3) ☐
● Das ist ja schon mal gut. Kann man denn dort gut parken?
○ Ja, Parkplätze gibt es da (4) ☐
● Sehr gut. Und was ist (5) ☐
○ Die bleibt hier, ich nehme (6) ☐ mit.
● Okay. Sollen wir auch die (7) ☐ und die Kartons packen?
○ Das muss ich (8) ☐. Könnten Sie mir bitte (9) ☐ ein Angebot schreiben?
● Gut, (10) ☐

🚚 Hilfe? – Hören Sie zuerst und ergänzen Sie dann.

4 Die Einweihungsparty

a Zeit (wann?) vor Ort (wo/wohin/woher?) – Schreiben Sie die Sätze in der Vergangenheit.

1. Wir / gehen / am Samstag / zu einer Einweihungsparty / .
2. Ich / auf dem Markt / nachmittags / kaufen / Blumen / .
3. Eine Freundin / uns / in unserer Wohnung / abholen / abends um sieben Uhr /.
4. Alle / herumstehen / im Wohnzimmer / am Anfang / .
5. Wir / auf der Terrasse / tanzen / später / .
6. Die meisten Gäste / nach Hause / gehen / erst nach Mitternacht / .

1. Wir sind am Samstag zu einer Einweihungsparty gegangen.

b Grund (warum?) vor Art und Weise (wie/womit?). Kombinieren Sie und schreiben Sie fünf Sätze. Es gibt mehrere Möglichkeiten.

	warum?	**wie/womit?**
lernen müssen	aufgrund der hohen Mietpreise	dringend in großer Eile
eine Wohnung suchen	trotz des schlechten Wetters	schnell spontan
umziehen	wegen der Deutschprüfung	nur sehr schwer intensiv
einen Ausflug machen	trotz vieler Bemühungen	mithilfe von Freunden
eine neue Arbeit finden …	…	mit dem Fahrrad …

1. Ich finde trotz vieler Bemühungen nur sehr schwer eine neue Arbeit.

c An welcher Stelle passt der Ausdruck rechts besser: bei ⓐ oder bei ⓑ? Kreuzen Sie an. Die Wann-warum-wie-wo-Regel hilft.

1. Unsere Freunde werden am Samstag ⓐ in ihre neue Wohnung ⓑ ziehen.   (mit unserer Hilfe)
2. Wir brauchen ⓐ einen neuen Wohnzimmerschrank ⓑ für unsere neue Wohnung.   (möglichst bald)
3. Er will im nächsten Jahr ⓐ eine Wohnung ⓑ kaufen.   (wegen der hohen Mieten)
4. Meine Eltern wollen bis auf Weiteres ⓐ trotz aller Probleme ⓑ bleiben.   (in ihrer Wohnung)
5. Wir haben vor ein paar Tagen ⓐ überraschend ⓑ eine günstige Wohnung im Zentrum gefunden.   (trotz der hohen Mietpreise)
6. Ich habe mir gestern ⓐ einen gebrauchten Kleiderschrank ⓑ gekauft.   (ganz günstig)
7. ⓐ Dr. Fischer hat ⓑ trotz der hohen Miete eine Praxis in Berlin-Mitte eröffnet.   (letzten Monat)

d Schreiben Sie mit den Satzanfängen jeweils zwei Sätze wie im Beispiel. Vergleichen Sie im Kurs.

1. Viele junge Leute leben …
2. Wir haben … eine Wohnung gefunden.
3. Ich möchte … leben.
4. Ich will … umziehen.
5. Wohnt ihr …?

1. Viele junge Leute leben heute wegen der hohen Mieten in Wohngemeinschaften. Wegen der hohen Mieten leben viele junge Leute…

5 Es gibt da ein Problem.

a Was passt wo? Schreiben Sie die Wörter mit Artikel zu den Bildern.

Zentralheizung   Abfluss   Rollladen   Wasserhahn
Aufzug   Sprechanlage   Türklinke   Fenstergriff

1. ....   2. ....   3. ....   4. ....

5. ....   6. ....   7. ....   8. ....

b Das muss gemacht werden! Schreiben Sie die Sätze im Passiv mit Modalverb.

1. der Rollladen / reparieren
2. die Sprechanlage / überprüfen
3. die Türklinke / austauschen
4. die Zentralheizung / entlüften

1. Der Rollladen muss repariert werden

P B2

🎧 1.39 – 43

c Sie hören fünf kurze Texte. Sie hören die Texte nur einmal. Entscheiden Sie beim Hören, ob die Aussagen 1–5 richtig oder falsch sind. Kreuzen Sie an: richtig oder falsch?

	R	F
1. Die Vermieterin von Herrn Danilow teilt ihm die Handynummer seines Vormieters mit.	☐	☐
2. Herr Dr. Schild ist zurzeit nicht persönlich erreichbar.	☐	☐
3. Man kann werktags um 8 Uhr mit einem Berater sprechen, wenn man das möchte.	☐	☐
4. Bei der Vermietung einer Wohnung dürfen drei Monatsmieten Kaution verlangt werden.	☐	☐
5. Frau Behm von der Vereinsbank wird ihren Vortrag später halten.	☐	☐

6 Eine E-Mail an die Hausverwaltung

Ordnen Sie die Textteile zu und schreiben Sie dann die Mail.

Betreff: Aufzug in der Berliner Straße 15
Sehr geehrte Frau Schneider,

1. ich beziehe mich auf Ihre E-Mail vom 5.6., in der Sie versprochen haben,
2. Bisher ist aber leider immer
3. Wir müssen also schon
4. Nach einer Knieoperation
5. Deshalb bitte ich Sie noch einmal
6. Falls der Aufzug Anfang nächster Woche nicht wieder funktioniert,
7. Bei Rückfragen erreichen

a) noch nichts passiert.
b) werde ich ab Juli meine Mietzahlungen um 10% kürzen.
c) sich so schnell wie möglich um die Reparatur des Aufzugs zu kümmern.
d) dringend, die Reparatur sofort zu veranlassen.
e) Sie mich unter der Ihnen bekannten Nummer.
f) seit zwei Wochen ohne Aufzug zurechtkommen.
g) brauche ich aber den Aufzug unbedingt.

Mit freundlichen Grüßen
Gustav Humperdink

Mein Deutsch nach Kapitel 3

Das kann ich:

über Wohnformen sprechen
Mit wem?   Wo? Stadt/Land?
Wie? Einrichtung/Möbel?

Wie wohnen Sie gerne? Tauschen Sie sich aus.

> Ich wohne nicht so gerne allein, weil …

---

darüber sprechen, was man bei einem Umzug selbst macht und was man machen lässt

Was machen sie Selbst, was lassen Sie machen? Sprechen Sie.

> Die Fliesen verlege ich nicht selbst, das lasse ich einen Handwerker machen.

---

ein Angebot für einen Umzug einholen bzw. machen und verhandeln

- Umzugstermin: 14.3.
- Besichtigungstermin: 20.02., 14 Uhr
- Wohnungsgröße (alte Wohnung): 80 qm
- Küche?
- Waschmaschine?
- neue Wohnung – welcher Stock?
- Parkmöglichkeit?
- Preis?
- früherer Termin?

Spielen Sie mit den Informationen einen Dialog.

> Umzugsfirma *Hin und Weg*, was kann ich für Sie tun?

> Guten Tag, ich muss bald umziehen und brauche bitte ein Angebot. …

→ Seite LVII

Umzugsgründe nennen

- Größe
- Preis
- Ausbildung/Studium/neuer Job
- neue private Situation
- …

Schreiben Sie eine Nachricht an einen Freund, warum Sie umgezogen sind.

> Hi Carlos,
> es gibt große Neuigkeiten bei mir:
> Ich bin umgezogen! Meine neue Wohnung …

Probleme in der Wohnung melden

Melden Sie der Hausverwaltung die Probleme. Spielen Sie Minidialoge. Wechseln Sie dabei jeweils die Rollen.

---

eine E-Mail an die Hausverwaltung schreiben

Situation:
Die Sprechanlage in Ihrem Mietshaus funktioniert nicht. Sie haben schon vor einer Woche bei der Hausverwaltung angerufen, aber es hat niemand reagiert. Bitten Sie um schnelle Erledigung.

Schreiben Sie eine E-Mail an die Hausverwaltung.

> Betreff: Sprechanlage im Mietshaus in der Baderstraße 27
> Sehr geehrte Damen und Herren,
> wie ich Ihnen schon vor einer Woche …

→ Seite LVII

Das kenne ich:

→ **Angaben im Satz: Die Wann-warum-wie-wo-Regel**   **Seite XLIII**

Mein eigener Laden

1 Mehmets Kiosk

a Sehen Sie die Fotos an und beschreiben Sie sie. Was für ein Laden ist das? Was kann man hier kaufen?

🎧 1.44 **b** Hören Sie das Gespräch. Was erfahren Sie über den Kiosk und die Arbeit dort?

c Wo kaufen Sie ein, wenn Sie abends oder am Wochenende etwas brauchen? Wann sind die Läden bei Ihnen geöffnet?

> Das ist manchmal wirklich ein Problem. Bei uns sind viele kleine Läden ab 18:30 Uhr geschlossen.

> Eigentlich ist das bei uns unproblematisch. Es gibt …

Sprechen über Einkaufsmöglichkeiten und Arbeitszeiten sprechen; Interviews zur beruflichen Tätigkeit; einen Dienstplan besprechen; Arbeitsaufträge erteilen und entgegennehmen | **Hören** Interview mit einem Kioskbetreiber; Gespräche zur Arbeitsorganisation | **Lesen** Blogeintrag über einen Kiosk und Kommentare; Beiträge im Gründerforum | **Schreiben** E-Mail an den Chef | **Beruf** Kioskbetreiber; Selbstständigkeit; Dienstplanbesprechung; Arbeitsaufträge

2 Warum ich die Spätis liebe.

a Lesen Sie Annas Blogeintrag und die Kommentare. Notieren Sie Informationen zu jeder Themenkarte und tauschen Sie sich aus.

| Warenangebot | Treffpunkt | Lärm | Öffungszeiten | Arbeitszeiten |

Annas Blog. Da kaufe ich gerne ein!

Heute möchte ich euch Mehmets Späti vorstellen. Der ist bei mir in Neukölln, direkt um die Ecke. Für alle meine Leser, die nicht in Berlin leben: „Späti" nennen wir hier einen Laden oder einen Kiosk, der längere Öffnungszeiten hat als andere
5 Geschäfte oder sogar rund um die Uhr geöffnet ist. Das Wort „Späti" kommt nämlich von „Spätkauf".
In Mehmets Kiosk kann man eigentlich alles kaufen, was man im Alltag braucht. Kein Joghurt im Kühlschrank und es ist schon 22 Uhr? – Kein Problem: Bei Mehmet gibt es auch so spät noch eine große Auswahl. Am Sonntag fehlen die Windeln fürs
10 Baby? – Na und? Im Späti gibt es auch dafür eine Lösung. Und natürlich all die Dinge, die das Herz gewöhnlich begehrt: Zeitungen und Zeitschriften, Getränke, Obst, Süßigkeiten und salzige Knabbereien. Manchmal sind die Sachen in kleinen Läden nicht frisch, aber hier hatte ich noch nie ein Problem.
Mehmets Kiosk ist noch mehr als ein kleines Einkaufsparadies für Menschen, die gern spontan
15 ihre Besorgungen machen. Vor seinem Kiosk treffen sich in Sommernächten die Nachbarn auf ein Bier, und Menschen aus aller Welt, Touristen und Einheimische, kommen miteinander ins Gespräch. Für manche ist der Späti fast wie ein zweites Zuhause, denn Mehmet hat immer ein offenes Ohr für seine Kunden.
Für mich persönlich war Mehmets Späti die Entdeckung schlechthin. Ich will nicht jeden Abend in
20 den Supermarkt hetzen. Als Journalistin und Bloggerin habe ich ungewöhnliche Arbeitszeiten. Klar, ich arbeite freiberuflich und kann mir meine Arbeitszeiten eigentlich selbst einteilen, aber oft kommt ein Auftrag rein, der ganz schnell erledigt werden muss, und dann sitze ich bis spät abends an meinem Computer. Wenn ich dann fertig bin, sind viele Supermärkte schon geschlossen, aber mein Magen knurrt. Wie gut, dass Mehmet noch geöffnet hat, denke ich, und mache
25 einen Abendausflug zum Späti. Wenn ich dort zufällig noch ein paar Freunde aus der Umgebung treffe und mich ein bisschen unterhalten kann, dann ist mein Abend perfekt.

Susan

Ich gehe hier auch immer gerne hin! ☺ Leider haben wir bei mir in der Firma noch keine Gleitzeit. Ich muss um 7 Uhr anfangen. Deshalb bin ich froh, dass ich morgens früh einen Kaffee am Kiosk kaufen kann. Nur: frische Fruchtsäfte werden im Kiosk nicht angeboten. Schade!

Giorgius

Mehmets Späti kenne ich nicht, aber in meiner Straße gibt es auch einen. Ich bin Krankenpfleger und arbeite im Schichtdienst. Wenn ich morgens losgehe, kann ich im Späti die Zeitung kaufen. Wenn ich nach der Spätschicht nach Hause komme, kann ich dort noch Milch oder Kaffee für den nächsten Morgen holen. Einfach super!

Maria

Bei uns am Platz gibt es auch einen Späti. Aber ich finde nicht gut, dass man dort bis spät in die Nacht einkaufen kann. Bei uns ist es dann sehr laut, weil die Leute auf der Straße noch etwas trinken, und meine Kinder können deshalb nicht schlafen. Sicher, das ist nicht die Schuld des Kioskbesitzers. Aber ich finde, man muss nicht zu jeder Tages- und Nachtzeit einkaufen können. Außerdem: Auch Verkäufer und Verkäuferinnen brauchen einen Feierabend!

b Erklären Sie die folgenden Begriffe aus dem Text und verwenden Sie sie in einem eigenen Satz.

sich die Arbeitszeiten einteilen   freiberuflich   der Auftrag   der Schichtdienst
die Gleitzeit   die Spätschicht   etwas erledigen   der Feierabend

c Lesen Sie den Blog und die Kommentare noch einmal. Stellen Sie sich gegenseitig Fragen dazu und antworten Sie.

◁ Was bedeutet das Wort „Späti"?   Warum … ? ▷   ◁ Welche Vor- und Nachteile …?

d Lesen Sie die Sätze und markieren Sie *nicht* und das verneinte Element. Lesen Sie danach die Erklärungen und ordnen Sie die Sätze 1–7 zu.

1. Ich will nicht jeden Abend in den Supermarkt gehen.
2. Manchmal sind die Sachen in kleinen Läden nicht frisch.
3. Frische Fruchtsäfte werden im Kiosk nicht angeboten.
4. Mehmets Späti kenne ich nicht.
5. Ich finde nicht gut, dass man dort bis spät in die Nacht einkaufen kann.
6. Meine Kinder können wegen des Lärms nicht schlafen.
7. Man muss nicht zu jeder Tages- und Nachtzeit einkaufen können.

> **FOKUS**   Verneinung mit *nicht*
>
> *Nicht* steht in den meisten Fällen links von dem Element, das verneint wird.
>
> Beispiel: Ich kaufe **nicht** im Supermarkt ein. Ich heiße **nicht** Otto.
>
> Satz: *1,*..
>
> *Nicht* steht am Satzende oder vor dem zweiten Teil der Satzklammer, wenn der ganze Satz verneint werden soll.
>
> Beispiel: Ich vergesse den Einkauf **nicht**. Ich kaufe morgen **nicht** ein.
>
> Satz: *3,*..

e Wo passt *nicht*? Kreuzen Sie an: Ⓐ oder Ⓑ.

1. Maria Ⓐ kauft am Abend Ⓑ ein.
2. Anna arbeitet Ⓐ freiberuflich Ⓑ.
3. Sie arbeitet Ⓐ in einer Redaktion Ⓑ.
4. Anna gefällt Ⓐ ihre Arbeit Ⓑ.
5. Susan hat die Packung Kaffee Ⓐ gekauft Ⓑ.
6. Maria Ⓐ findet Ⓑ gut, dass es abends laut ist.
7. Maria hat sich Ⓐ über den Kioskbesitzer beschwert Ⓑ.
8. An manchen Feiertagen wird Ⓐ der Späti Ⓑ geöffnet.

UND SIE?

Wählen Sie.

**Ladenöffnungszeiten rund um die Uhr –
Was sind Vorteile? Was sind Nachteile?
Diskutieren Sie.**

 oder

**Wie finden Sie Ihre Arbeitszeiten?
Was ist gut, was nicht? Warum?
Sprechen Sie.**

◁ Ich finde es sehr positiv, …

Ein Nachteil ist, … ▷

Ich arbeite nur nachmittags und abends,
von 13 bis 19 Uhr. Das ist gut, weil …

3 Ein Gespräch mit Mehmet

a Was bedeuten die folgenden Wörter und Ausdrücke? Ordnen Sie zu.

1. einen Kiosk betreiben
2. die Buchführung machen
3. der Lieferant / die Lieferantin
4. die Filiale
5. die Lage eines Geschäfts
6. der Pachtvertrag
7. das Sortiment
8. gründen
9. der Businessplan
10. finanzielle Rücklagen

a) wo das Geschäft sich befindet
b) eröffnen
c) Besitzer/Besitzerin eines Kiosks sein
d) ein Mietvertrag, z. B. für gewerblich genutzte Räume
e) Person oder Firma, von der man Waren bezieht
f) die Auswahl der Waren, die verkauft werden
g) Geld, das als Reserve dient
h) ein Geschäft, das zu einer Kette von Geschäften gehört
i) Einnahmen und Ausgaben eines Betriebs aufschreiben
j) ein Konzept für die Ziele eines Unternehmens und ihre Verwirklichung

b Was würden Sie von Mehmet in einem Interview wissen wollen? Sammeln Sie Fragen.

Seit wann haben Sie den Kiosk?

...

c ∩ 1.45 Hören Sie das Interview mit Mehmet Aslan. Auf welche Ihrer Fragen haben Sie Antworten bekommen?

d ∩ 1.46 Hören Sie den ersten Teil des Interviews noch einmal. Kreuzen Sie an: richtig oder falsch?

	R	F
1. Mehmet hat den Kiosk seit über 5 Jahren.	☐	☐
2. Mehmets Frau arbeitet am Morgen auch im Späti.	☐	☐
3. Mehmets Sohn hat einen Minijob im Kiosk.	☐	☐
4. Mehmet findet es wichtig, genug Zeit für seine Kundschaft zu haben.	☐	☐
5. Mehmets Kunden sind meistens ältere Leute.	☐	☐

e ∩ 1.47 Hören Sie den zweiten Teil des Interviews noch einmal. Was ist richtig?

P B1·B2
Beruf

1. Warum hat Mehmet sich entschieden, einen Kiosk zu betreiben?
   a) Er war arbeitslos und wollte etwas Neues ausprobieren.
   b) Er war unzufrieden mit seiner Arbeit im Supermarkt.
   c) Er träumte schon seit langem von einem eigenen Geschäft.

2. Wovon hat Mehmet am Anfang seiner Tätigkeit im Kiosk profitiert?
   a) Er kannte den Kiosk und seine Kunden schon von früher.
   b) Sein Onkel hat sich um die Verträge mit den Lieferanten gekümmert.
   c) Seine Arbeitserfahrung aus dem Supermarkt war sehr hilfreich.

3. Was rät Mehmet Leuten, die sich selbstständig machen wollen?
   a) Sie sollten sich mit Versicherungen auskennen.
   b) Sie sollten ein Existenzgründerseminar besuchen.
   c) Sie sollten eine gute Geschäftsidee haben.

UND SIE?

Was möchten Sie über die Berufe der anderen wissen? Überlegen Sie, welche Ihrer Fragen aus 3b passen, und ergänzen Sie weitere Fragen. Machen Sie Partnerinterviews.

4 Beiträge im Gründerforum

a Lesen Sie. Wer berichtet von negativen Erfahrungen, wer von positiven? Wer gibt Tipps?

Iris

Hallo Leute, ich überlege, ob ich einen kleinen Modeladen aufmachen soll. Ich habe schon viel genäht und habe auch privat verkauft, habe aber keinen Abschluss als Schneiderin und habe nie daran gedacht, einen Beruf daraus zu machen. Jetzt wird die Nachfrage aber immer größer. Bekannte von Bekannten fragen mich, ob ich auch für sie etwas nähen kann. Hat irgendjemand vielleicht etwas Ähnliches gemacht? Könnt ihr mir Tipps geben?

Karin 12

Hallo Iris, ich bin seit drei Jahren selbstständig und war noch nie so glücklich wie jetzt. Mich konnte nichts von meiner Idee abbringen, aber man muss hart arbeiten, wenn man von seinen Einnahmen leben will. Im Internet gibt es Informationen und Tests, die einem bei der Frage, ob ein Unternehmen das Richtige für einen ist, helfen können. Schau mal unter dem Stichwort „Existenzgründer" nach.

Joshua

Niemand hilft dir, wenn es nicht klappt. Ein Freund von mir ist vor einiger Zeit mit seinem Blumenladen pleitegegangen. Er hatte für seinen Laden einen Kredit aufgenommen und konnte ihn nicht zurückzahlen. Ich habe ihn noch nie so niedergeschlagen erlebt wie damals.

Igor

Karin hat recht. Du solltest auf jeden Fall prüfen, ob du genug Finanzreserven hast und ob dir die Bank für dein Projekt Geld leiht. „Crowdfunding" ist auch eine gute Möglichkeit, an Geld zu kommen. Du könntest auch zuerst mit anderen zusammen eine Ladengemeinschaft gründen. Denn Gewerbeflächen sind nirgends billig!

Mehmet

Also, es ist noch kein Meister vom Himmel gefallen, aber in fast jeder Stadt gibt es Seminare und Workshops für Existenzgründer. Ich habe seit einigen Jahren einen Kiosk und habe vorher an so einem Seminar teilgenommen und dort viele Tipps zu wirtschaftlichen und rechtlichen Fragen bekommen. Wichtig ist auch die Lage des Geschäfts. Wenn dein Laden an der falschen Stelle liegt, kommt niemand vorbei!

b Welche Tipps bekommt Iris?

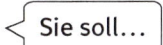

Sie soll…   Es geht darum, …

c Lesen Sie die Einträge noch einmal. Welche Negationswörter finden Sie? Markieren Sie.

d Ergänzen Sie *nichts, nie, niemand, nirgends/nirgendwo*.

1. Früher hatte ich .... daran gedacht, mich selbstständig zu machen.
2. Zuerst habe ich .... einen Laden gefunden.
3. Jetzt macht mich .... so glücklich wie der Erfolg meines Projekts.
4. Aus meinem Laden geht .... unzufrieden raus!

(G)

Negationswörter

jemand/alle	↔ niemand
etwas/alles	↔ nichts
immer	↔ nie/niemals
überall	↔ nirgends/nirgendwo

e Stellen Sie Ja-Nein-Fragen. Antworten Sie und benutzen Sie ein Negationswort.

Warst du schon mal in Potsdam?   Nein, leider noch nie.

UND SIE?

Würden Sie sich gerne selbstständig machen? Als was? Warum? Kennen Sie Leute, die sich selbstständig gemacht haben? Womit? Was waren ihre Erfahrungen?

5 Alltag im Späti – der Dienstplan

🎧 1.48 **a** Hören Sie den Dialog. Worum geht es?

🎧 1.48 **b** Hören Sie noch einmal. Wer kann wann arbeiten?

	Donnerstag morgens	nachmittags	abends	Freitag morgens	nachmittags
Berkan					
Franca					
Armin					

c Sie arbeiten im Späti. Erstellen Sie einen Dienstplan für Woche 42.

1. Notieren Sie Ihre Termine. Wann wollen und können Sie arbeiten?
2. Besprechen Sie gemeinsam den Dienstplan.

> **Arbeitszeiten aushandeln**
>
> Ich kann am … arbeiten. Am … kann ich leider nicht, weil …
> Also, ich könnte am … von … bis … Uhr. Ich habe am … einen Termin. Aber am … kann ich.
> Ich kann … übernehmen. Am …? Das geht bei mir nicht. Aber …

d Lesen Sie die Situation und schreiben Sie eine E-Mail an Ihren Chef / Ihre Chefin. Schreiben Sie dabei zu den genannten Punkten. Überlegen Sie zunächst: Duzen oder siezen Sie Ihren Chef / Ihre Chefin?

Laut Dienstplan müssen Sie in der nächsten Woche jeden Vormittag von 7:00 bis 13:00 Uhr arbeiten. Leider können Sie den Dienstplan nicht einhalten, da Sie am Mittwoch zwischen 10 und 14 Uhr einen wichtigen Termin haben.

– Grund Ihres Schreibens
– Entschuldigung
– Lösungsmöglichkeiten

6 Arbeitsaufträge

a Lesen Sie den Arbeitsauftrag. Was soll Franca Ancelotti tun?

Liebe Franca,
danke, dass du heute Morgen für mich einspringst! Hier kurz das Wichtigste:
– Heute früh soll die Getränkelieferung von Biwasa-Getränke kommen.
   Wenn bis 10 Uhr noch niemand gekommen ist, bitte unbedingt dort anrufen.
   Wir brauchen die Getränke dringend!!!
– Bitte die Zeitschriftenremittenden vorbereiten. Werden heute Nachmittag abgeholt.
– Die Kartons von der Firma Wiener kannst du stehen lassen. Die packt Berkan
   nachmittags aus.
Bin auf dem Handy erreichbar.
Grüße, Mehmet

🎧 1.49 **b** Hören Sie das Gespräch. Warum ruft Franca Ancelotti an?

🎧 1.49 **c** Hören Sie noch einmal und ergänzen Sie die Notizen.

Getränke bestellen – Wo? ....
Menge – Wie viel bestellen? ....
Telefonnummer? ....

d Überlegen Sie: In welchen Kontexten geben Sie Arbeitsaufträge oder nehmen Sie Aufträge entgegen? Sammeln Sie Situationen und formulieren Sie Aufträge. Die Zeichnungen helfen.

 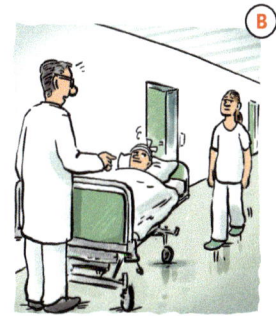  

bei der Arbeit im Büro:
– Können Sie schnell das Telefon abnehmen, Frau Mai?
– Bitte packen Sie die Kartons aus und …
…

e Arbeitsaufträge erteilen und entgegennehmen – Spielen Sie Dialoge mit Ihren Situationen aus 6d. Verwenden Sie die Redemittel.

Arbeitsaufträge geben	**Arbeitsaufträge entgegennehmen**	**Verständnis sichern**
Bitte rufen Sie Frau XX an. Können Sie bitte …? Könnten Sie bitte heute die E-Mail an Herrn XY schreiben? Wäre es möglich, dass Sie …? … Geht das?	Ja, natürlich. Das mache ich. Ja, das erledige ich sofort/gleich. In Ordnung! Selbstverständlich.	Haben Sie noch Fragen? Ist alles klar? Verstehen Sie, was ich damit sagen möchte?
	Arbeitsaufträge verhandeln Das kann ich leider erst später erledigen. Ja, aber dafür brauche ich mehr Zeit. Tut mir leid, aber dafür bin ich nicht zuständig.	**Nachfragen, ob etwas erledigt wurde** Haben Sie schon … gemacht/erledigt/…? Sind Sie fertig mit …?

VORHANG AUF

Wählen Sie.

Stellen Sie eine Gründungsidee vor, die Ihnen gefällt. Suchen Sie Informationen im Internet. Warum gefällt Ihnen die Idee?

> In Berlin gibt es einen Erfinderladen, in dem man lustige Dinge kaufen kann: z. B. ein Schloss für ein Nussnougat-Glas, damit die Kinder oder der Mitbewohner nicht alles wegnaschen, oder eine Dose mit frischer Seeluft als Erinnerung an den Urlaub am Meer. Man kann auch alles online bestellen. Uns gefällt diese Idee, weil …

Erarbeiten Sie eine eigene Geschäftsidee und stellen Sie sie vor.

Überlegen Sie:
– Was können Sie gut?
– Wer in der Gruppe kann was machen? Wer ist wofür verantwortlich?
– Für wen ist Ihr Projekt interessant?
– Geben Sie Ihrem Projekt einen Namen und präsentieren Sie es im Kurs.

ÜBUNGEN

1 Mehmets Kiosk

a Schreiben Sie die Wörter an die passenden Stellen.

Backwaren (Pl.) ~~der Kiosk~~ das Einkaufszentrum der Kassierer / die Kassiererin

bestellen Putzmittel (Pl.) der Supermarkt empfehlen Getränke (Pl.)

der Kioskbesitzer / die Kioskbesitzerin verkaufen der Lieferant / die Lieferantin

kassieren Lebensmittel (Pl.) die Tiefkühlkost liefern der Markt

1. Orte, an denen man etwas einkaufen kann: *der Kiosk,* ....

   ....

2. Produkte: ....

   ....

3. Personen, die im Verkauf oder Einkauf arbeiten: ....

   ....

4. Tätigkeiten im Ein- und Verkauf: ....

   ....

b Schreiben Sie drei Sätze mit den Wörtern aus 1a. Vergleichen Sie im Kurs.

Der Lieferant bringt die Lebensmittel am Dienstagmorgen.

> Wörter kann man sich besser merken, wenn man sie in Zusammenhängen lernt. 😊

2 Warum ich die Spätis liebe.

a Was bedeuten die folgenden Ausdrücke? Ordnen Sie zu.

1. direkt um die Ecke sein	a) etwas sehr gerne haben wollen
2. rund um die Uhr	b) Person, die an einem Ort zu Hause ist
3. etwas begehren	c) nah liegen / nicht weit weg sein
4. Besorgungen machen	d) einer Person gut zuhören
5. der/die Einheimische	e) den ganzen Tag und die ganze Nacht
6. ein zweites Zuhause	f) man hat Hunger
7. ein offenes Ohr für jemanden haben	g) ein Ort, an dem man sich wie zu Hause fühlt
8. hetzen	h) entscheiden können, wann man etwas macht
9. sich etwas selbst einteilen können	i) sich sehr beeilen
10. der Magen knurrt	j) einkaufen gehen

b Welche Komposita können Sie mit den Wörtern bilden? Notieren Sie sie mit dem Artikel.

der Abend feiern spät die Zeit die Schicht früh *die Zeitarbeit, ...*

frei die Arbeit der Tag

c Lesen Sie den Text auf Seite 48 noch einmal und korrigieren Sie die folgenden Aussagen.

1. Ein Laden, in dem man nur nachts etwas einkaufen kann, heißt in Berlin „Späti".
2. In Mehmets Kiosk bekommt Anna nicht immer frische Waren.
3. Im Kiosk kaufen nur Menschen aus der Nachbarschaft ein.
4. Mehmet hat wenig Zeit für seine Kundschaft.
5. Als Journalistin hat Anna feste Arbeitszeiten.
6. Susan freut sich, dass sie im Kiosk auch frische Fruchtsäfte kaufen kann.
7. Giorgius hat immer Frühschicht.
8. Für Maria ist es wichtig, abends einkaufen zu können.

1. Ein Laden, in dem man auch nachts noch etwas einkaufen kann, heißt in Berlin „Späti".

d Wo passt *nicht*? Schreiben Sie *nicht* an die richtige Stelle.

1. Es macht mir _nicht_ viel Spaß einzukaufen _—_.
2. Ich gehe _____ einkaufen _____.
3. Heute _____ bin ich _____ in den Supermarkt gegangen.
4. Ich habe die Milch _____ vergessen _____.
5. Ich _____ bin _____ mit dem Auto gefahren.
6. Es ist _____ leicht _____, einen Parkplatz zu finden.
7. Das Brot _____ kaufe ich _____.
8. Das Gemüse ist _____ frisch _____.

e Antworten Sie negativ. Verneinen Sie das unterstrichene Element. Wenn der ganze Satz unterstrichen ist, verneinen Sie den ganzen Satz.

1. ● <u>Arbeitest du</u>? ○ *Nein, ich arbeite nicht.*
2. ● Arbeitest du <u>am Abend</u>? ○ *Nein,*
3. ● Arbeitest du <u>gern</u> am Abend? ○
4. ● Arbeitest du <u>selbstständig</u>? ○
5. ● Freust du dich <u>auf deine Arbeit</u>? ○
6. ● Hast du gestern <u>gearbeitet</u>? ○
7. ● <u>Kommst du mit</u>? ○
8. ● Gehen wir <u>ins Kino</u>? ○
9. ● <u>Kaufst du die Karten</u>? ○

f Lesen Sie den Eintrag im Forum und schreiben Sie einen ähnlichen Text über Ihren Lieblingsladen.

Conny 2

Ich bin Teetrinkerin. Teegeschäfte gibt es viele, aber nicht alle sind gleich gut. Bei mir im Viertel gibt es das „Teeparadies". Hier findest du Teesorten aus der ganzen Welt und auch meinen Lieblingstee. Aber das Beste ist, der kleine Laden ist auch am Wochenende geöffnet, denn man kann dort auch Tee trinken. Es ist sehr gemütlich dort.

3 Ein Gespräch mit Mehmet

a Welches Wort passt nicht in die Reihe? Streichen Sie es durch.

1. der Familienbetrieb • das Start-up • ~~das Lager~~ • der Konzern

2. die Lieferantin • die Leiterin • die Vorgesetzte • die Chefin

3. die Waren • das Sortiment • die Filiale • die Produkte

4. die Geschäftsidee • das Finanzierungskonzept • der Kiosk • der Businessplan

5. die Bestellung • die Rücksendung • der Mitarbeiter • die Lieferung

b Schreiben Sie einen kurzen Text über Ihren Beruf/Wunschberuf.

Schreiben Sie etwas zu den Punkten:
- Ausbildung
- Aufgaben
- Arbeitszeiten
- Arbeitsort
- Kollegen/Kunden

> Ich bin …
> Ich arbeite als …
> Ich arbeite in/bei …
> Wenn man … werden möchte, muss man …
> Normalerweise arbeite ich …
> In meiner Firma sind wir …
> Ich mag meine Arbeit, weil …

Ich bin Kaufmann für Spedition und Logistikdienstleistung und arbeite in einer kleinen Umzugsfirma. Ich habe eine dreijährige Ausbildung in der Logistikbranche gemacht. Jetzt plane und organisiere …

4 Beiträge im Gründerforum

a Lesen Sie den Eintrag von Iris und ergänzen Sie die fehlenden Wörter.

Einnahmen   Geschäftsidee   Kredit   Lage   Tipps   Lieferanten   Existenzgründerseminar

Hallo,

vielen Dank für eure Antworten und Kommentare!

Vielleicht interessiert es euch ja: Ich war letztes Wochenende

bei einem (1) ....

Das war wirklich ein guter Ratschlag von Mehmet, ich habe dort

viele hilfreiche (2) .... bekommen.

Die Bank hat mir auch schon einen günstigen (3) .... angeboten,

denn ich konnte meinen Berater mit meiner (4) .... überzeugen.

Jetzt mache ich mich auf die Suche nach den passenden Räumen. Natürlich denke ich dabei

besonders an die richtige (5) ...., denn ich möchte meine Kleidung

ja auch gut verkaufen und möglichst bald von meinen (6) .... leben

können. Mit ein paar (7) .... habe ich auch schon gesprochen.

Auch wenn ich am Anfang nur sehr kleine Mengen bestellen werde, waren alle sehr freundlich zu mir.

Also, im Moment läuft alles super.

Iris

🎧 1.50

b **Frau Melimer informiert sich. Hören Sie das Gespräch. Kreuzen Sie an: richtig oder falsch?**

	R	F
1. Frau Melimer hat schon länger davon geträumt, sich selbstständig zu machen.	◯	◯
2. Frau Melimer will das Café zusammen mit ihrem Mann aufmachen.	◯	◯
3. Die Familie von Frau Melimer findet ihre Idee gut.	◯	◯
4. Die Bank hat Frau Melimer einen Kredit gegeben.	◯	◯
5. Bei der Agentur für Arbeit kann man ohne Businessplan einen Zuschuss beantragen.	◯	◯
6. Frau Melimer hat bisher immer als Angestellte gearbeitet.	◯	◯

c **Negationswörter. Schreiben Sie jeweils das Gegenteil.**

1. schon   *noch nicht* _____

2. immer   _____

3. überall   _____

4. etwas/alles   _____

5. jemand/alle   _____

~~noch nicht~~ • nirgendwo/nirgends • nichts • nie/niemals • niemand

d **Markieren Sie die richtige Lösung.**

1. ● Hast du <mark>schon etwas</mark> / nichts von Claudia gehört? – ◯ Nein, ich habe noch nichts / alles von ihr gehört.

2. ● Hast du schon immer / noch nie daran gedacht, dich selbstständig zu machen? – ◯ Doch, schon oft.

3. Wir haben die Dokumente überall / etwas gesucht, aber wir haben sie nirgendwo / niemand gefunden.

4. ● Hat dir denn nie / niemand geholfen? – ◯ Nein, leider hatten alle / alles keine Zeit.

5. ● Ist das alles / nichts, was du brauchst? – ◯ Ja, sonst brauche ich jemanden / nichts.

6. Über dieses interessante Projekt habe ich niemals / niemand vorher gelesen.

e **Sie haben in der Zeitung folgende Anzeige gelesen und interessieren sich dafür. Schreiben Sie eine E-Mail. Bitten Sie um weiteres Informationsmaterial und fragen Sie nach Terminen und Kosten.**

> **Haben Sie auch schon immer davon geträumt, sich selbstständig zu machen?**
> Wir beraten Sie dabei und helfen Ihnen bei Fragen wie Finanzierung, Businessplan, Verträgen und Versicherungen.
>
> **Kontaktieren Sie uns unverbindlich unter**
> 0800 ... oder der E-Mail Adresse: gruenderberatungmucev@...

Sehr geehrte Damen und Herren,
in der Zeitung habe ich Ihre Anzeige zur Gründerberatung gelesen. ...

5 Alltag im Späti – der Dienstplan

a Eine Dienstplanbesprechung – Ergänzen Sie und hören Sie zur Kontrolle.

Ich bleibe am Mittwoch ausnahmsweise

Ich habe bis ca. 15 Uhr einen Termin

der mich am Mittwochnachmittag vertritt

ab 15 Uhr kann ich arbeiten

geht es bei mir nie   für mich einspringen

Das wird sehr knapp

Sie die eine Stunde übernehmen könnten

● Wir müssen noch mal den Dienstplan für nächste Woche besprechen. Ich brauche jemanden,

(1) .... Können Sie da, Frau Meyer?

○ Nein, leider nicht. Mittwochvormittag gerne, aber Mittwochnachmittag (2) ....

.... Das tut mir leid. Um 15.30 hole ich nämlich meine Tochter ab.

● Und Sie, Herr Oleart? Könnten Sie am Mittwoch (3) ....?

▲ Um wie viel Uhr müsste ich denn kommen? (4) ....,

aber danach könnte ich kommen.

● 15 Uhr? (5) .... Ich habe um 16 Uhr einen wichtigen

Termin und muss das Geschäft um 14 Uhr verlassen, damit ich nicht zu spät komme.

○ Ich habe eine Idee. (6) .... bis 15 Uhr, den Rest der

Schicht übernimmt dann Herr Oleart.

● Wunderbar, Frau Meyer, wenn (7) ....! Damit wäre mir

sehr geholfen. Und für Sie geht das dann auch in Ordnung, Herr Oleart?

▲ Ja, (8) ....

🚑 Hilfe? – Hören Sie zuerst und ergänzen Sie dann.

b Was ist richtig? Markieren Sie.

1. Ich schreibe Ihnen, weil ich ein Problem / einen Konflikt / Umstände mit dem Dienstplan habe.

2. Es tut mir sehr weh / leid / leider, aber am Dienstag kann ich nicht wie verabredet arbeiten.

3. Der Grund dagegen / dafür / damit ist, dass …

4. Aber ich habe folgenden Vorschlag / folgendes Angebot / folgenden Termin, wie wir die Situation

lösen könnten: …

5. Bitte antworten Sie mir bald, ob Sie darauf / darüber / damit einverstanden sind.

6. Vielen Dank bei / für / an Ihr Verständnis.

c Korrigieren Sie die E-Mail und schreiben Sie sie neu. Es gibt sechs Fehler bei der Verbposition.

Lieber Herr Meller,
leider ich kann nicht wie im Dienstplan vereinbart die Frühschicht am Freitagmorgen
übernehmen. Ich am Freitag dringend nach Frankfurt fahren muss, da es meinem Onkel
dort sehr schlecht geht. Weil ist die übrige Familie gerade verreist, kann sich niemand anders
um meinen Onkel kümmern. Ich schon mit Michael gesprochen habe, ob er mich vertreten
kann, und das wäre möglich. Falls Sie damit sind einverstanden, kann ich die fehlenden
Arbeitsstunden dann gerne nächste Woche nachholen und tauschen mit Michael die Schicht.
Danke für Ihr Verständnis!
Viele Grüße

6 Arbeitsaufträge

a Lesen Sie die Themen. Welches Thema passt zu welchem Notizzettel? Zwei Themen passen nicht!

a) Lieferung an eine Kundin   c) Nachbestellung   e) Poststreik
b) Reinigung   d) Vorsicht Glas!   f) Sicherheit

1 ☐

*An alle Mitarbeiter und Mitarbeiterinnen
In letzter Zeit war die Tür zum Büro
oft unverschlossen. Achten Sie darauf,
nach Schichtende die Tür zu
verschließen. Schlüssel hängt am
Verkaufstresen.*

3 ☐

*Dringend!!!
Zur Lieferung bis Samstag bestellen:
25 Tüten Chips (Sorten wie immer)
30 Packungen Erdnüsse (100gr)
5 Flaschen Weißwein
Eis – 1 Liter-Packungen (Schokolade,
Vanille, Himbeere)
Grillwürstchen (30 x 6 Stück)*

2 ☐

*Bitte bis 10 Uhr Frau Sonntag
anrufen:
Wir können ihr die Getränke
ausnahmsweise erst am Abend
vorbeibringen.
Fahrer ist krank.*

4 ☐

*Die Pakete im Flur werden am
Donnerstag von der Post abgeholt.
Bitte nicht in den Keller bringen oder
umstellen. Sie sind sehr schwer und
der Inhalt ist zerbrechlich. Danke!*

b Welche Reaktion ist nicht angemessen? Kreuzen Sie an.

1. Frau Samovar, könnten Sie bitte wegen der Lieferung
   noch Herrn Maus anrufen?
   ⓐ Ja, natürlich, das mache ich sofort.
   ⓑ Herrn Maus? Das können Sie selber machen!
   ⓒ In Ordnung!

2. Wäre es möglich, dass Sie zuerst den Fisch in die Kühltheke
   bringen und erst später die Getränke auspacken?
   ⓐ Tut mir leid, aber ich habe wirklich keine Zeit. Fragen Sie doch bitte Frau Schubert.
   ⓑ Ja, das erledige ich sofort.
   ⓒ Ich mag keinen Fisch! Immer dieser Fisch!

3. Sind Sie mit der Übersetzung fertig, die ich Ihnen heute Morgen gegeben habe?
   ⓐ Nein, dafür bin ich nicht zuständig.
   ⓑ Leider noch nicht, dafür brauche ich noch etwas mehr Zeit.
   ⓒ Selbstverständlich!

Mein Deutsch nach Kapitel 4

Das kann ich:

über Einkaufsmöglichkeiten sprechen	👥👥	**Was kaufen Sie wo? Sprechen Sie.** Bei uns gibt es im Zentrum viele kleine Läden, in denen ich …
über Vor- und Nachteile von Ladenöffnungszeiten sprechen 	👥	**Wie finden Sie es, wenn die Läden auch am Sonntag geöffnet sind?** Ich finde es positiv, wenn … Als großen Nachteil sehe ich … → Seite LIV
über berufliche Tätigkeiten sprechen	👥	**Sprechen Sie über berufliche Tätigkeiten, die Sie kennen.** Was hast du beruflich schon gemacht? Ich habe schon als … gearbeitet. Was hat dir daran gefallen?
über Selbstständigkeit sprechen – Arbeitszeiten – Sicherheit – Einkommen …	👥👥	**Würden Sie sich gern selbstständig machen? Als was? Warum (nicht)? Tauschen Sie sich aus.** Für mich war es schon immer wichtig, dass …
Arbeitszeiten aushandeln 	👥👥	**Sie arbeiten zu dritt in einem Café als Bedienungen. Besprechen Sie: Wer kann nächste Woche wann arbeiten?** → Seite LI
Arbeitsaufträge geben und entgegennehmen  	👥	**Schreiben Sie zu jedem Bild einen Minidialog.** → Seite LI

Das kenne ich:

Ⓖ

→ Verneinung mit *nicht*	**Seite XLIV**
→ Negationswörter	**Seite XLIV**

TESTTRAINING

Die Testtrainings A bis D bereiten auf diese Prüfungen vor: **P B1·B2 Beruf** telc Deutsch B1·B2 Beruf und **P B2** telc Deutsch B2.
In beiden Prüfungen gibt es die Teile *Hören, Lesen, Sprachbausteine, Schreiben* und *Sprechen*.

In den Testtrainings A bis D und in den Kurs- und Übungsbuchteilen von Kapitel 1 bis 16 üben Sie alle Aufgaben aus den Prüfungen. Eine Übersicht finden Sie auf Seite LXXX.

Unter www.klett-sprachen.de und www.telc.net finden Sie komplette Modelltests.

P B1·B2
Beruf

🎧 1.52–57

1 Hören – Alltägliche Gespräche

So sieht die Aufgabe in der Prüfung aus:
Sie hören fünf Gespräche. Zu jedem Gespräch gibt es zwei Aufgaben. Entscheiden Sie bei jedem Gespräch, ob die Aussage dazu richtig oder falsch ist und welche Antwort (a, b oder c) am besten passt. Sie hören jedes Gespräch einmal. Kreuzen Sie an.

→ Lesen Sie die Aufgaben genau und überlegen Sie: Wie ist die Situation?
→ Die erste Aufgabe ist immer allgemein zu der Situation, die zweite zu einem Detail.
→ Sie wissen eine Antwort nicht sicher? Kreuzen Sie trotzdem immer etwas an. Es gibt in den telc-Tests keine Minuspunkte für falsche Antworten!

1 Die Kundin hat ein Problem mit ihrem Tablet.   ◯ richtig   ◯ falsch
2 Die Reparatur
   a dauert zwei Wochen.
   b kostet nichts.
   c muss sie bezahlen.

3 Luis ist der Vorgesetzte von Kathrin.   ◯ richtig   ◯ falsch
4 Kathrin möchte
   a ab August Teilzeit arbeiten.
   b im August Urlaub machen.
   c in einer anderen Abteilung arbeiten.

5 Luca und Martin haben eine neue Wohnung.   ◯ richtig   ◯ falsch
6 Für den Umzug brauchen Sie
   a ein größeres Auto.
   b mehr Helfer.
   c mehr leere Kartons.

7 Charlotte kann nächstes Wochenende nicht arbeiten.   ◯ richtig   ◯ falsch
8 Justus hat keine Zeit, weil er
   a an einer Fortbildung teilnimmt.
   b auf seine Kinder aufpassen muss.
   c eine Prüfung macht.

9 Der Kunde kauft in einem Geschäft ein.   ◯ richtig   ◯ falsch
10 Er nimmt den Pullover
   a in Größe L, in braun.
   b in Größe L, in grau.
   c in Größe M, in blau.

2 Lesen – Forumsbeiträge

So sieht die Aufgabe in der Prüfung aus:

Lesen Sie die Sätze 1–5. Lesen Sie die Texte a–h. Welche Frage 1–5 passt zu welchem Tipp?
Markieren Sie Ihre Auswahl für die Fragen 1–5. Für eine Frage gibt es keinen passenden Tipp.
Markieren Sie diesen Satz mit einem x.

> → Überfliegen Sie die Fragen und die Tipps zuerst nur.
> → Überlegen Sie: Was passt vielleicht zusammen?
>   Zum Beispiel Satz 1: Der Mieter hat nur zu einem Raum einen Schlüssel erhalten. In Text d werden
>   Nachschlüssel erwähnt, die man nur mit dem Einverständnis der Vermieter machen lassen kann, in
>   Text e wird gesagt, dass der Zugang zu allen gemieteten Räumen möglich sein muss.
> → Lesen Sie dann diese Texte genau und kontrollieren Sie, welcher wirklich passt.
> → Zu Satz 1 passt z. B. Text e, nicht Text d, obwohl in Text d auch *Schlüssel* vorkommt.
> → Eine Frage und vier Tipps bleiben übrig.

1

Alma Pušić
In dem Mietvertrag für meinen Imbiss steht, dass ich im Keller drei Räume als Lagerräume
nutzen kann, aber der Vermieter hat mir nur den Schlüssel zu einem Raum gegeben.
Was soll ich tun?

2

Hannes Sörgel
Ich habe im zweiten Stock einen Fußpflegesalon. Seit Wochen funktioniert der Türöffner nicht,
deshalb muss ich immer die Treppen runter, um meine Kunden reinzulassen. Und bei der
Hausverwaltung nimmt nie jemand das Telefon ab!

3

Verena Körber
Mein Vermieter kümmert sich um nichts! Seit zwei Wochen ist in meinem Restaurant der
Anschluss von der Spülmaschine undicht, und dauernd steht alles unter Wasser!

4

Jessica Allensbach
Im Sommer war ich total glücklich in meinem neuen Laden, aber jetzt, wo es kühler
wird, merke ich auf einmal, dass die Heizung nicht funktioniert. Es wird nie wärmer
als 15 Grad!

5

Gudrun Neuhaus
Als ich damals mein Geschäft eröffnet habe, hat der Vermieter mir eine Leuchtwerbung
erlaubt. Das habe ich auch schriftlich. Der neue Vermieter hat mich jetzt aufgefordert,
die Werbung zu entfernen. Darf er das?

	a	b	c	d	e	f	g	h	x	
1	○	○	○	○	⊗	○	○	○	○	**1**
2	○	○	○	○	○	○	○	○	○	**2**
3	○	○	○	○	○	○	○	○	○	**3**
4	○	○	○	○	○	○	○	○	○	**4**
5	○	○	○	○	○	○	○	○	○	**5**

Probleme mit Vermietern? Wir haben die besten Tipps!

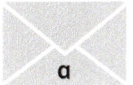
Harriet Jacobs, vor 45 Minuten
Schau erst mal in deinen Mietvertrag, wer überhaupt zuständig ist. Wenn es deine Spülmaschine ist, dann musst du dich wohl oder übel selbst darum kümmern. Wenn dir der Raum aber mit den Geräten vermietet wurde, dann muss der Vermieter das reparieren lassen, aber du musst einen Teil davon bezahlen.

Jörn Pustelnik, vor 4 Stunden
Was im alten Vertrag vereinbart war, kann ein neuer Vermieter nicht einfach ändern. Es sei denn, du bekommst schriftlich eine Änderungskündigung. Für diesen Fall würde ich mich notfalls an einen Fachanwalt für Mietrecht wenden. Meiner Erfahrung nach reicht es oft schon, nur das Wort „Anwalt" zu erwähnen, und die Probleme verschwinden wie von selbst.

Jamila Kouko, vor 27 Minuten
Zu den üblichen Geschäfts- bzw. Öffnungszeiten musst du leider ein gewisses Maß an Lärm akzeptieren. Das ist natürlich einfach Pech, dass ein Jahr nach der Eröffnung deines Massagesalons nebenan eine private Kindertagesstätte eröffnet hat. Wenn deine Kunden damit wirklich so große Probleme haben, bleibt dir wohl nichts anderes übrig, als umzuziehen!

Alessandro Milazzo, vor 8 Stunden
Der Vermieter hat kein Recht, in Ihrer Abwesenheit die von Ihnen gemieteten Räume zu betreten. Das muss er auf jeden Fall vorher mit Ihnen absprechen. Außerdem darf er auch ohne Ihr Einverständnis keine Nachschlüssel anfertigen lassen. Darauf würde ich ihn freundlich, aber bestimmt hinweisen.

Betty Föde, vor 54 Minuten
Schreibe am besten deinem Vermieter (per Einschreiben!) und erinnere ihn noch einmal an eure Abmachung. Fordere ihn auf, dir, wie vereinbart, den Zugang zu allen gemieteten Räumen zu ermöglichen. Setze dabei eine ganz konkrete Frist mit einem genauen Datum. Und drohe dann an, ansonsten die Miete zu mindern. Meiner Erfahrung nach funktioniert das immer!

Stepan Koczinski, vor 4 Stunden
Prinzipiell darf die Vermieterin notwendige Renovierungsarbeiten an den von Ihnen gemieteten Räumen vornehmen. Aber es leuchtet nicht ganz ein, dass die Fenster einer Eisdiele, die das halbe Jahr über leer steht, ausgerechnet im Sommer erneuert werden sollen. Versuchen Sie doch noch einmal, an den gesunden Menschenverstand bzw. das wirtschaftliche Eigeninteresse Ihrer Vermieterin zu appellieren und sie zu einer Renovierung im Oktober zu bewegen, wenn die Saison vorbei ist!

Edith Mikutta, vor 45 Minuten
Es kann nicht sein, dass Ihr Vermieter von einem Jahr auf das andere das Doppelte für die Nebenkosten verlangt. Sie als Mieter haben normalerweise das Recht auf detaillierte Abrechnungen. Falls Sie bisher mit der pauschalen Abrechnung einverstanden waren, es jetzt aber nicht mehr sind, würde ich versuchen, den Mietvertrag so zu ändern, dass in Zukunft Ihr tatsächlicher Verbrauch abgerechnet wird. Da muss der Vermieter dann evtl. auf seine Kosten Zähler einbauen lassen.

Fritz Linder, vor 33 Minuten
In diesem Fall kannst du die Miete kürzen – und zwar an jedem Tag, an dem es unzumutbar kalt war, meines Wissens sogar um 100%. Also, wenn es in einem Monat 10 Tage zu kalt war, musst du 10 Tage keine Miete zahlen. Aber versuche doch am besten erstmal, mit deinem Vermieter zu reden. Und dann mache sicherheitshalber alles schriftlich, damit du im Notfall alles dokumentiert hast.

3 Lesen – E-Mails

So sieht die Aufgabe in der Prüfung aus:

Lesen Sie zuerst die Betreffzeilen a–f. Lesen Sie anschließend die E-Mails 1–4 und entscheiden Sie, welche Betreffzeile am besten zu jeder E-Mail passt. Notieren Sie dann Ihre Lösungen.

a   Terminbestätigung

b   Einspruch

c   Absage

d   Abbestellung

e   Zusage

f   Einladung

→ Lesen Sie die Betreffzeilen genau.
→ Die Mails müssen Sie nur global verstehen.
→ Streichen Sie die Betreffzeilen durch, die Sie gleich eindeutig zuordnen können.
→ Zwei Betreffzeilen bleiben übrig.

1

An:
CC:
Betreff:

Sehr geehrte Damen und Herren,

vielen Dank für die Zustellung der verschiedenen Probehefte aus Ihrem Zeitschriftenverlag. Nach eingehender Prüfung und mehreren Kundengesprächen sehen wir bei der Kundschaft unseres Geschäftes nicht das nötige Interesse und haben uns deshalb entschlossen, von einer Bestellung abzusehen. Bitte stellen Sie deshalb ab sofort weitere unverlangte Lieferungen ein. Unsere Kundennummer lautet: 783698K.

Mit freundlichen Grüßen
Abbas Kaddah

2

An:
CC:
Betreff:

Sehr geehrter Herr Claußen,

eigentlich sind wir ja für heute 12 Uhr verabredet. Nun muss ich Ihnen aber leider mitteilen, dass ich meinen Besuch in Ihrer Firma verschieben muss, weil ich wegen technischer Probleme dringend eine unserer Geschäftsstellen aufsuchen muss.
Sobald ich zurück bin, setze ich mich mit Ihnen telefonisch wegen eines neuen Termins in Verbindung.
Ich bitte um Ihr Verständnis.

Mit freundlichen Grüßen
Jakob Lohmann

3

An:
CC:
Betreff:

Sehr geehrte Mieterinnen und Mieter,

Sie mussten in letzter Zeit wegen des Ausbaus des Dachgeschosses einige Unannehmlichkeiten ertragen. Hier jetzt die gute Nachricht: Die Bauarbeiten werden bis zum 15. Oktober abgeschlossen sein. Am 16. Oktober möchten wir Ihnen nun ab 15 Uhr die Gelegenheit geben, die neuen Wohnungen anzusehen. Dabei möchten wir uns bei Ihnen mit einem Glas Sekt für Ihr Verständnis bedanken.

Mit freundlichen Grüßen
Ihre Hausverwaltung

4

An:
CC:
Betreff:

Sehr geehrte Damen und Herren,

in Ihrer letzten Telefonrechnung stellten Sie unserer Firma 4.392 Gesprächseinheiten in Rechnung. Die Höhe dieser Summe hat uns sehr überrascht. Hierbei kann es sich nur um einen Fehler handeln. Außerdem haben Sie den Firmenrabatt von 12 % nicht verrechnet. Deshalb beanstanden wir die Rechnung und bitten Sie um eine Überprüfung.

Mit freundlichen Grüßen
Irene Santos

Wir sind ein Team!

1 Teamarbeit

a Die Fotos zeigen unterschiedliche Formen von Teamarbeit. Fragen und antworten Sie:
Wer? Was? Wie? Warum? . . .

🎧 2.02 **b** Hören Sie das Gespräch. Worüber sprechen Lena, Andreas, Jonas und Anna?

🎧 2.02 **c** Hören Sie noch einmal und beantworten Sie die Fragen.

    1. Welche Erfahrungen hat Jonas mit Teamarbeit gemacht?
    2. Was denkt Andreas über Teamarbeit?

d Was machen Sie gerne im Team, was machen Sie gerne allein? Sprechen Sie.

> Ich spiele in einer Band. Zuerst übe ich immer allein zu Hause,
> dann spielen wir in der Gruppe zusammen.

Sprechen ein Teamgespräch führen, über die eigenen Teamrollen sprechen | **Hören** Teamgespräche | **Lesen** Artikel
zum Thema „Neu im Team", einen Text zum Thema „Meine Teamrollen" | **Schreiben** sich per E-Mail vorstellen; Protokoll |
Beruf neu im Team; sich per E-Mail vorstellen; Teamgespräche führen

2 Sofia Adu ist neu beim Partyservice *Fein*.

a Sofia hat vor ihrem ersten Arbeitstag ein paar Tipps gelesen. Lesen Sie die Aussagen und den Artikel. Welche von den zwei Aussagen passt jeweils besser zu den Abschnitten 1–5? Warum?

1. ⓐ So führen Sie sich gut ein.
   ⓑ Informieren Sie sich über Ihr Team!
2. ⓐ Vorgesetzte am besten nie duzen!
   ⓑ Wie spricht man wen an?
3. ⓐ Was tun bei Stress mit Kollegen?
   ⓑ Vorsicht vor Gerüchten!
4. ⓐ Bringen Sie frischen Wind ins Team!
   ⓑ Seien Sie vorsichtig mit Kritik!
5. ⓐ Keine Angst vor Fehlern!
   ⓑ Am Anfang am besten nichts falsch machen!

Sie fangen bald mit einer neuen Arbeit an und sind deshalb schon sehr nervös? Und Sie haben Angst, in Ihrem neuen Team gleich am Anfang schon etwas falsch zu machen? Das muss nicht
5 sein! Mit unseren Tipps starten Sie souverän in Ihren neuen Job!

① Stellen Sie sich am besten am ersten Tag allen vor, denn die Kolleginnen und Kollegen wurden vielleicht gar nicht darüber informiert,
10 dass jemand Neues in das Team kommt. Und falls Sie viel mit Kunden zu tun haben, ist in den ersten Tagen eine kurze Vorstellung per Rundmail gut.

② Du oder Sie? Vorgesetzte oder andere
15 Teammitglieder zu duzen, die unbedingt gesiezt werden wollen, könnte sehr peinlich werden. Vorgesetzte zu siezen, die viel Wert auf einen lockeren Ton im Team legen und per Du angesprochen werden wollen, könnte aber auch
20 missverstanden werden. Wenn Sie unsicher sind, fragen Sie einfach nach.

③ Vorsicht bei Klatsch und Tratsch! Ihnen wurde von Kollegen gesagt, dass die Kollegin X

sich nie an Absprachen hält? Seien Sie unvor-
25 eingenommen und finden Sie selbst heraus, wie die Zusammenarbeit mit ihr ist. Sicher gibt es Gründe für ihr Verhalten. Vielleicht wurde sie von ihren Vorgesetzten mit Arbeit überhäuft und ist einfach nur überlastet?

30 ④ Seien Sie am Anfang zurückhaltend mit Verbesserungsvorschlägen. Sie machen sich unbeliebt, wenn Sie gleich am ersten Tag alles ändern wollen. Wenn Sie öfter hören: „Das wurde hier schon immer so gemacht!", dann
35 fragen Sie lieber nach, warum das so gemacht wird.

⑤ Sie haben etwas falsch gemacht, aber jetzt wollen Sie nicht gleich einen schlechten Eindruck hinterlassen? Es ist trotzdem am besten,
40 es gleich dem bzw. der Vorgesetzten zu sagen. Ehrlichkeit kommt auf jeden Fall besser an, als Fehler zu vertuschen. Dafür wird man von vielen Chefs sogar gelobt. Denn niemand verlangt, dass man sofort alles perfekt macht.
45 Es ist völlig normal, am Anfang Fragen zu stellen oder andere um Unterstützung zu bitten.

b Mit welchen Wörtern kann man die grünen Ausdrücke in 2a ersetzen? Ordnen Sie zu.

fehlerlos	Ratschlägen	Hilfe	überfordert	unangenehm	Gerüchten
aufgeregt	vorsichtig	Abmachungen	Kundenkontakt		

c Schreiben Sie mit den Ausdrücken aus 2b eigene Sätze.

Haben Sie vielleicht einen guten Ratschlag für mich?

 d Sprechen Sie über die Tipps aus dem Text. Haben Sie noch andere Tipps?

e Lesen Sie den Text in 2a noch einmal und markieren Sie die Passivformen.

f Ergänzen Sie die Formen von *werden* und die Partizipien in der Tabelle.

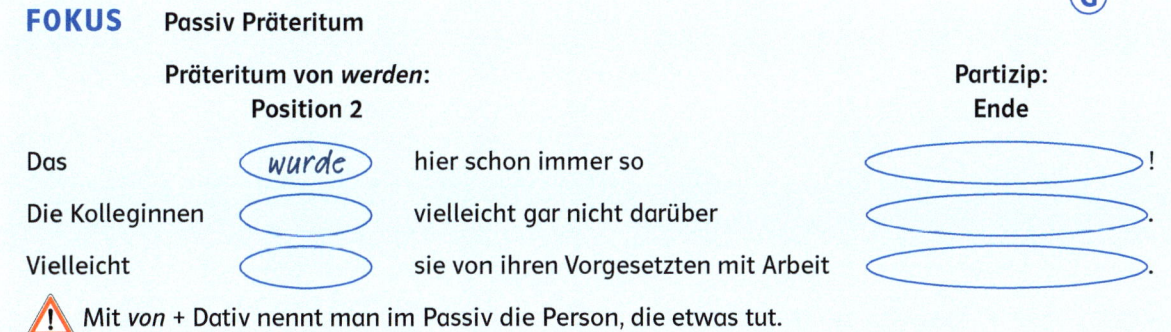

FOKUS Passiv Präteritum   Ⓖ

	Präteritum von *werden*: Position 2		Partizip: Ende
Das	*wurde*	hier schon immer so	!
Die Kolleginnen		vielleicht gar nicht darüber	.
Vielleicht		sie von ihren Vorgesetzten mit Arbeit	.

⚠️ Mit *von* + Dativ nennt man im Passiv die Person, die etwas tut.

g Das war Sofias erster Arbeitstag. Bilden Sie Sätze im Passiv Präteritum wie im Beispiel.

freundlich begrüßen   das Computersystem erklären | der Chef   Lena

um eine Beratung bitten   den Dienstplan geben   anrufen | die IT-Beauftragte

erste Arbeitsaufträge geben   die Teeküche zeigen | eine Kundin   der Hausmeister

das Zeiterfassungssystem zeigen   … | die Kolleginnen   …

Ihr wurden vom Chef erste Arbeitsaufträge gegeben.
Sie wurde von einer Kundin …

3 Ich möchte mich vorstellen.

Lesen Sie Sofias E-Mail und notieren Sie Stichpunkte zu ihrem Werdegang. Vergleichen Sie.

> an:
> Betreff: Ihre neue Ansprechpartnerin bei *Partyservice Fein*
>
> Liebe Kundinnen und Kunden, liebe Lieferantinnen und Lieferanten,
> wie Herr Krüger Ihnen schon mitgeteilt hatte, bin ich seit Anfang April neu bei *Partyservice Fein* im Team. Heute möchte ich mich Ihnen nun kurz vorstellen.
> Zu meiner Person: Mein Name ist Sofia Adu, ich stamme aus Nigeria, lebe aber seit sieben Jahren in Deutschland. Schon immer hatte ich eine Leidenschaft für gutes Essen.
> Außerdem arbeite ich gerne mit Menschen zusammen. Deshalb habe ich hier in Deutschland eine Ausbildung zur Restaurantfachfrau gemacht und zwei Jahre in einem Café gearbeitet.
> Jetzt unterstütze ich das Team von *Partyservice Fein* bei der Organisation, der Buchhaltung und der Kundenkommunikation.
> Ich freue mich sehr darauf, Sie kennenzulernen, und hoffe auf eine gute Zusammenarbeit!
>
> Mit freundlichen Grüßen
> Sofia Adu

UND SIE?

Wählen Sie.

P B1·B2
Beruf

Stellen Sie sich Kunden oder Ihrem neuen Team vor.
Schreiben Sie eine E-Mail. Bearbeiten Sie folgende Punkte:

– Informationen zu Ihrer Person
– Ihre bisherige Ausbildung
– Ihre Aufgaben in der Firma

 oder

Was haben Sie erlebt, als Sie neu bei Ihrer Arbeit waren? Geben Sie schriftliche Ratschläge wie in dem Text in 2a.

4 Sofias Protokoll

🎧 2.03 **a** Hören Sie den Anfang eines Teamgesprächs. Bringen Sie die Tagesordnungspunkte (TOPs) in die richtige Reihenfolge.

☐ Termine   ☐ Werbung   ☐ Hochzeitsbuffet am 5. Mai
☐ Begrüßung von Frau Adu   ☐ Urlaubsplanung im Sommer

🎧 2.04 **b** Hören Sie einen weiteren Ausschnitt aus dem Teamgespräch. Wer macht was? Manchmal gibt es zwei Möglichkeiten. Ordnen Sie zu.

1. Herr Krüger
2. Lena Wächter
3. Martin Witt
4. Sofia Adu

a) die Einkaufsliste zusammenstellen
b) die Werbeagentur anrufen
c) die Bestellungen rausschicken
d) Servicekräfte organisieren

c Sofias Protokoll – Lesen Sie die Anleitung und das Protokoll. Was passt besser in die Lücken: a oder b? Notieren Sie.

> **Ein Protokoll schreiben – so geht's!**
> Im Kopf des Protokolls notieren Sie:
> – Datum und Dauer der Sitzung
> – die Nachnamen der teilnehmenden Personen, der Sitzungsleitung und des Protokollanten / der Protokollantin
> – die Tagesordnungspunkte
>
> Im Hauptteil schreiben Sie:
> – zu jedem TOP nur das Ergebnis der Diskussion
> – präzise, sachlich und neutral
> – ausschließlich im Präsens
>
> Am Schluss notieren Sie:
> – den Termin der nächsten Sitzung

1. ⓐ von heute Vormittag
   ⓑ vom 15.4., 10:00–10:30
2. ⓐ der Chef, Lena, Martin und ich,
   ⓑ Herr Krüger, Frau Wächter, Herr Witt, Frau Adu,
3. ⓐ Ich wurde sehr nett begrüßt.
   ⓑ Begrüßung von Frau Adu
4. ⓐ im August zwei Wochen
   ⓑ vom 5.8. bis zum 18.8.
5. ⓐ nächste Sitzung
   ⓑ 22.4.
6. ⓐ Der Chef
   ⓑ Herr Witt
7. ⓐ Protokoll: Sofia Adu
   ⓑ Tausend Dank für dieses nette Gespräch!

Protokoll des Teamgesprächs ...1... ⓑ
Anwesend: ...2... ☐ entschuldigt: Frau Wegener
Leitung: Herr Krüger

FEIN Partyservice

TOP:		wer?	wann?
1. ...3... ☐	Frau Adu wird begrüßt und stellt sich kurz vor.	alle	erledigt
2. Termine	Herr Krüger teilt mit, dass die Firma ...4... ☐ geschlossen ist. Die weiteren Urlaubszeiten besprechen wir auf der nächsten Sitzung.	alle	...5... ☐
3. Hochzeitsbuffet am 5. Mai	...6... ☐ stellt die Einkaufsliste zusammen. Frau Wächter und Frau Adu schicken die Bestellungen raus. Frau Adu organisiert mithilfe von Frau Wächter die Servicekräfte.	Witt Wächter / Adu	morgen über- morgen
4. Werbung	Die Werbeagentur erstellt Entwürfe für neue Flyer, Visitenkarten sowie einen neuen Webauftritt. Herr Krüger vereinbart einen Termin für die Besprechung.	Krüger / alle	heute / 22.4.
5. Termine	Termin der nächsten Sitzung: 22.4., 10 Uhr. TOPs: Urlaubsplanung, Besprechung der Entwürfe für die Werbemittel.	alle	22.4.
	...7... ☐		

5 Ein Teamgespräch führen

🎧 2.05 **a** Hören Sie das Teamgespräch noch einmal und ordnen Sie zu.

<table>
<tr><td>1. Ist das nicht ungünstig,</td><td>a) auch anders lösen.</td></tr>
<tr><td>2. Das halte ich</td><td>b) wäre es gut, wenn Frau Adu gleich
einen Teil davon übernimmt.</td></tr>
<tr><td>3. Wunderbar, dann</td><td></td></tr>
<tr><td>4. Meiner Meinung nach</td><td>c) weil Frau Adu die Lieferanten
nicht kennt?</td></tr>
<tr><td>5. Wir könnten das</td><td></td></tr>
<tr><td>6. Ich möchte zu diesem
Punkt</td><td>d) gleich etwas sagen.</td></tr>
<tr><td></td><td>e) für eine gute Idee.</td></tr>
<tr><td>7. Habe ich das</td><td>f) richtig verstanden?</td></tr>
<tr><td></td><td>g) machen wir das so.</td></tr>
</table>

b Ordnen Sie die Redemittel aus 5a den folgenden Punkten zu und sammeln Sie weitere Redemittel für Teamgespräche.

– sich zu Wort melden
– nachfragen
– etwas vorschlagen
– zustimmen
– ablehnen
– Probleme äußern
– Alternativvorschläge machen
– sich einigen

sich zu Wort melden
Ich möchte zu diesem Punkt
gleich etwas sagen.
Darf ich was sagen?
...

nachfragen
...

c Wählen Sie Situation A oder B und spielen Sie ein Teamgespräch. Eine Person macht Notizen für ein Kurzprotokoll.

P B1·B2
Beruf

Ⓐ
Sie sind Mitglied in einem Tischtennisverein und sollen zu dritt die diesjährige Vereinsmeisterschaft organisieren.

Besprechen Sie:

– Termin
– zeitlicher Ablauf
  und Spielplan
– Gewinne und Siegerehrung
– Party danach: Getränke, Musik?

Ⓑ
Sie haben einen kleinen Imbiss im Familienbetrieb. Man hat Sie gebeten, im Juli auf dem Straßenfest in Ihrer Straße einen Stand zu machen.
Überlegen Sie zu dritt:
– Was genau bieten Sie an?
– Vorbereitung?
– Wer kann zusätzlich helfen?
– Wie wird alles transportiert?

d Schreiben Sie jetzt gemeinsam das Protokoll zu 5c.

UND SIE?

Welche Erfahrungen haben Sie schon in Teams gemacht? Überlegen Sie, was Ihre Aufgaben genau waren und was Ihnen daran gefallen hat.

Wählen Sie.

beruflich

Seit einem Jahr arbeite ich bei einem Pflegedienst. Meistens habe ich …
Ich kümmere mich gerne um die alten Menschen.
Meine Stärke ist, dass ich im Team gut vermitteln kann, wenn es Konflikte gibt. …

 **oder**

privat

Ich mache Judo in einem Sportverein. Da …

6 Welche Teamrolle haben Sie?

a Lesen Sie die Einleitung des Artikels. Wann funktionieren Teams besonders gut?

b Arbeiten Sie nun zu viert. Jeder liest die Beschreibung einer Rolle. Schließen Sie dann das Buch und beschreiben Sie den anderen in der Gruppe die Rolle, über die Sie gelesen haben.

Das Ganze ist mehr als die Summe seiner Teile!
Was erfolgreiche Teams ausmacht

Das Beispiel ist legendär: Auf der Schulung eines Unternehmens sollte sich eine große Gruppe in mehrere kleine Teams aufteilen. Diese Teams mussten dann gemeinsam eine komplexe Aufgabe lösen. Per Zufall kamen in einem Team die intelligentesten Köpfe des Unternehmens zusammen.

Und – Überraschung! – sie erzielten nicht das beste Ergebnis! Warum? Weil Teams erfolgreicher sind, wenn in ihnen verschiedene Kompetenzen zusammenkommen und die Teammitglieder sich gegenseitig ergänzen.
Man unterscheidet die folgenden vier Teamrollen:

A

DIE MACHER

Diese Menschen lieben Werkzeuge und probieren gerne sofort alles aus, manchmal auch ohne Rücksicht auf Verluste. Sie lieben die Abwechslung und finden es spannend, die unterschiedlichsten Ideen und Handlungs-  weisen zu kombinieren. Sie lassen sich nicht gerne festlegen.

Typische Aktivitäten
Abenteuer in der Natur erleben, Neues ausprobieren, auf Partys gehen und neue Leute kennenlernen, Reden improvisieren

Ihre Stärken im Team
Flexibilität, Experimentierfreude, Mobilität

B

DIE KONSERVATIVEN

Warum sollte man Altbewährtes über Bord werfen?
Das fragen sich die Konservativen. Ihnen ist es wichtig, zu erhalten, was schon erreicht wurde. Sie legen sich gerne längerfristig fest  und sind sehr loyal. Risiko und Abwechslung mögen sie gar nicht.

Typische Aktivitäten
etwas sammeln, Tagebuch schreiben, in einem Verein arbeiten, immer wieder an demselben Ort Urlaub machen

Ihre Stärken im Team
Sicherheit, Ausdauer, Treue

C

DIE ANALYTIKER

Sie bilden den Gegenpol zu den Machern und wollen erstmal etwas verstehen, bevor sie es in die Tat umsetzen. Sie gehen also systematisch vor und sind oft Perfektio-  nisten. Sie haben ein sehr großes Faktenwissen und lieben Statistiken. Ihr Motto ist: „Vertrauen ist gut, Kontrolle ist besser."
Sie sind eher Kopfmenschen als Gefühlsmenschen.

Typische Aktivitäten
Software programmieren, Bücher schreiben, detaillierte Pläne entwickeln, Gesetze studieren

Ihre Stärken im Team
Ordnung, Wissen, Gerechtigkeit

D

DIE VISIONÄRE

Sie haben viele originelle Ideen. Auch sind sie von Neuerungen fasziniert und erproben gerne verschiedene Möglichkei- ten. Deshalb ziehen sie auch gerne und oft um. Ihre Stärke ist es, auch mal über den Tellerrand  hinauszuschauen. Allerdings verlieren sie dabei manchmal die Realität aus den Augen. Formale Vorgaben ignorieren sie ganz gerne.

Typische Aktivitäten
kreativ schreiben, malen, Ehrenämter ausüben, Gruppen leiten

Ihre Stärken im Team
Neugier, Innovation, Wachstum

c Welches Adjektiv passt zu welcher Teamrolle? Diskutieren Sie und ordnen Sie zu. Manchmal gibt es mehrere Möglichkeiten. Sie können auch noch weitere Adjektive zu den Rollen ergänzen.

konstruktiv   chaotisch   inspirierend   erfolgsorientiert   traditionell   gefühlsbetont

vernünftig   voreilig   motivierend   praktisch veranlagt   enthusiastisch

provozierend   pessimistisch   optimistisch   pünktlich   engagiert   ...

> Ich denke, „konstruktiv" passt zu den Visionären, weil sie immer so viele Ideen haben.

> Es könnte aber auch zu den Analytikern passen, die machen doch immer so gerne Pläne.

d Welches Beispiel passt zu welcher Teamrolle? Diskutieren Sie.

1. Ihre Lieblingstante zieht ins Altersheim. Was machen Sie?
   ⓐ Sie stellen alle Möbel von Ihrer Tante zu sich in die Wohnung.
   ⓑ Sie machen einen ganz genauen Plan für sie, woran sie bei ihrem Umzug denken muss.
   ⓒ Sie machen ihr Vorschläge, wie sie ihr neues Zimmer kreativ einrichten kann.
   ⓓ Sie organisieren eine große Willkommensparty im Heim, auf der sie eine kleine Rede halten.

2. Letztes Jahr haben Sie in New York gearbeitet, jetzt leben Sie gerade in Albanien, und nächstes Jahr bietet Ihre Chefin Ihnen einen Job in China an. Wie reagieren Sie?
   ⓐ Super! Da organisiere ich gleich eine Flussreise mit einem Paddelboot!
   ⓑ Ich brauche sofort Informationen über die Stadt, in der ich wohnen werde!
   ⓒ China? Muss das sein? Jetzt habe ich mich gerade erst an Albanien gewöhnt!
   ⓓ Toll! Endlich mal wieder ein neues Land zum Entdecken!

VORHANG AUF

Was wollen Sie gemeinsam planen, organisieren, arbeiten oder lernen? Bilden Sie Teams und wählen Sie eine Situation. Wählen Sie jeweils eine Teamrolle und überlegen Sie sich typische Äußerungen. Spielen Sie das Gespräch. Die Fragen und Ideen unten helfen.

Fragen und Ideen

1. Was ist unser Ziel?
   Was wollen wir gemeinsam erreichen?

2. Wie lange haben wir dafür Zeit?
   Welche Termine sind wichtig?

3. Wer kann was gut?
   Wer macht was?

Situationen

einen Dienstplan besprechen:
Restaurant, Krankenhaus,
Kinderheim ...

ein Wochenendprogramm
für die vier Kinder einer
Freundin zusammen-
stellen, die überraschend
zu Besuch kommen

...

ein Restaurant
eröffnen

sich in einer Lerngruppe
auf eine Prüfung
vorbereiten

ÜBUNGEN

1 Teamarbeit

Ergänzen Sie die Sätze.

Zusammenspiel   weiterkommt   fair   sich anstrengen   Ideen

1. In einem Team erreicht man das beste Ergebnis, wenn alle ....

2. Es ist wichtig, dass die Arbeit .... verteilt wird.

3. In Sportmannschaften ist ein gutes .... im Team entscheidend.

4. Meistens hat man bei der Arbeit in der Gruppe mehr .... als allein.

5. In Teams kann man immer jemanden fragen, wenn man allein nicht ....

2 Sofia Adu ist neu beim Partyservice *Fein*.

a **Was passt zusammen? Ordnen Sie zu.**

1. sich einführen
2. der/die Vorgesetzte
3. der frische Wind
4. Kritik üben
5. souverän
6. ein lockerer Ton
7. unvoreingenommen
8. das Verhalten
9. jemanden mit etwas überhäufen
10. sich unbeliebt machen
11. etwas vertuschen

a) *hier:* neue Ideen
b) wie jemand handelt oder reagiert
c) verhindern, dass ein Problem bekannt wird
d) gelassen
e) sich bekannt machen
f) sich so verhalten, dass einen niemand mehr mag
g) jemandem zu viel von etwas geben
h) ein Problem benennen
i) der Chef / die Chefin
j) eine entspannte Art der Kommunikation
k) ohne Vorurteile

b **Schreiben Sie fünf Sätze mit Ausdrücken aus 2a.**

Neue Kollegen bringen oft frischen Wind in eine Firma.

> Versuchen Sie immer wieder, neue Ausdrücke in eigenen Sätzen zu verwenden.

c **Was wird hier gemacht? Schreiben Sie Passivsätze.**

1. der neue Kollege / dem Team / vorstellen
2. der Computer / reparieren
3. die Waren / der Kundin / liefern
4. die Rechnung / schreiben
5. der Brief / zur Post / bringen

Der neue Kollege wird dem Team vorgestellt.

d **Kein Tag wie jeder andere ... – Schreiben Sie die Sätze im Passiv Präteritum wie im Beispiel.**

1. der Kaffee / der Chef / kochen

   Der Kaffee wurde vom Chef gekocht.

2. die Kopien / meine Vorgesetzte / machen

   ....

3. wichtige Entscheidungen / die Praktikantin / treffen

   ....

4. die Büropflanzen / die Abteilungsleiterin / gießen

   ....

5. die Verhandlungen mit den Lieferanten / der Hausmeister / führen

   ....

6. der große Auftrag für die neue Firmenwebseite / der Assistent / vergeben

   ....

7. die Urlaubsanträge / die Reinigungskraft / entscheiden

   ....

3 Ich möchte mich vorstellen.

Wo passen die Elemente a)–i)? Ordnen Sie zu und schreiben Sie dann die E-Mail.

a) eine Ausbildung zum Einzelhandelskaufmann gemacht

c) Hier in der Firma bekomme ich die Möglichkeit,   b) Ich habe gern Kontakt zu Kunden

d) hoffe auf eine gute Zusammenarbeit

e) wie die Personalchefin, Frau Mercator, Ihnen schon mitgeteilt hat

g) Ihnen heute kurz vorstellen   f) lebe seit über fünf Jahren

h) Wirtschaft hier an der Fachhochschule

i) schon sehr gespannt

Betreff: neuer Praktikant

Liebe Kolleginnen und Kollegen,

(1) ⓔ, werde ich in den kommenden zwei Monaten mein Betriebspraktikum hier bei Ihnen in der Firma machen. Deshalb möchte ich mich (2) ☐. Mein Name ist Dragos Matei, ich komme aus Rumänien und (3) ☐ hier in Deutschland. Nach dem Abitur habe ich (4) ☐. Seit zwei Jahren studiere ich jetzt (5) ☐.

(6) ☐ und das Verkaufen macht mir Spaß. (7) ☐ die verschiedenen Abteilungen wie Einkauf, Werbung und Kundenkommunikation, Versand und Personal kennenzulernen. Darauf bin ich (8) ☐.

Ich freue mich außerdem darauf, viele von Ihnen bald persönlich kennenzulernen, und (9) ☐.

Viele Grüße
Dragos Matei

4 Das Protokoll

P B1·B2
Beruf

a Sie hören gleich eine Besprechung eines Café-Teams. Dazu gibt es fünf Aufgaben. Welche Lösung (a, b oder c) passt jeweils am besten? Kreuzen Sie an.

🎧 2.06

1. Letztes Jahr
   - a gab es draußen zu wenig Tische und Stühle für die Gäste.
   - b haben die Eislieferungen gut geklappt.
   - c war Norbert im Sommer eine Woche im Urlaub.

2. Aushilfskräfte werden dieses Jahr
   - a nicht gebraucht.
   - b mithilfe einer Zeitungsanzeige gesucht.
   - c über die Jobbörse der Uni angesprochen.

3. Die neuen Möbel für draußen
   - a besorgt der Chef allein.
   - b lässt das Team liefern.
   - c werden über Nacht immer abgeschlossen.

4. Das Eis
   - a wird in Zukunft online bestellt.
   - b ist bei Eis Venezia günstig.
   - c wird von einem Laden in der Südstadt geliefert.

5 Damit Norbert im August zwei Wochen frei bekommen kann,
   - a muss Marie Überstunden machen.
   - b werden zwei zusätzliche Aushilfskräfte gebraucht.
   - c wird der Chef mehr arbeiten.

🎧 2.06 **b** Hören Sie noch einmal und ergänzen Sie das Protokoll. Vergleichen Sie im Kurs.

– Café am Stadtpark –
Protokoll der Teamsitzung vom 15. Mai

Anwesend: der Chef, Marie, Norbert. (1) ....: Martina

TOP:		wer?	wann?
1. Aushilfskräfte Sommersaison	Norbert schreibt (2)	Norbert	16.5.
2. Möbel für draußen	5 Tische, 20 Stühle, kaufen wir (3) ...., außerdem Schlösser für die Möbel	Chef, (4)	(5) ....
3. Neuer Eislieferant	Eis wird in Zukunft (6) .... bestellt. Der Chef prüft Angebote.	Chef	(7) ....
4. Urlaub	Norbert kann die ersten beiden Augustwochen weg. Dafür müssen in der Zeit (8) .... zusätzlich eingestellt werden. Marie macht (9) .... Urlaub.	–	–

(10) ....

im Oktober • im Baumarkt • Protokoll: Norbert • zwei Aushilfskräfte • der Jobbörse an der Uni •
nächste Woche • Entschuldigt • Samstagvormittag • über das Internet • Marie

5 Ein Teamgespräch führen

a Redemittel für Teamgespräche – Welche Reaktion passt besser? Kreuzen Sie an.

1. *sich zu Wort melden*
   - ● Dürfte ich zu dem Thema auch noch etwas äußern?
   - ⓐ ○ Das passt gut zu diesem Thema.
   - ⓑ ● Aber bitte kurz, wir müssen noch viel besprechen!

2. *nachfragen*
   - ● Stimmt es, dass wir am Samstag früh alle schon um 8 Uhr da sein müssen?
   - ⓐ ○ Dafür verdienen Sie mehr Geld.
   - ⓑ ○ Ja, ich fürchte, sonst schaffen wir das nicht.

3. *etwas vorschlagen*
   - ● Ich hätte da eine Idee: Könnten wir nicht einen Teil schon am Freitag vorbereiten?
   - ⓐ ○ Darüber müssten wir abstimmen.
   - ⓑ ○ Das stimmt so nicht.

4. *zustimmen/ablehnen*
   - ● Das ist doch ein guter Vorschlag.
   - ⓐ ○ Für diese Diskussion haben wir keine Zeit.
   - ⓑ ○ Dem kann ich nur zustimmen!

5. *Probleme äußern*
   - ● Ich finde es problematisch, dass keine erfahrene Mitarbeiterin dabei ist.
   - ⓐ ○ Ich habe da noch eine Frage.
   - ⓑ ○ Stimmt, das sehe ich auch so.

6. *Alternativvorschläge machen*
   - ● Wäre es nicht besser, in Zweierteams zu arbeiten?
   - ⓐ ○ Ja, daran habe ich auch schon gedacht.
   - ⓑ ○ Damit habe ich nichts zu tun.

7. *sich einigen*
   - ● Ich finde das die beste Lösung.
   - ⓐ ○ Kommen wir doch zum nächsten Punkt!
   - ⓑ ○ Gut, ich bin auch einverstanden.

b Eine Besprechung – Lesen Sie den ganzen Dialog und ergänzen Sie die fehlenden Ausdrücke.

kannst du bitte   vielleicht zu viel   eine gute Idee   bin auch dafür

kann ich gerne machen   beraten   Einverstanden   Ich bin der Meinung

gleich was sagen   ist das Wichtigste   machen wir doch einfach

- ● Wir sollten über unseren Stand auf dem Straßenfest (1) ....

- ○ Kann ich dazu (2) ....?

- ● Ja, was denn?

- ○ (3) ...., wir sollten das so einfach wie möglich machen.

  Eine Suppe, ein Hauptgericht und einen Nachtisch.

- ● Gut, dann (4) .... Linsensuppe, Gemüseauflauf und Tiramisu.

- ▲ Das finde ich (5) ....

- ○ Ja, ich (6) .... Was müssen wir da genau vorbereiten?

- ● Die Einkaufsliste (7) .... Ich schlage vor, wir machen jeweils 100 Portionen.

- ▲ Meinst du nicht, dass das (8) .... ist?

- ● Nein, letztes Jahr haben wir sehr viel verkauft. Barbara,

  (9) .... die Einkaufsliste schreiben?

- ○ Ja, klar, das (10) ....

- ● Super, danke, dann kaufen Miriam und ich am Mittwoch ein.

  Und am Donnerstag und Freitag bereiten wir alles vor.

- ○ ▲ (11) ....

6 Welche Teamrolle haben Sie?

a Wortschatz erweitern: Adjektive und ihr Gegenteil. Ergänzen Sie.

1. durchdacht   – *voreilig* ....

2. demotivierend – ....

3. strukturiert   – ....

4. rational   – ....

5. destruktiv   – ....

6. innovativ   – ....

7. ausgleichend – ....

8. unvernünftig – ....

9. optimistisch   – ....

10. langweilig   – ....

konstruktiv • chaotisch • inspirierend • traditionell • gefühlsbetont • vernünftig • ~~voreilig~~ • motivierend • provozierend • pessimistisch

b Welches Wort passt nicht? Streichen Sie es durch.

1. sich in Teams	aufteilen • zusammenfinden • trennen
2. gemeinsam eine Aufgabe	bewältigen • lösen • kommen
3. ein gutes Ergebnis	zielen • erreichen • erzielen
4. sich gegenseitig	bereichern • bekommen • ergänzen
5. ohne Rücksicht auf	Verluste • die Kosten • Computer
6. sich nicht gerne festlegen	machen • wollen • lassen
7. Altbewährtes	über Bord werfen • verhalten • weitergeben
8. detaillierte Pläne	entwickeln • ausarbeiten • arbeiten
9. über den Tellerrand	essen • hinausschauen • blicken

P B1·B2
Beruf   **c** Kommunikation in Teams – Lesen Sie zuerst die Betreffzeilen a–f. Lesen Sie dann die E-Mails 1–4 und
entscheiden Sie, welche Betreffzeile am besten zu jeder E-Mail passt.

a   **Fortbildung**

b   **Verschiebung Teambesprechung**

c   **Umzug**

d   **Abschied Personalchef**

e   **Jubiläumsveranstaltung**

f   **Neue Praktikantin**

1

An:

CC:

Betreff:

Liebe Kolleginnen und Kollegen,
wir freuen uns, im Team Frau Sonia Grabowski begrüßen zu können. Frau Grabowski besucht die neunte Klasse der Rosa-Luxemburg-Schule und leistet bei uns ihr zweiwöchiges Betriebspraktikum ab. Sie soll in dieser Zeit einen Einblick in die Arbeit aller Abteilungen bei uns bekommen. Details dazu besprechen wir dann in der morgigen Teamsitzung.

Mit freundlichen Grüßen
Adrian Gebhardt, Personalabteilung

2

An:

CC:

Betreff:

Sehr geehrte Mitarbeiterinnen und Mitarbeiter,
wie bereits in der letzten Besprechung angekündigt, müssen wir unsere jetzigen Büroräume schon Mitte März räumen. Bitte packen Sie deshalb alles, was aus Ihren Büros in die neuen Räume transportiert werden soll, bis spätestens 13.3. 17 Uhr in die dafür bereitgestellten Kartons und beschriften Sie diese mit Ihrem Namen und Ihrer neuen Zimmernummer.

Vielen Dank!
Florian Assmann, Assistent der Geschäftsleitung

3

An:

CC:

Betreff:

Liebe Mitarbeiterinnen und Mitarbeiter,
hiermit möchten wie Sie aus aktuellem Anlass auf ein interessantes Seminarangebot aufmerksam machen: „Streiten – aber richtig! – Konflikte konstruktiv lösen."
Es findet am Freitag, den 14.9., von 9 bis 17 Uhr in unserem Seminarraum statt. Sie können in Ihrer Arbeitszeit daran teilnehmen. Alle Teamleiter sind angewiesen, Sie dafür freizustellen. Bei Rückfragen können Sie sich jederzeit gerne an mich wenden.

Mit freundlichen Grüßen
Tibor Horvat, Personalchef

4

An:

CC:

Betreff:

Liebes Team,
„Gemeinsam sind wir stark!", unter diesem Motto wollen wir am 7.6. das zehnjährige Bestehen unserer Firma feiern.
Für diesen besonderen Tag haben wir uns ein ganz spezielles Programm ausgedacht: Vormittags gehen wir in einen Klettergarten, wo wir uns gemeinsam austoben können. Nach dem wohlverdienten Mittagimbiss in einer Gartenwirtschaft lassen wir dann den Tag mit Spielen, Schwimmen, Faulenzen und Grillen am Badesee ausklingen.

Wir freuen uns schon alle!
Die Vorbereitungsgruppe

Mein Deutsch nach Kapitel 5

Das kann ich:

über Teamarbeit sprechen	👥	**Was gefällt Ihnen an Teamarbeit, was finden Sie schwierig? Tauschen Sie sich aus.**

> Ich finde es gut, wenn …

> Ein Problem ist, dass …

→ Seite LIV

Tipps zum Thema „Neu im Team" geben 👥 **Welche Tipps finden Sie nützlich? Sammeln Sie.**

> Am Anfang sollte man sich allen vorstellen.

> …

---

mich schriftlich KollegInnen oder KundInnen vorstellen 👥 **Schreiben Sie eine E-Mail, in der Sie sich vorstellen. Vergleichen Sie im Kurs.**

> Sehr geehrte Damen und Herren,
> …

→ Seite LVI

---

ein Protokoll schreiben

- Café am Stadtpark -
Protokoll der Teamsitzung vom 15. M
Anwesend: der Chef, Marie, Norbert.

TOP:	
1. Aushilfskräfte Sommersaison	Norbert schre
2. Möbel für draußen	5 Tische, 20 S außerdem Scl

👥 **Was gehört in ein Protokoll? Sammeln Sie. Vergleichen Sie im Kurs.**

> Also, das Datum ist auf jeden Fall wichtig.

> Ja, und auch, wie lange die Sitzung gedauert hat.

→ Seite LII

---

ein Teamgespräch führen

sich zu Wort melden – nachfragen –
etwas vorschlagen – zustimmen/ablehnen –
Probleme äußern – Alternativvorschläge machen –
sich einigen

👥 **Sie planen zu viert die gemeinsame Vorbereitung auf einen Deutschtest. Spielen Sie das Teamgespräch.**

Thema des Tests?
Wie üben?
Wer kann was gut?
Zeit?
Ort?
→ Seite LI / LII

Das kenne ich:

→ **Passiv Präteritum**   Seite XXXIII

Reisen

die
Pauschalreise

die Individualreise

der Campingurlaub

die Städtereise

die Fahrradtour

1 Wohin wollen wir fahren?

a Sammeln Sie Wörter und Ausdrücke zu den Fotos oben. Vergleichen Sie im Kurs.

viele Menschen   alles inklusive   organisiert

Vollpension   die Pauschalreise   die Hotelanlage

b Welche Art von Reise haben Sie schon gemacht? Welche Reise würden Sie gerne machen? Sprechen Sie.

🎧 2.07 **c** Nele Hoff ruft Faris Chalid an. Welches Foto passt zu dem Gespräch? Warum?

🎧 2.07 **d** Hören Sie noch einmal, machen Sie Notizen und ergänzen Sie die Sätze.

1. Nele möchte im nächsten Urlaub …
2. Sie möchte im Urlaub meistens …
3. In diesem Jahr hat sie …
4. Sie liebt …
5. Faris hat einen Tipp für …
6. Faris und Hannes …

e Alleine oder in einer Reisegruppe reisen? Diskutieren Sie: Was sind die Vorteile und Nachteile?

> Ich reise gern in einer Reisegruppe, weil ich …

> Wenn man eine Reise selbst organisiert, dann hat das den Vorteil, dass …

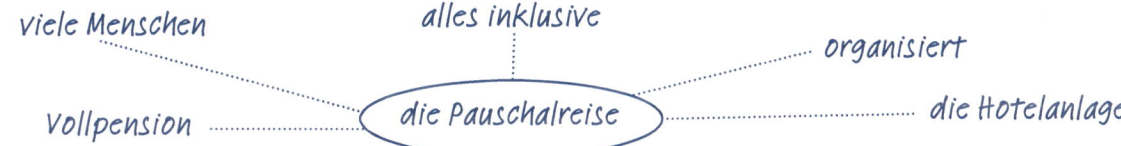

Sprechen über eigene Reiseerfahrungen und -wünsche sprechen; über Vor- und Nachteile verschiedener Reiseformen sprechen; Ratschläge geben; Gründe und Folgen nennen | **Hören** Informationsgespräche über Reisen, Informationen für eine Bewerbung einholen | **Lesen** Texte über Berufe im Tourismus; Stellenanzeigen, satirische Elemente in einem Text erkennen | **Schreiben** Informationen über eine Reise einholen | **Beruf** Berufe im Tourismus; telefonisch Informationen für eine Bewerbung einholen

2 Reiseangebote

a Lesen Sie die E-Mails und die Anzeigen. Welches Angebot passt zu Nele Hoffs Wünschen?

1

Sehr geehrte Damen und Herren,
ich suche nach Reiseangeboten am Mittelmeer für Juni oder Juli, wobei ich bzgl. des genauen Datums und des konkreten Ortes flexibel bin. Ich werde alleine reisen und möchte ein Hotel, in dem ich mich gut erholen kann. Eigentlich bin ich eher sportlich, aber in diesem Jahr geht es mir vor allem um Entspannung und Ruhe. Ein bisschen Kultur (Musik, Museen) wäre schön. Wichtig ist, dass das Hotel ruhig und nicht zu groß ist. Es sollte sich in Strandnähe befinden und über einen schönen Pool verfügen. Ich lege keinen Wert auf Animationsprogramme. Könnten Sie mir bitte ein paar Angebote zukommen lassen, am besten mit Frühbucherrabatt?
Mit freundlichen Grüßen
Nele Hoff

2

Sehr geehrte Frau Hoff,
vielen Dank für Ihr Interesse. In den angehängten Seiten habe ich für Sie einige Reiseprogramme zusammengestellt. Im Moment haben wir vor allem in Griechenland sehr interessante Angebote. Sie werden sehen, dass die Pauschalangebote weitaus günstiger sind als die Angebote für Individualreisen. Besonders hinweisen möchte ich Sie auf ein Hotel auf der Insel Santorin. Dieses haben wir neu im Programm und bieten es derzeit besonders günstig an. Wenn das etwas für Sie wäre, dann sollten Sie sich schnell entscheiden, da das Interesse sehr groß sein wird.
Mit freundlichen Grüßen
Manuel Ohl
Reiseberater – Sonnenschein Reise GmbH

Angebot Solimar
Angebot Stasis

A
Dimas SOLIMAR Resort auf Kreta
Hotelanlage mit 5 Pools für jeden Geschmack.
Halbpension
Unterhaltungsangebote nach Wunsch buchbar
Inklusivpreis mit Flug, Transfers und Halbpension
ab 876 Euro pro Woche

B
Boutique Hotel Stasis *auf Santorin*
Sonne, Meer und Ruhe
Genießen Sie von Ihrem Zimmer den Sonnen-
aufgang über der Ägäis und machen Sie Ihr
Frühstück zum Erlebnis im magischen Garten.
Eine Woche inklusive Flug, Transfers und
Halbpension mit Frühbucherrabatt
ab 645 Euro pro Woche

3

Sehr geehrter Herr Ohl,
vielen Dank für die Informationen. Das Angebot vom Hotel Stasis ist wirklich sensationell. Wenn es keine Haken gibt (versteckte Gebühren etc.), möchte ich hiermit für den Zeitraum vom 16.6. bis zum 30.6. buchen. Die Anzahlung überweise ich auf das von Ihnen angegebene Konto, sobald ich Ihre Antwort erhalten habe.

b Lesen Sie die Mails noch einmal und ordnen Sie zu.

1. Frau Hoff möchte einen Urlaub,
2. Herr Ohl warnt Frau Hoff, dass
3. Er sagt, dass
4. Frau Hoff fragt,

a) ob es bei dem Angebot noch weitere Kosten gibt.
b) das Hotel auf Santorin schnell ausgebucht sein könnte.
c) in dem sie sich vom Alltag erholen kann.
d) die Pauschalangebote günstiger sind.

c Wählen Sie.

Bitten Sie ein Reisebüro schriftlich um ein Angebot für einen Urlaub Ihrer Wahl.  Schreiben Sie ein Angebot mit Bezug auf die Anzeige A. Die Modelle oben helfen.

3 Du hättest den Vertrag lesen sollen.

🎧 2.08 **a** Hören Sie. Welches Problem hat Nele?

🎧 2.08 **b** Hören Sie noch einmal. Was sagt Faris? Drei Aussagen sind richtig. Welche?

1. An deiner Stelle wäre ich sowieso zu Hause geblieben.
2. An deiner Stelle hätte ich eine Reiserücktrittsversicherung abgeschlossen.
3. Die Versicherung wäre für die Kosten aufgekommen.
4. Ich hätte die allgemeinen Geschäftsbedingungen nicht akzeptiert.
5. Du hättest die Reise früher stornieren müssen.

c Ergänzen Sie die Tabelle mit Aussagen aus 3b.

Ⓖ

FOKUS Konjunktiv II der Vergangenheit
hätte/wäre + Partizip II

Warum hast du keine Reiserücktrittsversicherung abgeschlossen?

Partizip II

An deiner Stelle ⬭ ich eine Reiserücktrittsversicherung ⬭.

Die Versicherung ⬭ für die Kosten ⬭.

hätte + Verb im Infinitiv + Modalverb im Infinitiv

Warum hast du die Reise nicht früher storniert?

Verb im Infinitiv   Modalverb im Infinitiv

Du ⬭hättest⬭ die Reise früher ⬭ ⬭.

d Einen Ratschlag geben, obwohl es zu spät ist – Was hätte Nele tun sollen/müssen/können?
Schreiben Sie und vergleichen Sie im Kurs.

1. den Vertrag genau lesen
2. die Geschäftsbedingungen durchlesen
3. eine Versicherung abschließen
4. früher mit dem Veranstalter sprechen
5. so früh wie möglich stornieren
6. Faris fragen

Nele hätte den Vertrag genau lesen sollen.

An ihrer Stelle hätte ich …

e A sagt, was er/sie mal getan hat, aber besser nicht getan hätte. B und C geben Ratschläge.

zu spät zum Flughafen fahren – Flugzeug verpassen	zu viel Gepäck im Koffer haben – Übergepäck bezahlen	zwei Wochen Vollpension buchen – 4 Kilo zunehmen	in den falschen Bus einsteigen – am falschen Ort ankommen

Ich bin sehr spät zum Flughafen gefahren und habe den Flug verpasst.

Du hättest zwei Stunden vor dem Abflug am Flughafen sein sollen.

An deiner Stelle wäre ich …

UND SIE?

Erzählen Sie. Was haben Sie getan, was Sie besser nicht getan hätten? Was hätten Sie tun sollen?

Ich habe mal von einer Privatperson einen Fotoapparat online gekauft. Das hätte ich nicht tun sollen.
Ich hätte besser eines der bekannten Internetportale benutzen sollen, weil …

4 Arbeiten, wenn andere Urlaub machen.

a Welche Berufe gibt es an Urlaubsorten? Sammeln Sie im Kurs.

b Lesen Sie die Porträts und beantworten Sie die Fragen. Vergleichen Sie im Kurs.

– Wo arbeiten die Personen?
– Was sind ihre Aufgaben?
– Was gefällt ihnen (nicht) an ihrer Arbeit?

Faris (32), Wien, Österreich

Ich bin in Marokko geboren und in Österreich aufgewachsen. Nach der Matura bin ich nach Marrakesch gegangen, um dort Arabisch zu studieren. Während des Studiums habe ich als Stadtführer gearbeitet. Nach zwei Jahren bin ich nach Wien zurückgekommen und habe meinen Master gemacht. In dieser Zeit habe ich angefangen, als Stadtführer in Wien zu arbeiten. Ich habe mich auf Arabisch sprechende Touristen spezialisiert. Ich mache nicht nur Stadtführungen, sondern betreue die Gäste zum Teil auch während ihres gesamten Aufenthalts. Das macht mir Spaß.
Wenn ich mehrere Tage mit einer Gruppe unterwegs bin, dann muss ich rund um die Uhr zur Verfügung stehen. Da kommt es schon mal zu schwierigen Situationen, weil meine Kunden zum Teil sehr anspruchsvoll sind. Nachteile meiner Tätigkeit sind, dass ich kein festes Einkommen habe und meine Zeit schlecht planen kann.

Fiona (26), Lindau, Deutschland

Ich arbeite in einem großen Hotel am Bodensee als Rezeptionistin. Die Rezeption ist die „Visitenkarte des Hauses", sagt uns die Geschäftsleitung immer wieder, und das ist ja auch richtig. Wir sind für die Kunden der erste und der letzte Kontakt mit dem Hotel. Als Rezeptionistin hat man weit mehr Aufgaben als das reibungslose Check-in und Check-out der Gäste. Wir sind verantwortlich für die Koordination der Betreuung im Hotel und bieten unsere Hilfe an, wenn die Gäste irgendwelche Informationen für ihren Aufenthalt in der Region brauchen. Obwohl es auch schwierige Gäste gibt, bin ich von der abwechslungsreichen und vielseitigen Arbeit insgesamt begeistert und genieße es, an einem Ort zu arbeiten, wo andere Urlaub machen. Das Grundgehalt ist mit etwa 1700 € zwar nicht sehr hoch, aber es gibt Aufstiegsmöglichkeiten.

Emily (28), Hurghada, Ägypten

Als Kinderanimateurin bin ich seit drei Jahren in einem Familienhotel am Roten Meer für die Betreuung der Kinder zuständig. Wir bieten jede Woche ein Kinderprogramm für die „Minis" (4–8 Jahre) und eins für die "Maxis" (9–12 Jahre) an. Wir malen, basteln, spielen und tanzen mit den Kindern, machen auch Strandausflüge und Hotel-Rallyes. Am meisten Spaß macht mir die Organisation der Motto-Tage: Piratentag, Indianertag, Zirkustag usw. Da kann ich meiner Kreativität freien Lauf lassen, das ist einfach klasse. Die Begeisterung der Kids ist für mich die größte Anerkennung. Ziemlich anstrengend finde ich, dass ich auch noch jeden Abend auf der Bühne stehen muss, um die Hotelgäste zu unterhalten. Danach falle ich dann todmüde ins Bett. Da bleibt keine Zeit für Privatleben. Die Bezahlung geht. Es sind knapp über 1100 Euro netto im Monat.

c Wählen Sie zwei grün markierte Wörter und Ausdrücke aus und erklären Sie sie.

UND SIE?

Können Sie sich vorstellen, dann zu arbeiten, wenn andere Urlaub machen? Diskutieren Sie.

Welche Berufe können Sie sich vorstellen? Wo würden Sie gerne mal arbeiten? Wie sollten die Arbeitsbedingungen sein? Was würden Sie nie machen? …

5 Faris will beruflich weiterkommen.

a Welche Qualifikationen und welche persönlichen Stärken braucht man als Reiseleiter/in?

Reiseleiter/in ·········· Organisationstalent

b Lesen Sie die Stellenanzeige. Faris hat bisher Gruppen durch Wien geführt. Welche Kompetenzen als Reiseleiter hat er vermutlich, welche fehlen ihm vielleicht?

Wir suchen ab sofort für **Marokko** und **Tunesien**

ReiseleiterInnen

Ihr Aufgabengebiet
- Empfang und Betreuung unserer Gäste
- Administrative Aufgaben (Ausflugsabrechnung, Ablage)
- Entwicklung von Ausflugsprogrammen

Wir erwarten von Ihnen
Fachliche Qualifikationen inkl. Kenntnisse in den einschlägigen Computerprogrammen
- abgeschlossene Berufsausbildung im kaufmännischen Bereich
- eine touristische Ausbildung (Hotel, Reiseverkehr etc.) wäre von Vorteil
- neben der deutschen Sprache zwei weitere Fremdsprachen

persönliche Anforderungen
- hohes Maß an Serviceorientierung: höfliches Auftreten, ansprechende Erscheinung
- Team- und Kommunikationsfähigkeit

Wir bieten Ihnen
- einen festen Arbeitsvertrag und freie Unterkunft in Ihrem Einsatzgebiet

Haben Sie Interesse?
- Senden Sie uns Ihre vollständigen Bewerbungsunterlagen per E-Mail stk@personal.com oder per Post an stk travel gmbh – Personalabteilung – Tulpengasse 6 – 1080 Wien; Telefonkontakt: Frau Mauss +43 1 91156439

🎧 2.09 **c** Bevor er seine Bewerbung fertig macht, ruft Faris bei stk an. Sie hören einen Ausschnitt aus dem Gespräch. Welche Lösung (a, b oder c) passt jeweils am besten?

1. Faris ruft „stk" an, weil
   a) er einige Fragen zur Ausschreibung hat.
   b) er wissen will, wie viel man verdient.
   c) er nicht sicher ist, ob er sich bewerben soll.

2. Faris ist unklar,
   a) ob er im Zielland leben will.
   b) wie lange er im Zielland leben muss.
   c) wie die Bezahlung im Zielland funktioniert.

3. Frau Mauss informiert ihn,
   a) dass er in der Saison oft hin- und herreisen muss.
   b) dass er 4 Monate weitgehend im Zielland leben wird.
   c) dass er im Ausland Urlaub machen kann.

4. Faris sagt, dass
   a) er in Marokko lebt.
   b) er gerade Arabisch lernt.
   c) seine Familie aus Marokko kommt.

5. Faris kennt
   a) alle notwendigen Programme.
   b) nur das Programm „Word".
   c) die Programme von stk nicht.

6. Das Auswahlverfahren
   a) dauert etwa 2 Monate.
   b) ist nächste Woche zu Ende.
   c) hat noch nicht begonnen.

🎧 2.09 **d** Hören Sie noch einmal. Was denken Sie: Welchen Eindruck hat Faris bei Frau Mauss hinterlassen? Hätten Sie noch etwas gefragt?

UND SIE?

Suchen Sie interessante Anzeigen im Internet oder in der Zeitung und formulieren Sie dazu Fragen, die Sie in einem telefonischen Vorgespräch stellen würden. Vergleichen Sie im Kurs.

6 Berufsbild Reiseleiter/in – eine Satire

a Lesen Sie den Text und markieren Sie die Eigenschaften, die einen perfekten Reiseleiter auszeichnen.

Lieber Faris,

ich habe gehört, dass du Reiseleiter werden willst. Du weißt ja, dass ich immer wieder mal als Reiseleiter arbeite. Ich habe aber auch andere Arbeitsbereiche, da ich mir nicht vorstellen kann, Vollzeit als Reiseleiter zu arbeiten. Dazu habe ich vor einiger Zeit diesen (nicht ganz ernst gemeinten) Text geschrieben. Ich hoffe, er gefällt dir.

Norbert

Ich bin Reiseleiter. Deshalb bin ich in der Lage, die Preise für drei Umbuchungen auszurechnen, während ich gleichzeitig mehrere Reservierungen am Computer mache. Weil ich drei Handys besitze,
5 kann ich sechs Telefonate in neun verschiedenen Sprachen problemlos führen.
Ich war schon fast überall, daher kenne ich jedes Hotel und jede Sehenswürdigkeit. Ich war ursprünglich Lehrer und habe Doktortitel in Kultur-
10 wissenschaften, Geschichte und Ökonomie, darum bin ich in der Lage, auf jede Frage eine intelligente Antwort zu geben.
Ich bin selbstverständlich Spitzenkoch und Verkehrsexperte, deshalb fühle ich mich auch ver-
15 antwortlich für das Essen im Hotel und für den Verkehrsstau bei der Anreise.
Ich buche Zimmer in komplett ausgebuchten Hotels und Tickets für hoffnungslos überbuchte Busse und Züge,
20 ich kann nämlich zaubern. Aus diesem Grund bin ich auch in der Lage, Flugzeuge starten
25 und landen zu lassen, wann immer meine Gäste es wünschen. Wegen

meiner hellseherischen Fähigkeiten weiß ich, dass
30 mein Gast zwar einen Flug für Freitag gebucht hat, aber eigentlich am Samstag fliegen möchte.
Da meine Haut so dick ist wie die eines Elefanten, bleibe ich immer locker, entspannt und

freundlich. Ich liebe meine Gäste bedingungs-
35 los. Es macht mir nichts aus, dass man sich wegen meiner Unfähigkeit nach der Rückkehr sofort an die Presse wenden
40 wird, um sich zu beschweren.
Ich kenne mich mit fast allen körperlichen und psychi-
45 schen Krankheiten

aus, deswegen führe ich auch gerne therapeutische Gespräche. Dafür verlange ich allerdings eine kleine Gebühr: einfache Lebensgeschichte 20 Euro, schwere Kindheit 30 Euro,
50 Probleme mit Kindern 40 Euro, Beziehungsprobleme 140 Euro.
Ich kann perfekt schauspielern, singen, tanzen, zaubern und Handys reparieren. Meine Gäste brauchen sich um nichts zu kümmern, denn ich
55 habe immer alles im Griff. Ich brauche kein Privatleben, weil mein Leben den Gästen gehört.
Da ich 24 Stunden am Tag helfen möchte, stört es
60 mich auch nicht, nächtelang Gäste zu trösten. Der Sinn meines Lebens ist es, anderen zu die-
65 nen, also bin ich Reiseleiter.

b Norberts Text ist nicht ganz ernst gemeint. Suchen Sie Beispiele, die das zeigen.

> Mit drei Handys in neun Sprachen telefonieren, das ist übertrieben.

> Das mit den Doktortiteln ist witzig, aber unrealistisch.

> Man kann nicht jedes Hotel kennen, das ist absurd.

c Schreiben Sie im Stil von Norbert einige Zeilen über einen anderen Beruf. Nennen Sie den Beruf nicht. Lesen Sie vor. Die anderen erraten den Beruf.

Hausfrau/Hausmann   Arzt/Ärztin   Lehrer/Lehrerin   Verkäufer/Verkäuferin   …

> Ich kann perfekt …,   … zu managen, ist für mich kein Problem.
> Ich kenne mich mit … aus.   … mache ich mit links.
> Ich bin selbstverständlich ein/e …   … löse ich in wenigen Minuten.

d Gründe und Folgen nennen – Welche Möglichkeiten finden Sie im Text auf Seite 84? Sammeln Sie.

e Ergänzen Sie 1–8 mit Konnektoren aus 6d oder mit *wegen*. Es gibt mehrere Möglichkeiten.

1. Reiseleiter ist mein Traumberuf. *Aus diesem Grund* arbeite ich schon sehr lange in diesem Beruf.

2. Ich mag Menschen, ... ist Reiseleiter der ideale Beruf für mich.

3. Ich komme mit den meisten Gästen gut zurecht, ... ich nicht leicht nervös werde.

4. Ich kann sehr klar Position beziehen, ... respektieren mich die meisten Gäste.

5. Man sollte nicht unsicher wirken, ... sonst verlieren die Gäste das Vertrauen.

6. Es hat sich noch nie jemand .... meiner direkten Art beschwert.

7. Das ist ein befriedigender Beruf, ... die Gäste für die Hilfe dankbar sind.

8. Diesen Beruf macht man weniger .... des Geldes, sondern weil er Spaß macht.

f Schreiben Sie Sätze über Ihre Kompetenzen. Verwenden Sie die Konnektoren aus 6d oder *wegen*.

> *Ich kann gut mit Jugendlichen umgehen, aus diesem Grund möchte ich vielleicht Erzieherin werden.*

VORHANG AUF

P B2   **a** Präsentation – Stellen Sie eine Reise vor, die Sie unternommen haben oder die Sie unternehmen möchten. Notieren Sie zuerst Informationen zu den folgenden Punkten:

Reiseziel
Reisedatum
Aktivitäten

b Wählen Sie passende Redemittel für Ihre Präsentation aus.

Einleitung	Hauptteil	Schluss
Ich möchte eine kurze Präsentation über … halten. In meinem Vortrag geht es um … Ich möchte Ihnen von … erzählen/berichten. Ich stelle heute … vor.	Mein Vortrag besteht aus … Teilen. Zuerst möchte ich …, danach … Ich komme jetzt zum zweiten Teil. Als Nächstes möchte ich über … sprechen. Wie Sie sicherlich wissen, … Ich möchte jetzt erklären, warum/wie …	Zum Schluss möchte ich noch erwähnen, dass … Und damit komme ich zum Ende meiner Präsentation. Abschließend möchte ich sagen, dass … Vielen Dank für Ihre Aufmerksamkeit.

c Halten Sie nun Ihre Präsentation. Sprechen Sie zwei bis drei Minuten frei.

ÜBUNGEN

1 Wohin wollen wir fahren?

a Im Kreuzworträtsel finden Sie 15 Nomen aus dem Wortfeld „Reisen und Hotel".

Kreidefelsen auf der Insel Rügen

Waagerecht

1. Übernachtung + Frühstück + Mittagessen + Abendessen = V…
3. Während einer S… bekommt man eine Stadt gezeigt.
4. Diese Reise ist organisiert und vorher bezahlt: P…
6. Hier checkt man im Hotel ein: R…
8. Zimmer für zwei Personen: D…
10. Übernachtung + Frühstück + Mittagessen ODER Abendessen = H…
12. Er betreut Touristen während der Reise: R…f…
13. Eine Reise, die man selbstständig organisiert: I…
14. Ein Fahrzeug für bis zu 50 Touristen: R…
15. Ein interessantes Gebäude nennt man so: S…

Senkrecht

2. Zimmer für eine Person: E…
5. Hier bekommen Besucher Informationen für Ihren Besuch: T…
7. Man sieht sich etwas an: B…
9. Fliegendes Verkehrsmittel: F…
11. Das muss man kaufen, um z. B. ins Kino oder Museum zu gehen: E…

P B1·B2
Beruf

🎧 2.10 – 13

b Sie hören vier Ansagen. Zu jeder Ansage gibt es eine Aufgabe. Welche Lösung (ⓐ, ⓑ oder ⓒ) passt am besten? Sie hören jede Ansage einmal. Kreuzen Sie an.

1. Der Herr von OrientExpress möchte
   ⓐ mit Faris Chalid essen gehen.
   ⓑ ein Angebot für eine Stadtführung.
   ⓒ Faris Chalid einige Geschäftspartner vorstellen.

2. Herr Chalid
   ⓐ hat an dem Tag keine Zeit.
   ⓑ schlägt ein Restaurant vor.
   ⓒ nennt seine Honorarvorstellungen.

3. Das Reisebüro
   ⓐ hat eine Telefonnummer für Notfälle.
   ⓑ ist sechs Tage in der Woche zu erreichen.
   ⓒ ist nur über das Internet zu erreichen.

4. Herr Chalid
   ⓐ sagt die Führung für OrientExpress ab.
   ⓑ ist eine Zeit lang telefonisch nicht erreichbar.
   ⓒ hat kein Handy dabei.

2 Reiseangebote

a Ordnen Sie zu.

1. Sehr geehrte Damen
2. Mit freundlichen Grüßen
3. Wir möchten in den Sommerferien
4. Telefonisch bin ich unter der Nummer
5. auf Ihrer Internetseite habe ich Angebote
6. Wir haben drei Wochen Zeit und können zwischen
7. Ich wäre Ihnen dankbar,
8. Dabei möchten wir zum Teil organisiert reisen,
9. Wir sind eine Gruppe von sechs Personen

a) dem 1. und dem 31. August reisen.
b) (2 Ehepaare mit 2 Kindern, 12 und 13 Jahre).
c) für Pauschalreisen nach Marokko gefunden.
d) nach Marokko fahren.
e) wenn Sie uns Vorschläge machen könnten.
f) aber einen Teil der Reise individuell gestalten.
g) 0122 1928347 erreichbar.
h) und Herren,
i) Heike Drombusch

b Schreiben Sie nun die E-Mail von Frau Drombusch.

> *Sehr geehrte Damen und Herren,*
> *auf Ihrer Internetseite habe ich*
> *Angebote für …*

3 Du hättest den Vertrag lesen sollen.

a Wortschatz – Ordnen Sie zu. Es gibt mehrere Möglichkeiten.

abschließen   verhandeln   lesen   buchen   verpassen   sprechen
   stornieren

1. einen Vertrag *abschließen,* ....
2. eine Versicherung ....
3. die Geschäftsbedingungen ....
4. eine Reise ....
5. mit dem Veranstalter ....
6. einen Flug ....

b Wünsche äußern – Schreiben Sie mithilfe der Stichwörter Wünsche wie im Beispiel. Vergleichen Sie im Kurs.

eine interessante Arbeit

mehr Zeit für mich haben

die Prüfung gut bestehen

Leute kennenlernen

weite Reisen machen

mehr Sport machen

größer sein

einige Kilo abnehmen/zunehmen

mehr Deutsch sprechende Freunde haben

ein neues Handy haben

optimistischer sein

ruhiger sein

kochen können

die Welt sehen

malen können

mein B2-Zertifikat machen

Ich würde gerne die Welt sehen.
Ich hätte gerne mehr ...

c Bedingungen nennen – Ergänzen Sie im Konjunktiv.

1. Frau Hoff schließt keine Reiserücktrittsversicherung ab.

   Wenn sie eine Reiserücktrittsversicherung abschließen ....,

   .... sie im Krankheitsfall ihr Geld zurückbekommen.

2. Frau Hoff informiert sich nicht richtig und hat danach Probleme.

   Sie .... keine Probleme, wenn sie sich richtig informiert ....

d Schreiben Sie die Bedingungssätze im Konjunktiv.

1. Frau Hoffs Vater / nicht krank / sein	sie / nach Griechenland / reisen / können
2. Faris / Zeit / haben	er / Nele / helfen
3. Faris / viel Geld / haben	er / ein Haus in Marokko am Strand / kaufen
4. Nele / mehr Zeit / haben	sie / einen Monat Urlaub / machen
5. das Wetter / besser / sein	wir / ins Freibad / gehen
6. es / in Wien / wärmer / sein	Faris / Wien / auch den Winter / lieben
7. meine Frau / nicht so gerne / reisen	ich / lieber zu Hause / bleiben
8. ich / die Prüfung / bestehen	ich / im Herbst / eine Ausbildung / beginnen
9. Ahmed / die Hochschulzulassung / haben	Elektrotechnik / studieren / können
10. Ahmed / die Stelle / bekommen	er / ein großes Fest / machen

Wenn Frau Hoffs Vater nicht krank wäre, könnte sie nach Griechenland reisen.

e Einen Ratschlag geben, obwohl es zu spät ist. Was passt zu A, B und C? Ordnen Sie zu.

A An deiner Stelle

B Du hättest

C Du wärst

1. besser mit Freunden verreist.
2. die Reise gar nicht buchen sollen.
3. hätte ich eine Versicherung abgeschlossen.
4. wäre ich zu Hause geblieben.
5. besser mit dem Zug in Urlaub gefahren.
6. lieber Ausflüge machen sollen, anstatt eine Reise zu buchen.
7. hätten wir die Reise gar nicht gebucht.
8. zuerst mit dem Arzt deiner Mutter sprechen sollen.

f Schreiben Sie passende Ratschläge zu den Bildern. Schreiben Sie zwei Versionen wie im Beispiel.

1 a) Er hätte nicht so viele Chips essen sollen.
   b) An seiner Stelle hätte ich nicht so viele Chips gegessen.
2 a) Sie hätte ...

4 Arbeiten, wenn andere Urlaub machen.

🎧 2.14   **a** Ergänzen Sie den Text. Hören Sie zur Kontrolle.

Ich bin in Duisburg in Deutschland gebo_ _ _ und

aufge_ _ _ _ _ _ _. Nach dem Abi_ _ _ bin i_ _ nach Amman,

der Hei_ _ _ meines Vat_ _ _ _, gegangen, um do_ _ zu

stud_ _ _ _ _. Während d_ _ _ Studiums ha_ _ ich me_ _ _ _

Prüfung a_ _ Reiseführer f_ _ Jordanien gem_ _ _ _ _.

Seit üb_ _ 20 Jah_ _ _ _ bin i_ _ nun sc_ _ _ _ als

selbsts_ _ _ _ _ _ _ _ Reiseführer i_ Jordanien tätig. Spezia_ _ _ _ _ _ _ _ habe ich mich a_ _ _

Kultur- und Studienr_ _ _ _ _ sowie biblische Rei_ _ _ für Grup_ _ _ und Tour_ _ für Individual-

reisende. Ich liebe es, d_ _ Menschen d_ _ Stadt u_ _ das La_ _ meines Vat_ _ _ zu zei_ _ _

und bi_ gerne f_ _ andere Mens_ _ _ _ da . Es i_ _ ein se_ _ abwechslungsreicher Be_ _ _.

Wenn ich mehrere Ta_ _ mit ei_ _ _ Gruppe dur_ _ _ Jordanien unte_ _ _ _ _ bin, da_ _ muss

i_ _ oft ru_ _ um d_ _ Uhr f_ _ sie z_ _ Verfügung ste_ _ _. Ich fü_ _ _ mich f_ _ sie

verantw_ _ _ _ _ _ _. Da ko_ _ _ es sc_ _ _ mal zu schwi_ _ _ _ _ _ Situationen.

E_ _ Nachteil mei_ _ _ _ Tätigkeit i_ _ _, dass ich kein festes Einkommen habe.

  Hilfe? – Hören Sie zuerst und ergänzen Sie dann.

b Schreiben Sie einen Text wie in 4a über Ihren Beruf oder einen Beruf Ihrer Wahl. Vergleichen Sie im Kurs.

- Welche Fähigkeiten muss man haben?
- Was sind die wichtigsten Eigenschaften dieser Tätigkeit?
- Was sind die Vorteile und Nachteile des Berufs?
- Wie ist die Bezahlung und die soziale Sicherheit?
- …

Ich bin ... / Ich möchte gerne ... werden.
Als ... muss man ...
Man sollte Spaß an / ein Talent für haben ...
Mir gefällt an diesem Beruf, dass ...
Viele stört es aber, dass...
Wenn man einen festen Vertrag bekommt, dann ...

5 Faris will beruflich weiterkommen.

a Wortschatz in Stellenanzeigen – Ordnen Sie die Wortteile einander zu und notieren Sie die Wörter mit Artikel. Manchmal gibt es mehrere Möglichkeiten. Kontrollieren Sie mit dem Wörterbuch.

Arbeits- Einsatz- Fremd- Aufgaben- | -abteilung -männisch -fähigkeit -ständig

Team- Basis- Personal- Telefon- | -orientierung -gebiet -qualifikation

Bewerbungs- voll- kauf- Service- Berufs- | -gespräch -unterlagen -ausbildung -kontakt -vertrag -sprache

der Arbeitsvertrag, die Arbeitsfähigkeit, ...

....

....

....

....

b Ergänzen Sie die Anzeige mit Wörtern aus 5a.

1. Im Tourismus braucht man ....,

   weil man mit vielen Menschen zusammenarbeiten muss.

2. Eine wichtige ....

   für Reiseführer sind Fremdsprachenkenntnisse.

3. Als Vertriebsmitarbeiter braucht man eine

   .... Ausbildung.

4. Für Hotelmitarbeiter ist .... eine sehr wichtige Kompetenz.

5. Es ist wichtig, dass im Arbeitsvertrag Ihr .... genau beschrieben ist.

6. Für die meisten Berufe in Deutschland braucht man eine ....

7. Nehmen Sie Telefonkontakt mit unserer .... auf. Sie hilft Ihnen gern.

8. Es ist wichtig, dass die Bewerbungsunterlagen .... sind.

Arbeitsgebiet • Basisqualifikation • Berufsausbildung • kaufmännische • Personalabteilung • Serviceorientierung • Teamfähigkeit • vollständig

6 Berufsbilder

a Schreiben Sie die Sätze mit den Konnektoren. Beginnen Sie mit dem großgeschriebenen Wort.

1. als Reiseleiterin / Ich könnte nie / arbeiten, // viel zu schnell nervös / ich / werde / denn / .

   ....

2. könnte / werden / er vielleicht / Übersetzer / seiner Sprachkenntnisse in Arabisch / Aufgrund / .

   ....

3. studieren, / Sie / noch nicht / kann // vom Schulabschluss / ihre Dokumente / sie / nicht hat / weil / .

   ....

4. auf dem Niveau B2 / einen Nachweis von Sprachkenntnissen / Wir brauchen / , // wir / machen / die Prüfung / wollen / deswegen / .

   ....

b Lesen Sie die Situationen 1–5 und die Tipps a)–h). Welche Situation passt zu welchem Tipp? Manchmal passen mehrere Tipps.

Lina Lauer [................]

Ich habe eine Pauschalreise gebucht und frage mich jetzt, ob es sich lohnt, eine Reiserücktrittsversicherung abzuschließen. Denn die kostet fast 50 Euro.

Rico Amend [................]

Ich habe eine Stellenanzeige für Reiseführer gefunden. Sie hört sich interessant an, aber ich habe keine Ahnung, was ein Reiseführer so macht.

Senica Maluf [................]

Ich habe bis letzte Woche bei einem Reisebüro gearbeitet. Aber letzten Freitag habe ich Ärger mit meinem Chef bekommen und er hat mich fristlos entlassen. Ich bin ziemlich verzweifelt. Was kann ich da tun?

Georg Bade [................]

Gestern bin ich mit der Bahn von Rostock nach Dortmund gefahren. Mein Zug hatte Verspätung, dadurch habe ich den Anschlusszug verpasst. Zum Schluss war ich drei Stunden später in Dortmund als geplant. Was kann ich tun?

Pina Bac [................]

Ich arbeite bei einem Catering-Unternehmen. Die Arbeit gefällt mir ganz gut, aber die Arbeitszeiten sind sehr unterschiedlich. Manchmal muss ich 12 Stunden und mehr arbeiten. Muss ich das akzeptieren?

Tipps

a) Lena Fischer – Du hast doch bestimmt einen Arbeitsvertrag, oder? Da müsste drinstehen, welche Kündigungsfristen du hast. Um dir von heute auf morgen zu kündigen, muss der Arbeitgeber sehr gute Gründe haben. Es gibt Rechtshilfevereine. Da solltest du dich beraten lassen.

b) Jo Schott – Die Arbeitsbedingungen stehen in deinem Arbeitsvertrag. Mehr als 12 Stunden Arbeit ist mit hoher Sicherheit nicht legal.

c) Frank Weiher – Das Problem hatte gerade neulich eine Freundin von mir. Kurz vor der Reise wurde ihre Mutter krank und sie konnte nicht reisen. Da sie nicht versichert war, musste sie 80% des Reisepreises bezahlen, obwohl sie nicht reisen konnte. Ich rate also zu.

d) Selka Borum – Unter der Adresse unten findest du Informationen über deine Rechte und ein Formular, mit dem du eventuell eine Entschädigung beantragen kannst. www.bahn.de/p/view/service/auskunft/fahrgastrechte/entschaedigung.shtml

e) Tom Maas – Es gibt deinen Arbeitsvertrag und es gibt in Deutschland ein Arbeitszeitgesetz. Wenn du häufiger überdurchschnittlich lang arbeiten musst, solltest du dich beraten lassen.

f) Beate Bast – Bist du in einer Gewerkschaft? Dann ruf dort an und mach einen Termin aus. Die beraten dich und geben dir auch Rechtshilfe, wenn es notwendig ist. Wenn du noch nicht in einer Gewerkschaft bist, solltest du jetzt beitreten. Ich glaube, für dich ist die Gewerkschaft VER.DI zuständig.

g) Solveig Haas – Mit Versicherungen ist das so eine Sache. Man muss auf jeden Fall genau die Bedingungen lesen, sonst kann man da sehr reinfallen. Ich mache das nur bei sehr hohen Reisekosten.

h) Aaron Selzer – Das kommt ganz darauf an. Der Beruf ist sehr vielseitig. Die Grundvoraussetzung ist, dass es dir Spaß macht, mit vielen Menschen zusammen zu sein.

Mein Deutsch nach Kapitel 6

Das kann ich:

über eigene Reiseerfahrungen und -wünsche sprechen

Wie reisen Sie gern?
Was haben Sie schon einmal gemacht?
Was würden Sie gerne einmal machen?

Tauschen Sie sich über Erfahrungen beim Reisen aus.

> Ich reise nicht gern mit dem Flugzeug …
> Am liebsten …

über Vor- und Nachteile verschiedener Reiseformen sprechen

Person A	Person B
1. Pauschalreise	1. Individualreise
2. Strandurlaub	2. sportlicher Urlaub
3. Urlaub zu Hause	3. Reisen

Wählen Sie zwei unterschiedliche Arten, Urlaub zu machen (1, 2 oder 3), und versuchen Sie, Ihren Partner / Ihre Partnerin von den Vorteilen zu überzeugen.

> Ich bleibe am liebsten zu Hause, weil …

> Im Urlaub kann ich nicht zu Hause bleiben. Ich will etwas unternehmen, deshalb …

---

schriftliche Informationen über eine Reise einholen

Zeit: Juli, eine Woche
Ort: ?
wenig Geld
Angebote?

Sie möchten im Juli eine Woche verreisen. Entscheiden Sie, was Sie machen möchten, und bitten Sie in einer kurzen E-Mail ein Reisebüro um Informationen.

Sehr geehrte …

Ratschläge geben

Was hätten Sie gemacht? Geben Sie Ratschläge.

> An seiner Stelle hätte ich …

> Sie hätte …

---

telefonisch Informationen für eine Bewerbung einholen

Sie interessieren sich für diese Stelle:

Hotel am Markt
Servicemitarbeiter (m/w)
5-Tage-Woche und Arbeitszeiten im Schichtdienst

Spielen Sie ein Telefongespräch. Arbeiten Sie zu zweit. Wechseln Sie die Rollen.

A: Person im Personalbüro
B: Bewerber/in

→ Seite XLIX

Das kenne ich:

(G)

→ Konjunktiv II der Vergangenheit Seite XXXIV

→ Gründe und Folgen nennen Seite XXIV

HALTESTELLE

P B1·B2
Beruf

1 Sprechen – Über eine berufliche Tätigkeit sprechen

> In dieser Prüfung sollen Sie ca. drei Minuten spontan über eine berufliche Tätigkeit sprechen. 😊
> Sie bekommen dazu drei Fotos. Es gibt keine Vorbereitungszeit.
> Teil 1A: Sie wählen ein Foto aus und sprechen über die Person auf dem Foto und ihre Tätigkeit.
> Teil 1B: Der Prüfer / Die Prüferin stellt Ihnen Fragen und Sie sollen Ihre Meinungen und persönlichen
> Erfahrungen zu der beruflichen Tätigkeit auf dem Foto äußern.

🎧 2.15 **a** Hören Sie zunächst ein Beispiel. Zu welchem Foto passt es?

 A

 B

 C

👥 **b** Wählen Sie jeweils selbst ein Foto aus und sprechen Sie darüber wie in der Prüfung.

Teil A: Sprechen Sie über die Person, ihren Beruf und ihre Tätigkeit.

– Warum haben Sie gerade dieses Bild gewählt?
– Was fällt Ihnen zu der Tätigkeit ein?

> In der Prüfung stellt Ihnen der 😊
> Prüfer / die Prüferin die Fragen.

Teil B: Antworten Sie auf die Fragen Ihres Partners / Ihrer Partnerin zu Ihrem Foto und sprechen Sie über Ihre persönlichen Erfahrungen und Meinungen.

Mögliche Fragen:
Würden Sie gern in diesem Beruf / in dieser
Branche arbeiten?
Warum / warum nicht?
Was sind typische Tätigkeiten in diesem Beruf?
Welche Probleme kann es in diesem Beruf/
Arbeitsbereich geben?
Welche Ausbildung braucht man für diese Tätigkeit
in dem Land aus dem Sie kommen (oder hier)?
Gibt es Unterschiede in der Ausübung dieses
Berufs zu Deutschland? Was ist anders?

> An diesem Beruf reizt mich (nicht), dass …
> Deshalb würde ich (nicht) gerne als … arbeiten.
> Ich kenne mich mit diesem Beruf nicht so gut
>   aus, aber ich glaube, man muss oft …
> Vielleicht gibt es Probleme, wenn …
> Das kommt darauf an, wie …
> In meinem Land braucht man für diesen Beruf …
> Bei uns ist es ähnlich wie / ganz anders als in
> Deutschland.

2 Lesen – Gedichte

a Was fällt Ihnen zum Thema *Urlaub/Reisen* ein? Sammeln Sie gemeinsam an der Tafel.

b Lesen Sie die Gedichte und die Überschriften. Welche Überschrift passt wo am besten?

Der Urlaub
Reisegedanken
Die Ameisen
Urlaub im Urwald

Ich geh' im Urwald für mich hin ...
Wie schön, dass ich im Urwald bin:
man kann hier noch so lange wandern,
ein Urbaum steht neben dem andern.
Und an den Bäumen, Blatt für Blatt,
hängt Urlaub. Schön, dass man ihn hat!

Heinz Erhardt

In Hamburg lebten zwei Ameisen,
Die wollten nach Australien reisen.
Bei Altona auf der Chaussee
Da taten ihnen die Beine weh,
Und da verzichteten sie weise
Dann auf den letzten Teil der Reise.

Joachim Ringelnatz

„Eins, zwei, drei, im Sauseschritt
läuft die Zeit, wir laufen mit.
Schaffen, schuften, werden älter,
träger, müder und auch kälter,
bis auf einmal man erkennt,
dass das Leben geht zu End'.

Viel zu spät begreifen viele
die versäumten Lebensziele,
Freunde, Schönheit der Natur,
Gesundheit, Reisen und Kultur.
Darum, Mensch, sei zeitig weise!
Höchste Zeit ist's! Reise, reise!"

Wilhelm Busch / Hugo Hartung

Der Urlaub ist erholsam meist
nicht nur für den, der in ihn reist.
Auch den, der dableibt, freut die Schonung,
die er genießt in stiller Wohnung.
So zählen zu den schönsten Sachen
oft Reisen, welche andre machen.

Eugen Roth

🎧 2.16 – 19 **c** Hören Sie die Gedichte und lesen Sie mit. Welches Gedicht klingt für Sie am schönsten?

d Lesen Sie noch einmal. Welche unterschiedlichen Aspekte des Themas *Reisen* sprechen die Gedichte an?

e Wählen Sie ein Gedicht. Bilden Sie eine Gruppe mit denen, die das gleiche Gedicht gewählt haben. Tragen Sie das Gedicht gemeinsam – mit verteilten Rollen – im Kurs vor.

f Bringen Sie ein Gedicht mit, das Ihnen gefällt. Tragen Sie es im Kurs vor und erklären Sie den Inhalt auf Deutsch.

3 Spielen und wiederholen

Spielen Sie zu viert. Je zwei Personen bilden ein Team. Werfen Sie eine Münze.

Gehen Sie bei Zahl **ein Feld vor und bei Kopf** **zwei Felder vor. Lösen Sie die Aufgabe.**

Wenn die Situation ein Dialog ist, spielen Sie sie mit Ihrem Partner / Ihrer Partnerin.

START

1 Stellen Sie eine Person vor: Hobbys, Charaktereigenschaften, Vorlieben …

2 Berichten Sie von einem ersten Erlebnis: z. B. der erste Tag in einer neuen Stadt, bei einer neuen Arbeit, …

Arrivals →

3 Sie lernen jemanden auf einer beruflichen Veranstaltung kennen (Messe, Firmenparty, …). Spielen Sie einen Dialog.

7 Wie würden Sie gerne wohnen? Erzählen Sie.

6 Wo sehen Sie sich nächstes Jahr um diese Zeit? Sprechen Sie über Ihre Ziele und Pläne.

5 Unterhalten Sie sich zu zweit über diese Situation.

4 Wie waren die letzten Monate für Sie? Erzählen Sie.

Vor drei Monaten …

Jetzt …

Seitdem …

8 Sie ziehen um und haben viel zu tun (Kartons packen, Wände streichen, …). Bitten Sie einen Freund / eine Freundin, Ihnen beim Umzug zu helfen. Spielen Sie das Gespräch.

9 Sie rufen in einer Umzugsfirma an und möchten einen Termin vereinbaren. Die Firma hat einen vollen Terminkalender. Spielen Sie das Telefongespräch.

10 Berichten Sie von einem Problem in Ihrer Wohnung und wie Sie es gelöst haben.

Der Wasserhahn tropfte immer. Zuerst …

11 Sprechen Sie zu zweit über die Vor- und Nachteile von Ihren Berufen bzw. Wunschberufen.

15 Sie kommen neu in ein Team. Was sollten die anderen über Sie wissen? Stellen Sie sich vor.

14 Teamarbeit: Was finden Sie positiv, was negativ? Sprechen Sie.

13 Sie helfen gelegentlich einem Freund in seinem Laden. Er fragt, ob und wann Sie nächste Woche arbeiten können. Vereinbaren Sie mögliche Arbeitszeiten.

12 Würden Sie sich gerne selbstständig machen? Warum (nicht)? Und wenn ja, in welchem Beruf?

16 Sie möchten verreisen. Ihr Freund / Ihre Freundin möchte eine Pauschalreise machen, Sie nicht. Diskutieren Sie über die Vor- und Nachteile.

17 Berufliche Fähigkeiten: Was können Sie gut, was können Sie nicht so gut? Erzählen Sie.

18 Sprechen Sie zu zweit über diese Situation.

ZIEL

4 Wortschatztraining – Mit Wörtern spielen

a Räume einrichten – Zeichnen Sie eine Skizze von einer Wohnung oder einer Firma auf ein großes Blatt Papier. Möblieren Sie dann die Räume. Machen Sie sich Gedanken, wer hier wohnt oder arbeitet und was in den Räumen passiert.

Hier einige Ideen für besondere Einrichtungsgegenstände. Sie können auch andere Gegenstände auswählen, aber Sie müssen das deutsche Wort dafür verwenden.

| der Boxsack | der Kaktus | die Sonnenbank | die Bar | das Laufband |

| das Aquarium | die Hängematte | die Espressomaschine | der Tischfußball | der Spielautomat |

b Machen Sie eine Ausstellung im Kurs und sprechen Sie über Ihre Wohnungen/Arbeitsräume.

> Warum habt ihr einen Spielautomaten im Büro?

> Da kann jeder zur Entspannung spielen. Das Geld, das der Automat verdient, verwenden wir für den Betriebsausflug.

> Super Idee!

5 Wortschatztraining – Berufsfelder

a Berufsfeld *Tourismus* – Notieren Sie in Gruppen so viele Begriffe zum Berufsfeld *Tourismus* wie möglich. Sie haben drei Minuten Zeit. Hängen Sie die Blätter von allen Gruppen im Kursraum auf und vergleichen Sie.

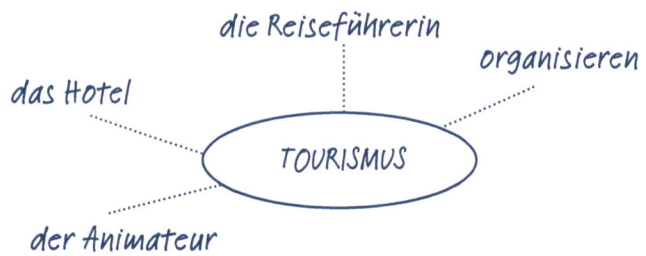

die Reiseführerin
organisieren
das Hotel
TOURISMUS
der Animateur

b Welche Berufsfelder (Erziehung, Handwerk, Gastronomie, Medien usw.) interessieren Sie? Wählen Sie ein für Sie interessantes Berufsfeld und arbeiten Sie damit wie in 5a.

6 Wortschatztraining – Wortschatztagebuch

Notieren Sie jeden Tag mindestens drei Wörter, die Sie lernen möchten, und bilden Sie Beispielsätze. Wiederholen Sie die Wörter regelmäßig und versuchen Sie, sie im Alltag zu verwenden.

Wortschatztagebuch von Jona   04.02.

freiberuflich   Viele Journalisten arbeiten freiberuflich.
selbstständig   Anna ist nicht angestellt. Sie ist selbstständig.
der Lieferant, -en   Mehmet hat Probleme mit einem Getränkelieferanten.

So wird's gemacht.

Dennis: Chefkoch

Paula: Naturtalent

Markus: immer kreativ

Selma: auch nicht unbegabt

1 Familie Kranz renoviert.

a Sprechen Sie gemeinsam über das Bild. Was passiert hier? Wer macht was?

b Lesen Sie die Liste. Was machen Sie beim Renovieren oder im Haushalt selbst? Wo brauchen Sie Hilfe? Was lassen Sie machen?

Böden verlegen	Wände tapezieren	Dichtungen auswechseln
Möbel aufbauen	Fenster streichen	Computerprogramme installieren
neue Steckdosen anbringen	elektrische Geräte reparieren	Kleidung nähen
Stromleitungen verlegen	einen verstopften Abfluss reinigen	Marmelade kochen …

> Ich verlege Böden selbst.

> Echt, das kannst du? Das kann ich nicht allein.

c Wählen Sie eine Tätigkeit aus 1b. Was brauchen Sie dafür? Erstellen Sie eine Liste und präsentieren Sie sie im Kurs. Arbeiten Sie mit dem Wörterbuch.

> *Möbel aufbauen:*
> *Hammer, Schrauben, Schraubenzieher …*

> Um Möbel aufzubauen, brauche ich …

Sprechen Vorgänge und Zustände beschreiben; einen Ablauf beschreiben | **Hören** Radiosendung;
Anruf beim Heimwerkernotdienst | **Lesen** Artikel zum Thema Handwerk | **Schreiben** Verbesserungsvorschlag |
Beruf Vorschläge machen; handwerkliche Berufe

2 Im Baumarkt

a Sprechen Sie über das Foto. Was passiert hier?

🎧 2.20
P B1·B2
Beruf

b Hören Sie die Radiosendung und kreuzen Sie an: ⓐ, ⓑ oder ⓒ?

1. Die Radiosendung berichtet über …
   - ⓐ Werkzeuge und Baumaterialien.
   - ⓑ Kurse für Frauen im Baumarkt.
   - ⓒ einen günstigen Handwerkerservice.

2. Selma Kranz möchte …
   - ⓐ zu Hause mehr selbst machen.
   - ⓑ lieber Kleidung nähen als Wände streichen.
   - ⓒ mehr Hilfe von ihrem Mann bekommen.

3. In der *Ladies Night* gibt es …
   - ⓐ Werkzeuge im Sonderangebot.
   - ⓑ nur einen Kurs.
   - ⓒ in der Pause Saft für alle.

4. Für die *Ladies Night* …
   - ⓐ muss man nichts bezahlen.
   - ⓑ braucht man keine Anmeldung.
   - ⓒ sollte man Erfahrung mitbringen.

🎧 2.20
c Hören Sie noch einmal und antworten Sie.

1. Wer ist nicht eingeladen worden?
2. Von wem ist Selma auf diesen Kurs hingewiesen worden?
3. Wie lange ist das Zimmer von Dennis nicht mehr renoviert worden?

d Markieren Sie in 2c alle Verbformen und ergänzen Sie die Tabelle.

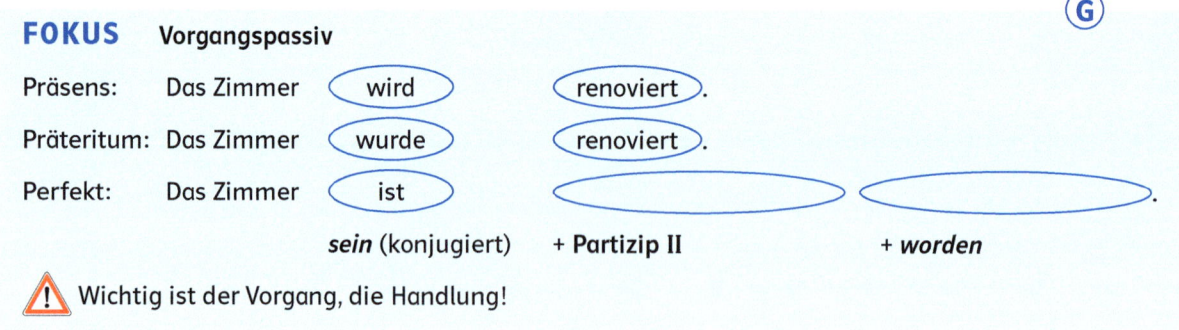

FOKUS   Vorgangspassiv   Ⓖ

Präsens:	Das Zimmer	(wird)	(renoviert).
Präteritum:	Das Zimmer	(wurde)	(renoviert).
Perfekt:	Das Zimmer	(ist)	( ) ( ).
		sein (konjugiert)	+ Partizip II + *worden*

⚠ Wichtig ist der Vorgang, die Handlung!

e Was ist in der *Ladies Night* gemacht worden? Schreiben Sie.

viele Fragen / beantworten   Dichtungen / auswechseln   Holz / bearbeiten
der Umgang mit Maschinen / üben   viele Dinge / ausprobieren

Viele Fragen sind beantwortet worden.

UND SIE?

Diskutieren Sie über eine der folgenden Fragen. Tauschen Sie sich dann mit einer Gruppe aus, die eine andere Frage diskutiert hat.

1. Was halten Sie von Handwerkerkursen speziell für Frauen?

2. Was können die Männer und Frauen, die Sie näher kennen, jeweils wirklich gut?

3. Zu welchen Themen sollte es eine „Nacht der Männer" geben?

3 Das neue Zimmer von Dennis

a Sehen Sie das Bild an. Was ist schon gemacht? Was ist noch nicht gemacht? Kreuzen Sie die richtigen Aussagen an und formulieren Sie weitere Aussagen.

Was ist schon gemacht?
- ☐ Die linke Wand ist schon frisch gestrichen.
- ☐ Der Schreibtisch ist schon aufgeräumt.
- ☐ Der Boden ist gewischt.
- ☐ Der Stuhl ist repariert.
- ☐ Der Müll ist schon weggebracht.
- ☐ Die Vorhänge sind gewaschen.
- ☐ Der Schrank ist schon repariert.

Was ist noch nicht gemacht?
- ☐ Die linke Wand ist noch nicht frisch gestrichen.
- ☐ Der Schreibtisch ist noch nicht aufgeräumt.
- ☐ Der Boden ist nicht gewischt.
- ☐ Der Stuhl ist nicht repariert.
- ☐ Der Müll ist noch nicht weggebracht.
- ☐ Die Vorhänge sind nicht gewaschen.
- ☐ Der Schrank ist noch nicht repariert.

Ⓖ

Zustandspassiv

	sein (konjugiert)	+ Partizip II
Die Wand	ist	gestrichen .
Das Zimmer	ist	aufgeräumt .
Der Stuhl	ist	repariert .

⚠️ Wichtig ist das Ergebnis der Handlung, der neue Zustand.

Frisch gestrichen!

b Nach der Arbeit – Üben Sie und ergänzen Sie weitere Beispiele.

1. der Backofen / ausschalten
2. das Geschirr / abwaschen
3. der Herd / reinigen
4. der Arbeitsplatz / aufräumen
5. der Computer / herunterfahren
…

> Hast du den Backofen schon ausgeschaltet?

> Ja klar, der Backofen ist schon lange ausgeschaltet!

c Was müssen Sie oft machen? Schreiben Sie Tätigkeiten aus Ihrem Alltag oder Beruf auf Kärtchen. Ziehen Sie dann abwechselnd Kärtchen. Fragen und antworten Sie.

Geschirr spülen

E-Mails verschicken

…

> Ist das Geschirr schon gespült?

> Ja klar.

4 Können Sie mir helfen?

a Lesen Sie die Anzeige und notieren Sie die Angebote des Heimwerkernotdiensts.

Heimwerkernotdienst!

- Benötigen Sie Hilfe beim Heimwerken? Wir unterstützen Sie!
- Kommen Sie beim Renovieren nicht weiter, weil Ihnen das richtige Werkzeug fehlt? Wir leihen es Ihnen!
- Können Sie Ihre neue Küche nicht aufbauen, weil die Montageanleitung unverständlich ist?

Wir sind für Sie da, wenn Sie uns brauchen – auch abends und am Wochenende.
Gut für Ihren Geldbeutel: Wir helfen nur so lange, bis Sie wieder allein klarkommen.
Wir übernehmen auch kleinere Aufträge – bei fairen Preisen.

Sie erreichen uns unter 0155 17982334 oder per E-Mail: heimwerkernotdienst@dmx.net

🎧 2.21 **b** Hören Sie das Telefongespräch und vergleichen Sie mit der Anleitung. Was hat Selma nicht geschafft?

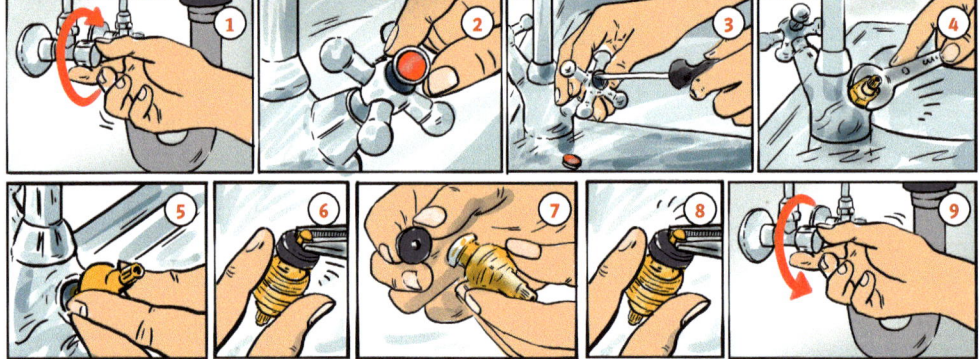

Eine Dichtung auswechseln – so geht's!
1. den Haupthahn zudrehen
2. die Deckel an den Griffen entfernen
3. die Schrauben in den Griffen lösen und
   die Griffe abnehmen
4. das Ventil aufschrauben
5. das Ventil herausnehmen

6. die Mutter aufschrauben, die die Dichtung hält
7. die Ersatzdichtung einsetzen
8. alles wieder zuschrauben
9. den Haupthahn wieder aufdrehen

> Selma hat es nicht geschafft, ... zu ...

c Beschreiben Sie den Ablauf.

> Zuerst muss man den Haupthahn zudrehen. Anschließend ...
> Danach wird/werden ... Als Nächstes ...
> Dann ... Zum Schluss ...

UND SIE?

Wählen Sie.
Beschreiben Sie einen Ablauf. Was brauchen Sie?
Welche Schritte müssen ausgeführt werden?

 oder

Das Ding – Beschreiben Sie die Funktion eines Gerätes, das Sie oft benutzen, ohne das Gerät zu nennen. Die anderen raten.

Im Alltag
- ein Baby wickeln
- einen Knopf annähen
- Nudeln kochen
  ...

Im Beruf
- im Hotel ein Bett frisch beziehen
- einen Gast im Café bedienen
- eine Waschmaschine anschließen
  ...

> Ich wickle mein Baby oft. Zuerst lege ich es auf den Wickeltisch. ...

> Zuerst muss man den Stecker in die Steckdose stecken. Danach wird das DING angeschaltet. Dann muss man das DING ...

> Hm, das könnte ... sein.

5 Das kann man besser machen.

a Wer hatte die Idee? Sehen Sie die Fotos an und ordnen Sie 1–4 zu.

Johannes Gutenberg, Mainz

Werner von Siemens, München

Maike Bürner, Leipzig

Markus Kranz, München

1. ? war 1881 bahnbrechend für die Personenbeförderung in den wachsenden Städten.
2. ? schlug vor, Steckerleisten anzuschaffen, die man ganz ausschalten kann, und half so ihrem Betrieb, die Energiekosten zu senken.
3. Die Erfindung von ? legte 1450 die Grundlage für den heutigen Informationsfluss.
4. Die Idee von ? half einem Ingenieurbüro, die interne Kommunikation zu verbessern.

🎧 2.22–25 **b** Hören Sie die Berichte. Was war jeweils das Problem? Tauschen Sie sich aus.

c Welche Probleme kann es am Arbeitsplatz, zu Hause oder in der Nachbarschaft geben? Sammeln Sie und machen Sie Verbesserungsvorschläge.

> Arbeitsmittel: schlechtes Werkzeug ...
> Arbeitsplatz: zu viel Lärm ...
> Arbeitsorganisation: PCs zu langsam ...
> Soziale Beziehungen: Mobbing ...

> Also, bei uns gibt es schon gutes, neues Werkzeug, aber das benutzt nur der Meister. Alle anderen müssen mit den schlechteren Werkzeugen arbeiten. Wir könnten doch ...

UND SIE?

a Lesen Sie die E-Mail. Welches Problem hat Herr Kurz und wie will er es lösen?

> Sehr geehrte Frau Großheim,
> es gibt immer wieder lange Schlangen am Kopierer, oft ausgerechnet dann, wenn man dringend eine Kopie braucht. Das stört auch die anderen Kollegen und Kolleginnen in meiner Abteilung. Deswegen schlagen wir vor, dass Druckaufträge über 50 Seiten in Zukunft nur noch in unserer hauseigenen Druckerei und nicht am Kopierer der Abteilung erledigt werden.
> Mit freundlichen Grüßen
> Siddik Kurz, Sachbearbeiter

b Schreiben Sie zu einem Problem, das Sie oft haben, einen ähnlichen Verbesserungsvorschlag.

> Ich mache in meinem Arbeitsbereich die Erfahrung, dass ...
> Ich möchte Sie auf ein Problem hinweisen.
> ... könnte/sollte geändert/verbessert werden.
>
> Es wäre besser, wenn wir in Zukunft ...
> Für dieses Problem möchte ich eine Lösung vorschlagen.
> Der Vorteil davon wäre, dass ...

c Tauschen Sie Ihre Texte im Kurs und diskutieren Sie darüber.

6 Die Zukunft des Handwerks

a Lesen Sie den Werbeslogan. Was ist die Botschaft?

b Jede Gruppe liest einen Abschnitt des Textes.
Welche Zwischenüberschrift passt? Ordnen Sie zu.

- (A) **Gute Beratung – der Schlüssel zum Erfolg**
- (B) **Neue Techniken im Handwerk**
- (C) **Es gibt zu wenig Handwerker!**
- (D) **Altersgerechte Wohnungsumbauten – ein wachsender Markt**

c Lesen Sie noch einmal und notieren Sie Stichworte zu Ihrem Abschnitt. Mischen Sie dann die Gruppen. Berichten Sie in den neuen Gruppen über Ihren Abschnitt.

Die Zukunft des Handwerks

Herausforderungen und Chancen

Handwerk in Deutschland, das sind über eine Million kleine oder mittlere Betriebe. Dort arbeiten Bäckermeister, Elektromechaniker, Friseure und Zahntechniker, Maurer, Optiker und viele mehr. Es gibt insgesamt über 300 Ausbildungsberufe, davon 130 im Handwerk. Rund 30 % aller Auszubildenden kommen im Handwerk unter und das Handwerk unternimmt viel, um sich für die Zukunft fit zu machen. Wer die duale Handwerksausbildung durchläuft, lernt den Beruf sowohl prak-
5 *tisch im Ausbildungsbetrieb als auch theoretisch in der Berufsschule. Nicht zuletzt deshalb hat das deutsche Handwerk auch international einen guten Ruf.*

1. ☐ Trotzdem hat das Handwerk Nachwuchsprobleme, weil immer mehr Schulabgänger studieren möchten, anstatt eine Ausbildung zu machen. Das Handwerk führt des-
10 halb große Werbekampagnen durch, damit junge Menschen ihre Zukunftspläne überdenken und sich von den Vorteilen einer handwerklichen Ausbildung überzeugen. Außerdem versuchen manche Meister, in ihren Betrieben Geflüchteten eine Ausbildung zu ermöglichen. Darüber
15 hinaus soll die Anerkennung ausländischer Abschlüsse erleichtert werden. Aber es gibt noch mehr Herausforderungen für die Betriebe.

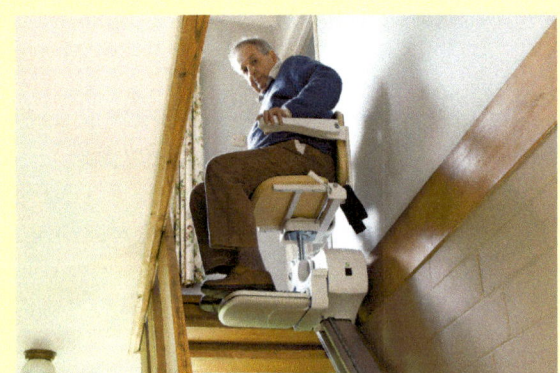

2. ☐ Heutzutage soll klimafreundlich und nachhaltig gebaut und saniert werden. Deshalb brauchen die Kun-
20 dinnen und Kunden immer mehr Beratung. Dabei müssen die Profis der Versuchung widerstehen, sich zu kompliziert auszudrücken. Je verständlicher die Beratung, desto eher kommen die Kunden wieder, und je spezialisierter die Handwerksleistung, desto gefragter ist der Service. Ein In-
25 stallateur z. B., der auch Solarmodule aufbaut und repariert, kann sich auch in Zukunft auf dem Markt halten.

3. ☐ Ältere Menschen sind eine kaufkräftige und deshalb wichtige Kundengruppe. Wer gut mit dieser Kundengruppe umgehen kann, ist eindeutig im Vorteil, denn im-
30 mer mehr Menschen mit eingeschränkter Mobilität wollen nicht umziehen und lassen deshalb ihre Wohnungen alterstauglich machen. Es werden Treppenlifte installiert oder Haltegriffe in Bad und Toilette angebracht. Begehbare Duschen mit Sitzen sind zunehmend gefragt, denn Bade-
35 wannen, die leicht überlaufen und in die man nur schwer hinein und noch schwerer herauskommt, sind im Alter besonders unpraktisch.

4. ☐ In unserem Alltag umgeben uns mittlerweile überall digitale Geräte wie Handy, Navi oder Tablet. Diese Ent-
40 wicklung spiegelt sich auch im Handwerk wider. Mittlerweile muss man keine Messungen wiederholen, weil sie ungenau waren – vermessen wird elektronisch. Und wie das neue Badezimmer aussehen wird, zeigt uns der Handwerker gleich in 3D. Alle diese neuen Herausforderungen
45 machen die handwerkliche Tätigkeit sehr spannend und befriedigend. Und so wird der alte Spruch „Handwerk hat goldenen Boden" sicher auch in Zukunft gültig bleiben.

d Wo und wie steht das im Text?

1. Das deutsche Handwerk ist im Ausland angesehen.
2. Handwerker und Handwerkerinnen müssen so reden, dass man sie gut versteht.
3. Viele Senioren haben genug Geld und geben den Handwerkern viele Aufträge.
4. Die Digitalisierung hat auch große Auswirkungen auf das Handwerk.

> 1. <mark>Zeile 6</mark>: ... hat das deutsche Handwerk international einen guten Ruf.
> 2. ...

e Trennbare und nicht trennbare Verben – Markieren Sie in Ihrem Abschnitt auf Seite 102 alle Verben mit den Präfixen *durch-*, *über-*, *um-*, *unter-*, *wider-* und *wieder-*. Ergänzen Sie dann die Tabelle im Kurs.

	trennbare Verben (Betonung auf dem Präfix)	untrennbare Verben (Betonung auf dem Verbstamm)
durch-	<u>durchführen</u>	<u>durchlaufen</u>
über-		
um-		
unter-		
wider-		
wieder-		

f Schreiben Sie die Sätze im Präsens.

1. der Ausbilder / die Arbeitsanweisung / wiederholen / ein zweites Mal
2. weil / regnen / es // wir / die Arbeit am Dach / nicht / durchführen
3. die Kundin / den Vertrag / unterschreiben
4. überlegen / lange / die Kunden / beim Einbau der neuen Heizung
5. ich / meinen Kunden / nie / widersprechen
6. wiederkommen / die Kunden // weil / ich / sie / mit guter Arbeit / überzeugen

> 1. Der Ausbilder wiederholt die Arbeitsanweisung ein zweites Mal.

g Was halten Sie von den beschriebenen Trends? Kennen Sie noch andere? Wie sind Ihre Erfahrungen mit dem Handwerk und mit handwerklichen Berufen in Deutschland und in anderen Ländern?

VORHANG AUF

Wählen Sie eine Aktivität.

Zeichnen Sie eine handwerkliche Tätigkeit oder machen Sie eine Pantomime. Wer zuerst richtig rät, darf weitermachen.

oder

Spielen Sie einen Dialog zu diesem Bild.

Du hängst eine Lampe auf.

ÜBUNGEN

1 Familie Kranz renoviert.

a Bilden Sie Komposita. Sie können die Wörter mehrmals verwenden. Notieren Sie sie mit Artikel.

der Garten   nähen   das Gummi   der Teppich   │   die Maschine   das Messer

bohren   die Küche   packen   das Brot   das Geschenk   │   die Schere   das Papier   die Handschuhe

die Küchenmaschine, die Bohrmaschine, …

b Was brauchen Sie für die Tätigkeiten auf diesen Bildern? Die Wörter aus 6a, Seite 26, helfen.

  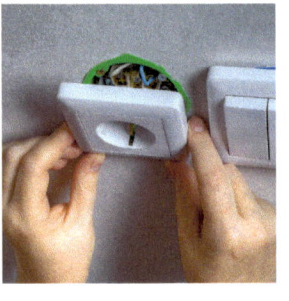 

1. *nähen: die Nadel,*
   der Faden,
   der Stoff,
   das Maßband

2. ....
   ....
   ....
   ....

3. ....
   ....
   ....
   ....

4. ....
   ....
   ....
   ....

c Welche elektrischen Geräte oder Werkzeuge haben Sie zu Hause, welche am Arbeitsplatz? Notieren Sie.

zu Hause	am Arbeitsplatz
die Kaffeemaschine	*der Kuli*
die Bohrmaschine	
…	*…*

> Notieren Sie immer 😊
> wieder Wörter für Dinge
> und Tätigkeiten in Ihrem
> Alltag. So können Sie Ihren
> Wortschatz erweitern.

d Was machen Sie selbst, was lassen Sie machen? Schreiben Sie Sätze wie im Beispiel.

1. ein defektes Fernsehgerät reparieren
2. Wäsche waschen
3. Lebensmittel einkaufen
4. Fenster putzen
5. elektrische Geräte anschließen
6. den Müll rausbringen
7. ein verstopftes Abflussrohr reinigen
8. ein Küchenregal bauen

1. Ein defektes Fernsehgerät lasse ich
von meinem Freund reparieren.
2. Meine Wäsche wasche ich selbst.

2 Im Baumarkt

a Lesen Sie den Text und ordnen Sie die Zwischenüberschriften zu. Drei Überschriften bleiben übrig.

Ein etwas anderes Freizeitprogramm für Frauen   **Kinoabend im Baumarkt**

Auch Männer wollen Workshops   **Unberechtigte Skepsis beim anderen Geschlecht**

Ein bewährtes Veranstaltungskonzept   **Finanzierung der Kurse**

Kurse für Anfängerinnen   **Fortbildungen für Kursanbieter**

Ladies Night im Baumarkt – Ein voller Erfolg!

1. ....
Viele finden es vielleicht seltsam, dass Frauen freiwillig einen Abend im Baumarkt verbringen, aber
die Zahl der Besucherinnen spricht für sich. Offensichtlich gibt es genügend Frauen, die sich abends
5 lieber Tipps für handwerkliche Arbeiten holen, als ins Kino zu gehen oder es sich zu Hause auf dem
Sofa gemütlich zu machen. So war der Frauenabend am Mittwoch im Baumarkt sehr gut besucht und
fast alle Kurse waren ausgebucht.

2. ....
Dabei hielt sich der Veranstalter wie auch schon bei den bisherigen Angeboten für Frauen an ein
10 Modell, das sich inzwischen fest etabliert hat: Jede Teilnehmerin kann sich pro Abend für ein
bis zwei Workshops eintragen. Angeboten wird zum Beispiel: Teppich, Laminat und Fliesen legen,
Sanitärinstallationen, Tapezieren, Verputzen, Einführung in die Werkzeugbenutzung, Türen
renovieren, das Anlegen eines Gartenteichs ...

3. ....
15 Der Baumarkt führt diese Workshops mit der Unterstützung von Herstellern durch. Das heißt im
Fall der Ladies Night: Der Baumarkt stellt die Räume und das Material zur Verfügung und eine Her-
stellerfirma, z. B. von Laminat- oder Teppichböden, beauftragt und bezahlt den Kursleiter bzw. die
Kursleiterin. Also eine klassische Win-Win-Situation für Produzenten, Händler und Kundinnen. Am
meisten profitieren natürlich die Kundinnen, da sie kostenlos an den Kursen teilnehmen können.

20 **4.** ....
Es gibt ja immer noch einige Männer, die der Meinung sind, Frauen könnten nicht mit Maschinen
umgehen. Dabei beweisen viele erfolgreiche Handwerksmeisterinnen, aber auch Hobbyheimwerke-
rinnen, dass Frauen sehr wohl handwerklich fit sind. So war auch das Niveau in den Workshops
der Ladies' Night teilweise sehr hoch. Viele Frauen hatten schon Vorerfahrungen und waren mit
25 ganz konkreten Fragen gekommen, auf die sie gemeinsam mit den Kursleitenden Antworten suchten
und fanden.

5. ....
Übrigens haben nicht nur Frauen Fortbildungsbedarf, was das Heimwerken angeht. So berichtete
eine Sprecherin des Veranstalters, dass die allgemeinen Angebote, die der Baumarkt macht, auch
30 von Männern sehr gerne genutzt werden.

b Im Hotel – Was ist gemacht worden? Schreiben Sie.

1. 50 Gäste / einchecken: _50 Gäste sind eingecheckt worden._

2. Mittagessen / servieren: _____

3. viele Taxis / rufen: _____

4. die Zimmer / reinigen: _____

5. die Betten / frisch beziehen: _____

6. der Aufzug / reparieren: _____

7. Rechnungen / schreiben: _____

8. Buchungen / stornieren: _____

3 Das neue Zimmer von Dennis

a Ein Arbeitstag im Baumarkt – Bilden Sie Sätze wie im Beispiel.

Heute erledigen:	
☐ Blumen gießen	☐ 3000 Liter Farbe bestellen
☐ Holzplatten zuschneiden	☐ Werbebriefe verschicken
☐ Preisschilder erneuern	☐ das Lager aufräumen
	☐ die Abrechnung machen

Arbeitsbeginn am Morgen

1. _Die Blumen müssen gegossen werden._
2. _Die Holzplatten_ _____
3. _____
4. _____
5. _____
6. _____
7. _____

Arbeitsende am Abend

Die Blumen sind gegossen.

_____
_____
_____
_____
_____
_____

b Ist das schon erledigt? Schreiben Sie die Dialoge.

1. E-Mail schreiben – an alle verschicken
2. Rechnung bezahlen – Geld überweisen
3. Schuhe reparieren – vom Schuster abgeholt
4. Abendessen vorbereiten – alles kochen
5. Flecken entfernen – Kleider reinigen
6. Gäste informieren – Einladungen verschicken

1. • Ist die E-Mail schon geschrieben?
    o Ja, sie ist schon an alle verschickt.

4 Können Sie mir helfen?

🎧 2.26–27 **a** Hören Sie die Nachrichten und ergänzen Sie die Notizzettel.

Gesprächsnotiz 1
Name: *Weber*
Anschrift: *Celle,*
Telefon: *0178–*
Anruf wegen:
Bitte um:

Gesprächsnotiz 2
Name: *Olivieri*
Anschrift: *Salon Olivieri*
Telefon:
Anruf wegen:
Bitte um:

b Einen Ablauf beschreiben – So renoviert man ein Zimmer. Ergänzen Sie.

abgeklebt   Möbel   entfernt   abnehmen   gestrichen   Böden   Pinsel

Zuerst muss man die leichten (1) .... aus dem Zimmer räumen. Dann

werden die schweren Möbel und die (2) .... mit Plastikplanen abgedeckt

und die Steckdosenabdeckungen abgemacht oder (3) .... Anschließend

sollte man die Bilder, Vorhänge und Lampen (4) .... Danach wird die Farbe

gemischt und die Wände werden (5) .... Nach dem Streichen werden die

(6) .... und die Farbrollen ausgewaschen, die Steckdosenabdeckungen

wieder angeschraubt und die Abdeckungen (7) .... Zum Schluss kommen

Möbel, Vorhänge, Lampen und Bilder wieder an ihre Plätze.

c Eine Druckerpatrone auswechseln – Schreiben Sie die passenden Anweisungen zu den Abbildungen.
Verwenden Sie *zuerst, dann, danach, anschließend, zum Schluss.*

die neue Druckerpatrone einsetzen   die Klappe vor den Druckerpatronen öffnen

~~das Gerät einschalten~~   die Klappe wieder schließen   die leere Druckerpatrone entfernen

1. *Schalten Sie zuerst das Gerät ein.*

2. ....

3. ....

4. ....

5. ....

5 Das kann man besser machen.

P B2 **a** Lesen Sie den folgenden Text und entscheiden Sie, welches Wort (ⓐ, ⓑ oder ⓒ) in die jeweilige Lücke passt. Kreuzen Sie an.

Liebe Mitarbeiterinnen und Mitarbeiter!

Man kann immer etwas besser machen! Deshalb bitten wir Sie hiermit, (1) sofort Verbesserungsvorschläge einzureichen. Sie kennen die Probleme vor Ort und wissen am besten, wie man sie lösen (2). Wird Ihr Vorschlag angenommen, so erhalten Sie eine Prämie von bis zu 2500 Euro. Wenn wir Ihren Vorschlag interessant finden, ihn aber nicht (3) können, so zahlen wir Ihnen für Ihre Mühe 40 Euro.
Ein Verbesserungsvorschlag ist beispielsweise eine Idee, (4)
• hilft, Unfälle an Werkzeugen und Maschinen zu verhindern,
• die Instandhaltung und Wartung der Geräte vereinfacht oder verbilligt,
• es ermöglicht, die Maschinen, Werkzeuge und Materialien (5) auszunutzen,
• Kosten (6) Büromaterial, Energie sowie die Arbeitszeit senkt.
Ihr Ansprechpartner ist Herr Olaf Gramski. Bitte reichen Sie Ihren Verbesserungsvorschlag schriftlich bei (7) ein. Sie erhalten dann (8) schriftliche Eingangsbestätigung. Für eine sorgfältige und faire Bearbeitung Ihres Verbesserungsvorschlags brauchen wir Zeit, (9) bitten wir Sie um ein bisschen Geduld. Herr Gramski (10) Sie schriftlich informieren, sobald das Ergebnis feststeht.

Wir freuen uns auf Ihre Vorschläge.
Die Geschäftsleitung

1. ⓐ ab ⓑ bei ⓒ vor	3. ⓐ umgesetzt ⓑ umsetzen ⓒ umsetzte	5. ⓐ besten ⓑ besser ⓒ meistens	7. ⓐ ihm ⓑ ihn ⓒ ihnen	9. ⓐ denn ⓑ deshalb ⓒ trotzdem
2. ⓐ kann ⓑ können ⓒ konnte	4. ⓐ dem ⓑ der ⓒ die	6. ⓐ für ⓑ in ⓒ von	8. ⓐ ein ⓑ eine ⓒ einen	10. ⓐ ist ⓑ wird ⓒ wurde

b Beschreiben Sie die Probleme und machen Sie Verbesserungsvorschläge. Nehmen Sie eines der Beispiele oder ein eigenes Problem. Vergleichen Sie im Kurs.

Strukturieren Sie Ihren Text:
1. Nennen Sie das Problem.
2. Beschreiben Sie das Problem genau.
3. Schlagen Sie eine Lösung vor.
4. Nennen Sie Details zu Ihrem Lösungsvorschlag.

Arbeiten Sie systematisch:
1. Text planen (Stichwörter)
2. Text schreiben
3. Text kontrollieren (Fehler korrigieren)

Das Problem ist Folgendes: …
Das passiert oft, wenn …

Wir könnten doch …
Wichtig dabei ist, dass …

6 Die Zukunft des Handwerks

a Ordnen Sie die Ausdrücke aus dem Text auf Seite 102 den Umschreibungen zu.

1. die Herausforderung	a) Probleme haben, sich von A nach B zu bewegen
2. die duale Ausbildung	b) Schwierigkeiten, junges Personal zu finden
3. unterkommen	c) inzwischen
4. einen guten Ruf haben	d) einen Platz finden
5. Nachwuchsprobleme	e) die Ausbildung im Betrieb und in der Berufsschule
6. die Werbekampagne	f) so, dass es nicht zur globalen Erwärmung beiträgt
7. klimafreundlich	g) eine schwierige Aufgabe
8. kaufkräftig sein	h) Anzeigen und Spots in verschiedenen Medien, z. B. in Zeitschriften, im Fernsehen oder im Internet
9. eingeschränkte Mobilität	i) genug Geld haben
10. mittlerweile	j) die Leute haben eine gute Meinung von etwas

b Schreiben Sie mit fünf Ausdrücken eigene Sätze. Vergleichen Sie im Kurs.

Die Grammatik ist für mich eine große Herausforderung.

P B1·B2
Beruf

🎧 2.28–31

c Sie hören ein Gespräch zwischen Teilnehmerinnen und Teilnehmern einer Tagung.
Welcher der Sätze a)–f) passt am besten zu den Meinungen 1–3?
Notieren Sie. Zwei der Sätze a)–f) passen nicht. Sie hören das Gespräch einmal.

Beispiel: __d__   1. ………   2. ………   3. ………

a) Die meisten Kunden schauen erstmal auf den Preis.
b) Senioren ist es sehr wichtig, Unfälle zu vermeiden.
c) Die Notwendigkeit, sich ständig weiterzubilden, setzt viele Handwerker unter Druck.
d) Für die junge Generation wird das Design der Produkte immer wichtiger.
e) In meiner Branche nimmt der Stress immer mehr zu.
f) Als Handwerker habe ich keine Probleme, Aufträge zu bekommen.

🎧 2.32   **d** Trennbar (t) oder nicht trennbar (n)? Hören Sie, markieren Sie den Wortakzent und kreuzen Sie an.

durch**su**chen	(t)	(☒)	durchregnen	(t)	(n)
überlaufen	(t)	(n)	übernehmen	(t)	(n)
widerspiegeln	(t)	(n)	widersprechen	(t)	(n)
vollenden	(t)	(n)	volltanken	(t)	(n)
umbauen	(t)	(n)	umarmen	(t)	(n)
unterkommen	(t)	(n)	unterschreiben	(t)	(n)

e Schreiben Sie die Sätze im Perfekt.

1. Bei unseren Nachbarn / es / durchregnen / .
2. Die Vermieterin / die Kosten für die Reparatur / übernehmen / .
3. Das Haus / ihre Liebe zum Design / widerspiegeln / .
4. Ich / das Auto / gestern / volltanken / .
5. Wir / das alte Haus / umbauen / .
6. Der Käufer / den Vertrag / unterschreiben / .

1. Bei unseren Nachbarn hat es durchgeregnet.

Mein Deutsch nach Kapitel 7

Das kann ich:

beschreiben, was gemacht worden ist

eine Wohnung renovieren
einen Kuchen backen
...

Wählen Sie eine Tätigkeit und schreiben Sie drei Sätze.

1. Die Wände sind gestrichen worden.
2. Der Boden ...
3. ...

Zustände beschreiben

beruflich
privat

Was ist bei Ihnen abends erledigt?
Sprechen Sie. Machen Sie weiter, bis keinem mehr etwas Neues einfällt.

● Die Ware ist geliefert.
○ Die Wörter sind gelernt.
▲ Die Wohnung ...
...

---

einen Ablauf beschreiben

beruflich
privat

Beschreiben Sie einen Ablauf.

> Ich erkläre dir jetzt, wie ich auf meinem Handy Apps installiere. Zuerst ...

→ Seite LII

Verbesserungsvorschläge machen

Was könnte man bei Ihnen zu Hause verbessern?
Einigen Sie sich auf zwei Vorschläge.

> Ich finde, alle sollten ...

→ Seite LII

über Erfahrungen mit Handwerkern und handwerklichen Berufen sprechen

beruflich
privat

Tauschen Sie sich über Ihre Erfahrungen mit dem Handwerk aus.

> Bei uns braucht man nicht unbedingt eine Ausbildung, um ...

> Letzte Woche war meine Waschmaschine kaputt. Hier in Deutschland ...

Das kenne ich:

→ **Vorgangspassiv im Perfekt** **Seite XXXIII**

→ **Zustandspassiv** **Seite XXXIV**

Metropolregion Rhein-Neckar

1 Eine Region in Südwestdeutschland

a Sehen Sie die Bilder A–H an. Was könnte an der Rhein-Neckar-Region attraktiv sein?

> Ich gehe davon aus, dass man dort leicht Arbeit finden kann.   Ich nehme an …

> Ich kann es nicht mit Sicherheit sagen, aber …   Vermutlich …

🎧 2.33 **b** Hören Sie das Interview. Welche Bilder passen dazu?

> Bild E passt. Frau Lin arbeitet für Industrieunternehmen.

🎧 2.33
P B2
c Hören Sie noch einmal und kreuzen Sie an: richtig oder falsch?

	R	F
1. Frau Lin ist bei einem Chemieunternehmen fest angestellt.	☐	☐
2. Sie findet das Klima in Deutschland zu kalt.	☐	☐
3. Herr Jelimo möchte zugleich in einer Firma arbeiten und studieren.	☐	☐
4. Frau Lin findet den öffentlichen Nahverkehr sehr gut.	☐	☐
5. Die beiden verstehen die Menschen in der Region ohne Probleme.	☐	☐

d Wählen Sie eine Stadt oder Region aus, die Sie gut kennen. Welche zwei oder drei Bilder würden Sie auswählen, um die wichtigsten Aspekte davon zu zeigen? Begründen Sie Ihre Wahl.

Ich würde zwei Fotos von Jena zeigen. Ein Bild der Friedrich-Schiller-Universität und eines vom JenTower. Die Universität wurde 1558 gegründet. Sie ist …

Sprechen eine Stadt/Region vorstellen; über Arbeitsverträge sprechen | **Hören** Radiointerview mit Zuwanderern in die Region | **Lesen** Zeitungsreportage | **Schreiben** ein Anschreiben verfassen | **Beruf** Anschreiben; Arbeitsvertrag (duales Studium)

2 Eine Reportage

a Lesen Sie die Reportage und suchen Sie mindestens drei zusätzliche Informationen zu dem Interview in 1b.

Die Metropolregion Rhein-Neckar wird immer attraktiver

Herr Jelimo (28) bekommt glänzende Augen, wenn man ihn fragt, warum er in die Metropolregion Rhein-Neckar gekommen ist: „Ich kannte den Neckar und Heidelberg schon lange, bevor
5 ich hierher kam. Unsere Deutschlehrerin schwärmte für Hölderlins Gedicht „Heidelberg". Die ersten Zeilen kann ich heute noch aufsagen: *Lange lieb' ich dich schon, möchte dich, mir zur Lust, Mutter nennen ...*" Man wird wenige ge-
10 bürtige Deutsche finden, die auf diese Weise unsere Gegend kennengelernt haben.

Für Haki Jelimo war es wie ein Lottogewinn, als er die Chance bekam, im Rhein-Neckar-Raum ein Praktikum zu machen. Er ist einer von vielen,
15 die in den letzten Jahren wegen ihrer Arbeit, ihrer Ausbildung oder beidem hierher gekommen sind. Das ist kein Zufall, denn der Region geht es wirtschaftlich sehr gut. Zugleich macht man sich in den Betrieben Gedanken wegen der demogra-
20 fischen Entwicklung. Die einheimische Bevölkerung schrumpft und der steigende Fachkräftebedarf kann nur durch Zuwanderung gedeckt werden.

Seine Traumstadt Heidelberg kam für Herrn
25 Jelimo wegen der hohen Mieten als Wohnort nicht in Frage. Er wohnt in der nur acht Kilometer entfernten Gemeinde Edingen-Neckarhausen in einer Wohnung mit Blick über den Fluss auf die Berge. Sein Praktikum macht er bei einer Firma
30 für Medizintechnik in Mannheim. Danach möchte er an der dualen Hochschule studieren und in einem Betrieb im Rhein-Neckar-Raum arbeiten. 30 Minuten braucht er mit der Straßenbahn zur Arbeit. Die Fahrzeit nimmt er gerne in Kauf. Im
35 Sommer ist er dafür in einer Viertelstunde im Freibad in Ladenburg oder in Heidelberg.

Aufgrund der ökonomischen Entwicklung und der vielfältigen Freizeitangebote wird die Region

Haki Jelimo

immer attraktiver für Menschen aus aller Welt.
40 Das bringt aber auch neue Herausforderungen mit sich. Billiger Wohnraum wird knapp und manche Leute bezweifeln, dass Großstädte wie Mannheim in der Lage sind, die Kosten für die Integration zu tragen.
45 Die Regionalpolitik versucht, auf die Entwicklung des Arbeitsmarkts Einfluss zu nehmen, indem sie kleineren Firmen dabei Hilfe leistet, qualifizierte Mitarbeiter/innen zu finden und zu integrieren. Davon profitiert auch Herr Jelimo.
50 Er ist ganz begeistert, wenn er davon erzählt, wie seine Integrationshelferin, Frau Lin, ihm in den ersten Wochen bei vielen Problemen des Alltags geholfen hat, die ihn sonst sehr viel mehr Zeit und Kraft gekostet hätten. Sie hat ihn bei der
55 Wohnungssuche unterstützt und viele Gespräche mit ihm und für ihn geführt. Auch die Firmen sind sehr zufrieden mit dem neuen Angebot, weil die Integrationshelfer wichtige Aufgaben übernommen haben, die kleine Firmen fast nicht
60 leisten können.

P B2

b Lesen Sie den Text noch einmal und kreuzen Sie an.

1. Herr Jelimo ...
   ⓐ arbeitet seit einigen Monaten in Heidelberg.
   ⓑ hat von Heidelberg in der Schule gehört.
   ⓒ wohnt in Heidelberg.

2. In der Metropolregion Rhein-Neckar ...
   ⓐ gibt es eine hohe Geburtenrate.
   ⓑ gibt es wirtschaftliche Probleme.
   ⓒ fehlen Fachkräfte.

3. Die Region ist auch beliebt, weil ...
   ⓐ man hier günstig wohnen kann.
   ⓑ die Löhne überdurchschnittlich hoch sind.
   ⓒ man hier sehr viel unternehmen kann.

4. Die Integrationshelferin hat ...
   ⓐ Herrn Jelimo Deutschunterricht gegeben.
   ⓑ ihm bei alltäglichen Problemen geholfen.
   ⓒ für ihn einen Praktikumsplatz gesucht.

c Finden Sie für 1–6 die passenden grünen Ausdrücke in der Reportage. (G)

> **FOKUS**   Nomen-Verb-Verbindungen
>
> 1. beunruhigt sein *sich Gedanken machen* ....
>
> 2. etwas bezahlen ....
>
> 3. mit jemandem sprechen ....
>
> 4. jemandem helfen ....
>
> 5. etwas beeinflussen ....
>
> 6. etwas akzeptieren ....
>
> 7. nicht möglich sein ....
>
> In Nomen-Verb-Verbindungen trägt das Nomen die Bedeutung.
> Man findet Nomen-Verb-Verbindungen häufig in schriftlichen Texten.

d Schreiben Sie die Aussagen aus der Reportage mit den Ausdrücken aus 2c neu.

Zugleich ist man in den Betrieben wegen der demografischen Entwicklung beunruhigt.

e Wählen Sie drei Nomen-Verb-Verbindungen und schreiben Sie damit je eine Aussage über sich selbst.

> Ich mache mir Gedanken wegen meines befristeten Arbeitsvertrags.

UND SIE?

P B1·B2 Beruf

a Kurzvortrag – Sehen Sie sich gemeinsam die Aufgaben A und B an und sammeln Sie im Kurs Stichwörter dazu.

A Wohnort und Arbeitsplatz – Was sollte man beachten?

B Was macht für Sie eine Region attraktiv?

b Wählen Sie Thema A oder B. Bereiten Sie einen zweiminütigen Vortrag vor. Gehen Sie wie folgt vor.

1. Welche Stichwörter aus a möchten Sie verwenden? Gibt es andere Aspekte, die Sie wichtig finden?
2. Bringen Sie die Stichwörter in eine sinnvolle Reihenfolge.
3. Notieren Sie einige nützliche Redemittel für den Vortrag (Einleitung, Hauptteil, Schluss).
4. Üben Sie Ihren Vortrag zu zweit und/oder mit der Videofunktion Ihres Handys.

c Halten Sie Ihren Vortrag. Die anderen im Kurs stellen danach Fragen dazu.

3 Haki Jelimo bewirbt sich.

a Lesen Sie die Anzeige. Fragen und antworten Sie.

> Wie lange dauert die Ausbildung?

> Hier steht: drei Jahre.

> Wo … ?

Held Meckesheim
Duales Studium – Bachelor of Engineering (B.Eng.). Anlagenbau Recyclingtechnik
Ausbildungsdauer: 3 Jahre   **Ausbildungsort:** Meckesheim bei Heidelberg
Voraussetzung: Hochschulzulassung oder abgeschlossene Berufsausbildung mit Berufserfahrung
Unser Angebot: Sie arbeiten in einem führenden Unternehmen der Recyclingtechnik. Sie bekommen
eine überdurchschnittliche Vergütung und sind schon während des Studiums finanziell unabhängig.
Interesse? – Detaillierte Informationen finden Sie unter:
www.held.com/duale-ausbildung. Ihre Ansprechpartnerin: Frau Myrte Beyerle, Tel. 06226 1848237

b Lesen Sie noch einmal. Welche Fragen könnte Haki Jelimo mit Frau Beyerle telefonisch besprechen,
bevor er seine schriftliche Bewerbung abschickt?

> Wie lange ist die wöchentliche Arbeitszeit?

> Wie viel … ?

c Haki hat Bewerbungsunterlagen zusammengestellt und mithilfe von Frau Lin ein Anschreiben verfasst.
Lesen Sie zuerst a–f und dann den Text. Wo passen a bis f im Text?

a) ☐ An Ihrem Unternehmen reizt mich besonders die Aussicht
b) ☐ freue mich auf ein Gespräch.
c) ☐ ich bin überzeugt, dass
d) ☐ habe muttersprachliche Englisch- und sehr gute Deutschkenntnisse
e) ① interessiere mich deshalb sehr für die Möglichkeit
f) ☐ Wie Sie aus den beiliegenden Zeugnissen ersehen können,

Ihr Stellenangebot auf keennet.de
Bewerbung um einen dualen Studienplatz zum Bachelor of Engineering

Sehr geehrte Frau Beyerle,
wie mit Ihnen telefonisch besprochen sende ich Ihnen meine Bewerbungsunterlagen zu.
Seit vier Semestern studiere ich an der School of Engineering in Nairobi (Kenia) und mache zurzeit ein Praktikum
bei der Firma Roll Medizintechnik in Mannheim. Danach würde ich gerne mein Studium in Deutschland fortsetzen
und __1__ eines dualen Studiums. __2__, eine weltweit bekannte Firma im Bereich Recyclingtechnik
kennenzulernen und eine gute Ausbildung zu erhalten.
Meine bisherigen Kurse habe ich alle mit guten bis sehr guten Ergebnissen abgeschlossen. __3__ legte ich
meinen Schwerpunkt von Anfang an auf die Themen „Anlagenbau" und „Recyclingtechnik".
Außerdem arbeitete ich während der Semesterferien in unterschiedlichen Firmen in diesem Bereich (siehe
Anlagen). In Kenia gibt es einen großen Bedarf an Know-how im Bereich Recycling und __4__ das Land ein
großer Markt für die Zukunft ist.
Da die Firma Held international tätig ist, könnte ich mir eine berufliche Zukunft in Ihrem Betrieb sehr gut
vorstellen. Gute sprachliche Voraussetzungen bringe ich mit. Ich __5__.
Gerne möchte ich mich ab September dieses Jahres den Herausforderungen eines dualen Studiums stellen
und __6__.

Mit freundlichen Grüßen
Haki Jelimo
Anlagen

d Ordnen Sie die Gliederungspunkte nach der Reihenfolge im Bewerbungsschreiben.

- ☐ Ausbildungs- und Arbeitserfahrungen
- ☐ Interesse an der Fima
- ☐ derzeitige Tätigkeit
- ☐ Gruß
- ☐ Sprachkenntnisse
- ①Anrede

e Frau Beyerle hat auch Bewerbungen für andere Ausbildungsplätze erhalten. Das folgende Anschreiben ist viel zu umgangssprachlich. Finden Sie Beispiele.

> Liebe Frau Beyerle,
>
> gerade lese ich Ihre Anzeige und finde sie echt superinteressant. Ich mache hoffentlich nächsten Monat meinen Schulabschluss und brauch unbedingt einen Ausbildungsplatz. Da find ich Ihr Angebot für mich richtig klasse. Mein Praktikum in der 10. Jahrgangsstufe bei einer Maschinenbaufabrik in Oggersheim hat mir gezeigt, dass eine Ausbildung im Maschinenbau für mich echt ok wäre. Ich find schon seit dem Kindergarten Technik cool und denk, dass eine Ausbildung zum Maschinenbautechniker spitze für mich wär. Und Sie sind da ja, wie ich festgestellt hab, ein total großes Unternehmen. Das fänd ich natürlich toll. Wär gut, wenn wir uns mal persönlich unterhalten könnten.
>
> Bis die Tage
> Riko Mebold

> Ich würde schreiben: ich habe Ihre Anzeige im Internet gelesen und finde sie sehr interessant.

f Schreiben Sie Rikos Anschreiben neu.

Einleitung
Sehr geehrte/r Frau/Herr …,
Sie suchen …
in Ihrer oben genannten Anzeige …
mit großem Interesse habe ich Ihre
  Stellenanzeige gelesen.
hiermit bewerbe ich mich als …

Gründe
Die Arbeit in Ihrem Unternehmen reizt
  mich sehr, weil …
Aufgrund meiner Ausbildung / bisherigen
  beruflichen Erfahrung, glaube ich, dass …
Da ich mich beruflich verändern möchte, …

Bisherige Tätigkeiten
Nach erfolgreichem Abschluss meines …
Meine Berufsausbildung zum … / Mein …studium
habe ich im … erfolgreich abgeschlossen.
Ein Praktikum bei … hat mir gezeigt, dass …
… sammelte ich Erfahrungen in folgenden Bereichen: …
In meiner jetzigen Tätigkeit als … bin ich …

Schluss
Über eine Einladung zu einem persönlichen Gespräch
freue ich mich sehr.
Mit freundlichen Grüßen

Sehr geehrte …

UND SIE?

Schreiben Sie mithilfe der Redemittel in 3f ein Anschreiben für eine Stelle Ihrer Wahl.

> Bitten Sie möglichst eine Muttersprachlerin / einen Muttersprachler um Hilfe bei der Bewerbung.

4 Haki hat die Stelle bekommen!

a Was gehört in einen Arbeitsvertrag? Sammeln Sie im Kurs.

b Lesen Sie die Auszüge aus Hakis Arbeitsvertrag. In welchen Abschnitten findet er Informationen zu den folgenden Fragen? Ordnen Sie zu.

1. Wie viel verdiene ich? ....
2. Was muss die Firma tun? ....
3. Was sind meine Pflichten? ....
4. Wie lange ist die Laufzeit des Vertrags? ....

5. Wie lange dauert die Probezeit? ....
6. Wie ist die Arbeitszeit geregelt? ....
7. Wie ist der Urlaub geregelt? ....
8. Was passiert, wenn ich kündige? ....

Arbeitsvertrag im Rahmen eines dualen Studiums

Zwischen der Firma Held – Recyclingmaschinen GmbH & Co. KG und dem an der Dualen Hochschule Baden-Württemberg studierenden Herrn Haki Jelimo wird der folgende Vertrag geschlossen:

1. Dieser Vertrag beginnt am 1. Oktober 20... und endet mit dem Monatsende des Prüfungsmonats. Das Regelstudium zur Erlangung des berufsqualifizierenden Abschlusses B.Eng. dauert 6 Semester.
2. Die Probezeit beginnt mit Vertragsbeginn und dauert 3 Monate. Innerhalb der Probezeit kann das Vertragsverhältnis beiderseits mit einer Frist von 2 Wochen gekündigt werden. Danach gelten die gesetzlichen Kündigungsfristen.
3. Die Vergütung beträgt monatlich im 1. Studienjahr 900 €, im 2. Studienjahr 1000 €, im 3. Studienjahr 1100 €. Die Vergütung wird am letzten Arbeitstag des Monats gezahlt.
4. Die regelmäßige wöchentliche betriebliche Arbeitszeit richtet sich nach der Struktur und dem Inhalt der jeweiligen Praxisprojekte unter Rücksichtnahme auf die betrieblichen Erfordernisse.
5. Die Firma verpflichtet sich, dem Mitarbeiter in den Projektphasen Kenntnisse, Fertigkeiten und berufliche Erfahrungen zu vermitteln, die zum Erreichen der Studienziele erforderlich sind. Die Firma und der Studierende führen dazu regelmäßig Gespräche über den Fortgang des Studiums.
6. Der Mitarbeiter verpflichtet sich,
   • über Betriebsgeheimnisse auch nach seinem Ausscheiden aus der Firma Stillschweigen zu bewahren.
   • bei Krankheit der Firma spätestens am 3. Krankheitstag eine ärztliche Bescheinigung zuzusenden.
7. Die Dauer des Urlaubs richtet sich nach den tariflichen bzw. betrieblichen Regelungen auf der Grundlage des gesetzlichen Urlaubsanspruchs von 24 Tagen.
8. Die Kündigung muss schriftlich unter Angabe der Kündigungsgründe erfolgen. Wird das Vertragsverhältnis vorzeitig gelöst, so kann die Firma oder der Mitarbeiter Schadensersatz verlangen, wenn die andere Partei den Grund für die Auflösung zu vertreten hat.

Änderungen und Ergänzungen dieser Vereinbarung bedürfen der Schriftform.

c Beantworten Sie die Fragen 1–8 in 4b.

d Notieren Sie weitere Fragen zu dem Vertrag und erklären Sie sie im Kurs.

> Was bedeutet das Wort „Regelstudium"?

> Das ist die Zeit, in der man mit dem Studium fertig sein soll. Hier sind es 6 Semester, also drei Jahre.

UND SIE?

Welche Erfahrungen haben Sie mit Arbeitsverträgen gemacht? Tauschen Sie sich im Kurs aus.

> Ich habe noch nie einen schriftlichen Arbeitsvertrag gehabt, denn bei uns ...

🎧 2.34–37 **a Sie hören vier Gespräche. Welche Fotos passen zu den Gesprächen? Warum?**

Heidelberg: Neckar und Altstadt

Technik Museum Speyer

Restaurant in Ladenburg

Speyerer Dom

Wasserturm in Mannheim

Schlosspark Schwetzingen

🎧 2.34–37 **b Hören Sie noch einmal. Zu jedem Gespräch gibt es zwei Aufgaben. Entscheiden Sie bei jedem Gespräch, ob die Aussage dazu richtig oder falsch ist und welche Lösung (Ⓐ, Ⓑ oder Ⓒ) am besten dazu passt.**

1. Haki lädt Frau Lin zu einem Ausflug ein. Ⓡ Ⓕ
2. Frau Lin ...
   Ⓐ findet die Idee nicht so gut.
   Ⓑ hat am Freitag schon einen Termin.
   Ⓒ freut sich über die Einladung.

3. Zelia ruft wegen einer Freizeitaktivität an. Ⓡ Ⓕ
4. Haki hat ...
   Ⓐ an jedem Wochenende Zeit.
   Ⓑ ab dem 23. Juni Zeit.
   Ⓒ keine Zeit.

5. Bruce möchte direkt nach Speyer fahren. Ⓡ Ⓕ
6. Zelia schlägt vor, ...
   Ⓐ ein Schloss zu besichtigen.
   Ⓑ in Schwetzingen ein Konzert zu besuchen.
   Ⓒ in Speyer zu übernachten.

7. Yusuf will mehr Abwechslung. Ⓡ Ⓕ
8. Zelia sagt, dass ...
   Ⓐ alle ins Technik-Museum gehen sollten.
   Ⓑ keine Zeit für das Abendessen bleibt.
   Ⓒ man in der S-Bahn Fahrräder mitnehmen kann.

c Quiz – Jede Gruppe notiert auf zehn Zetteln zehn Fragen zu der Stadt oder Region, in der Sie leben. Lesen Sie reihum je eine Frage vor und die anderen Gruppen antworten. Jede richtige Antwort ergibt einen Punkt.

P B1·B2
Beruf

VORHANG AUF

Planen Sie gemeinsam einen Ausflug. Wählen Sie.

Organisieren Sie einen Betriebsausflug für eine Firma in Ihrer Region.

 oder

Organisieren Sie einen Ausflug mit Senioren, Jugendlichen bzw. Kindern in Ihrer Region.

Hier Punkte, die Ihnen bei der Planung helfen:
Ausflugsziel? – Wie kommt man hin? –
Was kann man unternehmen? –
Wie viel Zeit braucht man? – Aktivitäten? –
Essen und trinken? – Kosten?

So können Sie arbeiten:
1. Sammeln Sie Ideen und wählen Sie eine aus.
2. Sammeln Sie Informationen für den Ausflug.
3. Ordnen Sie die Informationen.
4. Stellen Sie Ihren Ausflug im Kurs vor.

ÜBUNGEN

1 Eine Region in Südwestdeutschland

a Denken Sie an die Stadt oder Region, in der Sie leben. Schreiben Sie das Assoziogramm weiter. Suchen Sie zehn Wörter pro Thema. Sammeln Sie dann im Kurs.

Verkehr

das Auto

der Bus

das Benzin

der Diesel

die Werkstatt

Institutionen

das Rathaus

die Grundschule

Stadt

Natur

Kultur

b Präpositionen – Ergänzen Sie den Text.

aus   aus   bei   für   für   für   im   ~~In~~   in
in   in   seit   Seit   um   von   wegen

(1) _In_ der Sendung DIREKT geht es (2) .... den Blick (3) .... außen auf die Region

Rhein-Neckar. Frau Lin und Herr Jelimo sind (4) .... Studio. Frau Lin kommt (5) .... Shanghai

und lebt (6) .... einigen Jahren (7) .... der Region. Sie arbeitet (8) .... ein großes

Chemieunternehmen als Übersetzerin und engagiert sich (9) .... ihrer Freizeit (10) ....

Zuwanderer. (11) .... einigen Monaten hilft sie Menschen, die neu (12) .... der Region sind,

(13) .... der Integration. Frau Lin hat sich (14) .... ihrer Arbeit (15) .... die Region

entschieden. Herr Jelimo kommt aus Kenia. Ihm gefällt die Vielfalt der Region, wo heute Menschen

(16) .... über 170 Ländern leben.

2 Eine Reportage

a Ergänzen Sie den Text.

Sara Neto kommt aus Almería in Spanien. Dort hat s_ _ ein Studium

a_ _ IT-Designerin angefangen. S_ _ will bei ei_ _ _ _ Firma

für Mediendesign i_ Leipzig e_ _ Praktikum machen. S_ _ ist eine

v_ _ vielen Menschen, d_ _ in den let_ _ _ _ _ Jahren in d_ _

Region gekommen si_ _, um hier zu arbe_ _ _ _ oder um ei_ _

Ausbildung zu mac_ _ _. Viele Firmen in Deuts_ _ _ _ _ _ suchen dringend v_ _ allem junge

Arbeitsk_ _ _ _ _, weil die einhei_ _ _ _ _ _ Bevölkerung schrumpft u_ _ es nicht ge_ _ _ Bewerber

und Bewerberi_ _ _ _ für qualif_ _ _ _ _ _ _ Arbeitsplätze gibt. Na_ _ ihrem Praktikum möc_ _ _

Frau Neto viell_ _ _ _ _ in Leipzig od_ _ in Berlin ih_ _ _ Master an ei_ _ _ dualen Hochschule

mac_ _ _. Dafür braucht sie einen Ausbildungs_ _ _ _ _ in einem Betr_ _ _ und einen

Studien_ _ _ _ _ an der Hochschule.

b Welches Verb passt? Unterstreichen Sie es.

1. sich Gedanken	denken • leisten • machen
2. etwas in Kauf	geben • nehmen • machen
3. jemandem Hilfe	leisten • führen • nehmen
4. Bewerbungsgespräche	führen • halten • kaufen
5. einen Vortrag	sagen • sprechen • halten
6. die Kosten	nehmen • tragen • leisten
7. Einfluss auf etwas/jemanden	machen • nehmen • führen
8. einen guten Eindruck	machen • kaufen • denken

c Ergänzen Sie die Sätze mit den passenden Ausdrücken aus 2b in der richtigen Form.

1. Ein duales Studium bedeutet sehr viel Arbeit und wenig Freizeit, aber das *nehmen* .... die

   meisten gerne ....

2. Eine Integrationshelferin .... Zuwanderern .... bei den

   alltäglichen Problemen des Neuanfangs.

3. Wir müssen uns bald ...., wie wir uns am besten auf die

   Prüfung vorbereiten.

4. Es ist gut, dass es in Deutschland keine Studiengebühren gibt. Diese .... könnten

   viele Studierende nicht ....

5. Für meine Jobsuche habe ich bisher fünf ....

6. Die Firmen versuchen, auf die Entwicklung des Arbeitsmarktes .... zu

   ....

Bewerbungsgespäche geführt • Gedanken machen • leistet ... Hilfe • Einfluss ... nehmen •
Kosten ... tragen • ~~nehmen~~ ... in Kauf

🎧 2.38   **d** **Eine Region präsentieren – Hören Sie den Vortrag. Über welche Fotos spricht Herr Domingo? Kreuzen Sie an.**

 1 ☐    2 ☐    3 ☐

e **Ergänzen Sie den Text.**

gibt es   Kosten   zeigt   ausgewählt   sondern ... auch   nicht nur   weil   unterwegs   vorstellen

Ich möchte eine Region in Deutschland (1) ...., die ich sehr schätze.

Dazu habe ich zwei Bilder (2) .... Dieses Bild (3) ....

die klassische Stadtansicht von Dresden. Ich habe es genommen, (4) ....

ich diesen Blick über die Elbe sehr liebe.

In der Region (5) .... viele Möglichkeiten, die Freizeit zu verbringen.

Wer gerne mit dem Fahrrad (6) .... ist, kommt hier voll auf seine

(7) ....

Dresden ist (8) .... touristisch interessant, (9) ....

es bietet .... eine gute Lebensqualität für die Menschen, die dort leben.

🚑   Hilfe? – Hören Sie den Vortrag in 2d noch einmal.

3 Haki Jelimo bewirbt sich.

a **Welche Informationen rechts passen zu den Stichwörtern links? Ordnen Sie zu.**

1. abgeschlossene Berufsausbildung

2. Ausbildungsdauer

3. Ausbildungsort

4. Berufserfahrung

5. duales Studium

6. finanziell unabhängig

7. führendes Unternehmen

8. Dokumente für die Hochschulzulassung

9. überdurchschnittliche Vergütung

a) Bezahlung, die besser ist als bei vergleichbaren Tätigkeiten in anderen Betrieben.

b) Die Ausbildung findet dort statt.

c) Diese Zeit braucht man für die Ausbildung.

d) Eine Firma, die sehr bekannt und erfolgreich ist.

e) Man braucht kein Geld vom Staat oder von den Eltern.

f) Die Unterlagen, die man braucht, damit man studieren darf.

g) Man hat einen Beruf gelernt und die Prüfung bestanden.

h) Man hat schon eine Zeit lang in dem Beruf gearbeitet.

i) Man lernt an der Hochschule und in einem Betrieb.

b In der E-Mail ist alles kleingeschrieben. Schreiben Sie sie richtig.

---

sehr geehrter herr herold,

mit großem interesse habe ich ihre stellenanzeige gelesen und möchte mich hiermit auf die stelle als verkäufer im außendienst bewerben. nach erfolgreichem abschluss meiner ausbildung als einzelhandelskaufmann habe ich in den letzen drei jahren bei der firma kaufwelt gearbeitet. die arbeit in ihrem unternehmen reizt mich sehr, da ich hoffe, meine bisherige berufserfahrung nutzen und mich beruflich weiterentwickeln zu können. in der anlage finden sie die dokumentation meiner beruflichen entwicklung.
über eine einladung zu einem persönlichen gespräch freue ich mich sehr.

mit freundlichen grüßen
mario rossmann

Sehr geehrter Herr ...

4 Haki hat die Stelle bekommen!

a Was passt zusammen? Bilden Sie Komposita. Notieren Sie sie mit Artikel. Es gibt mehrere Möglichkeiten.

Arbeits-	Betriebs-	Kündigungs-
Probe-	Projekt-	Monats-
Studien-	Vertrags-	Prüfungs- Regel-

-beginn	-phase	-grund
-frist	-ende	-zeit -geheimnis
	-jahr -monat	-studium

der Arbeitsbeginn, das Arbeits...

b Schreiben Sie zu diesen Verben die Nomen mit Artikel und Pluralform. Nicht zu allen Nomen gibt es eine Pluralform.

1. abschließen   *der Abschluss, ⸚e*
2. ändern
3. betragen
4. dauern
5. ergänzen
6. kennen
7. kündigen
8. prüfen
9. regeln
10. strukturieren
11. studieren
12. sprechen
13. vermitteln
14. verpflichten

5 Haki lernt die Region kennen.

P B2 Lesen Sie zuerst die zehn Situationen (1–10) und dann die zwölf Info-Texte (a–l). Welcher Info-Text passt zu welcher Situation? Sie können jeden Info-Text nur einmal verwenden. Notieren Sie die Lösung. Manchmal gibt es keine Lösung. Markieren Sie dann x.

1. ☐ Sie suchen eine Ausbildungstelle bei einem Fotografen.
2. ☐ Ein Bekannter möchte sich nach dem Schulabschluss eine Zeit lang sozial engagieren.
3. ☐ Sie interessieren sich für Musik und möchten ein Instrument lernen.
4. ☐ Sie fotografieren gern und möchten die Stadt fotografisch erkunden.
5. ☐ Sie planen einen Besuch in Heidelberg und möchten einen besonderen Abend erleben.
6. ☐ Sie machen gerne Radtouren, aber eine gute Freundin ist noch nie Fahrrad gefahren.
7. ☐ Ihre Tochter interessiert sich sehr für Körperpflege und sucht einen Ausbildungsplatz.
8. ☐ Sie gehen gerne in Konzerte mit Musik aus dem 18. und 19. Jahrhundert.
9. ☐ Ein Freund möchte in den Sommerferien eine Bahnreise nach Heidelberg machen.
10. ☐ Sie suchen Informationen, um Radtouren im Rhein-Neckar-Raum zu planen.

a

ADFC-Regionalkarte Rhein/Neckar
Überarbeitete Neuauflage

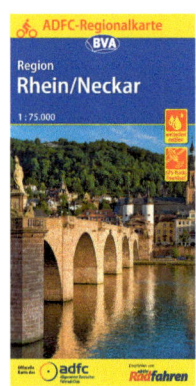

Die Regionalkarte Rhein/Neckar des Allgemeinen Deutschen Fahrradclubs ist eine ideale Karte für Radfahrten in die Kurpfalz, jetzt gedruckt auf reiß- und wetterfestem Papier. Neben der allgemeinen Darstellung von Radrouten werden 26 Tagestouren im Kartenbild sowie mit einer Kurzbeschreibung vorgeschlagen. Die Karte zeigt auch das UTM-Gitternetz und ist damit zur GPS-Nutzung geeignet. Diese Touren sowie die Radfernwege stehen zur Nutzung mit GPS-Geräten kostenlos als Dateien im Internet zur Verfügung.

b

Heidelberger Schlossbeleuchtung
3. Juni, 8. Juli und 2. September
jeweils 22.15 Uhr

Die Schlossbeleuchtungen ziehen jedes Jahr Tausende von Menschen in ihren Bann – kaum eine andere Stadt bietet jeden Juni, Juli und September solch zauberhafte Nächte. Leuchtfeuer tauchen das Heidelberger Schloss langsam in einen geheimnisvollen roten Feuerschein. So, als ob die Ruine ein weiteres Mal in ihrer langen Geschichte brennen würde, wie zuletzt 1689 und 1693, als die Truppen des Sonnenkönigs Ludwig XIV. das Schloss und die Stadt niederbrannten und die heute weltberühmte Ruine zurückließen.

c

Bundesfreiwilligendienst (BFD) beim Allgemeinen Deutschen Fahrrad Club

Beim ADFC Baden-Württemberg gibt es zwei Plätze dafür. Altersmäßig gibt es keine Begrenzung – Jung und Alt können sich aktiv engagieren.

Der Bundesfreiwilligendienst richtet sich an Menschen, die

- nach der Schule oder dem Studium für die Gesellschaft tätig sein wollen.
- eine sinnvolle Überbrückung bis zum Studium oder zur Ausbildung suchen.
- sich beruflich orientieren möchten.
- ohne Druck Arbeitserfahrungen sammeln möchten.
- sich nach dem Berufsleben für die Gemeinschaft engagieren möchten.

www.bundesfreiwilligendienst.de

d

Die **Fotoschule Mannheim** führt Fotografie-Kurse zu vielen verschiedenen Themen durch.

NEU: Foto-Stadtsafari

Wir treffen uns für die Safari direkt am Paradeplatz in Mannheim und entdecken zusammen neue Motive, die Sie auf Ihre ganz eigene Art, aber mit ähnlichen Methoden fotografieren können. Unsere Trainer helfen dabei mit wertvollen Tipps.

Termin: 15.08., 11 Uhr
Anmeldung unter:
www.mannheimfoto.de

HeidelRad für Anfänger

e

„Du kannst nicht Fahrrad fahren? Das gibt es doch gar nicht!" Wer zugibt, nicht Rad fahren zu können, hat diesen hilfreichen Spruch sicherlich schon mal gehört. HeidelRad hilft bei der Antwort: „Nein, aber ich lerne es."
Die Gründe, warum Menschen nicht Rad fahren können, sind vielfältig, ebenso die Gründe, es lernen zu wollen: Familienradtouren oder Betriebsausflüge sind geplant. Der Arzt hat mehr Bewegung verordnet. Hilfe bietet HeidelRad mit Fahrradkursen für Erwachsene.

Termine 29.04., 06.05., 13.05., 20.05.
Kontakt: www.HeidelRad.de/Kurse

Naturkosmetik Morgenröte

f

Körper, Geist und Seele in Einklang bringen. Ihr Wohlbefinden hat für mich Priorität. Ich möchte Ihnen nicht nur Pflege und Schönheit schenken, sondern auch Entspannung und Wohlgefühl.
In angenehmer Atmosphäre erhalten Sie von mir hochwertige Kosmetikbehandlungen und Massagen, die auf Ihre individuellen Bedürfnisse abgestimmt sind.

www.morgenröte.de

g

In nur einem Tag kannst du die wichtigsten Grundlagen der Fotografie erlernen und so deinen eigenen fotografischen Stil verbessern. Ob du gerade eine neue Kamera gekauft hast oder schon seit Jahren endlich weg vom Vollautomatik-Modus möchtest: In unserem Grundlagenkurs lernst du mit spielerischen Übungen innerhalb kürzester Zeit, wie und wofür du die Zeitvorwahl (TV/S-Modus) und Blendenvorwahl (AV/A-Modus) verwendest und wie du dadurch bessere und kreativere Bilder machen kannst.

Kontakt: www.topfoto.de/anfängerkurs

Schwetzinger-Festspiele

h

Fr, 27.04.–Sa, 26.05.
Eines der weltweit größten Festivals für klassische Musik garantiert musikkulturelle Genüsse aller Art.  Die Festspiele stehen seit 1952 für eine Mischung aus „Neues wagen" und „Altes wiederentdecken". Zahlreiche internationale Größen und aufstrebende Jungstars bieten in über 60 Veranstaltungen ein abwechslungsreiches Programm höchster künstlerischer Qualität.

i

Die Jazzspiele der Schwetzinger Jazzinitiative setzen mit ihren Konzerten und den „Schwetzinger Jazzspielen" im Oktober Akzente im Jahreskalender.

Veranstaltungskalender jetzt zum Download unter **www.schwetzingen.de**

j

Mannheimer-Schönheits-Akademie

Sie werden in Theorie und Praxis von unseren Lehrkräften intensiv auf den kosmetischen Beruf vorbereitet. Im ersten Ausbildungsjahr arbeiten Sie im Praxisunterricht immer im Team mit anderen Auszubildenden.
So bekommen Sie an sich selbst ein Gespür für die Behandlung und finden Ihren eigenen Behandlungsstil.

Weitere Informationen: www.makad.de

k

Musik für alle

Seit 2007 gebe ich neben meiner Tätigkeit an Musikschulen auch privaten Gitarrenunterricht für E-Gitarre und Akustikgitarre. Mein Unterrichtsangebot richtet sich an Interessenten aller Altersgruppen – sowohl an Kinder als auch an Erwachsene, egal ob blutiger Anfänger oder angehender Profimusiker.

Buge Westhoff:
info@gitarre-edingen.de

l

Radreisen-Erlebnis-Kreuzfahrt an Rhein und Neckar

Mit dem Hotelschiff und bei Fahrradtouren entdecken Sie eine der romantischsten Flusslandschaften Europas. Die Ufer sind gesäumt von sanften Hügeln und Weinbergen, imponierenden Burgen und Schlössern.
Der Fels der Loreley ist vielbesungen, in Rüdesheim lockt mittelalterliche Burgherrlichkeit und rheinische Fröhlichkeit.
Im romantischen Heidelberg haben schon viele ihr Herz verloren.

Mein Deutsch nach Kapitel 8

eine Stadt oder Region vorstellen (Kurzvortrag)

Beruf
Freizeit
Natur
Menschen

Formulieren Sie drei Äußerungen über Ihre Stadt oder Region.

> Was mir besonders bei uns in … gefällt, ist …

Fragen zu einer Stellenanzeige stellen

Mitarbeiter (m/w) für die Telefonzentrale

Ihre Aufgaben:
- professionelle Vermittlung eingehender Telefonate
- Bearbeitung oder Weiterleitung von E-Mails
- Ausführung allgemeiner administrativer Aufgaben (z. B. Postbearbeitung, Vertragsarchiv)

Ihr Profil:
- kaufmännische Berufsausbildung
- gute PC-Kenntnisse und sicherer Umgang mit den MS-Office-Programmen
- Freude am professionellen Telefonieren

Interessiert?
Dann freuen wir uns auf Ihre Bewerbung.

Lesen Sie die Anzeige. Welche Fragen sollten Sie dem Arbeitgeber stellen? Notieren Sie.

Wie lange ist …?

---

ein Anschreiben formulieren

auf der seite „stellen.com" habe ich ihre anzeige gefunden.
hiermit möchte ich mich auf die ausgeschriebene Stelle bewerben.
sehr geehrte damen und herren,
aufgrund meiner bisherigen berufserfahrungen denke ich, dass ich für diese aufgabe qualifiziert bin.

Ordnen Sie die Sätze und schreiben Sie den Beginn eines Anschreibens. Achten Sie auf die Groß- und Kleinschreibung.

→ Seite XLIX

Fragen zu Arbeitsverträgen stellen

Probezeit
Gehalt
…

Was muss in einem Arbeitsvertrag stehen? Sammeln Sie Fragen.

> Wie lange dauert die Probezeit?

→ **Nomen-Verb-Verbindungen**   Seite XXXVI und LXXIII

Ⓖ

TESTTRAINING

P B2   **1** **Hören – Radiomeldungen und Ansagen**

🎧 2.39 – 43   **Sie hören jetzt fünf kurze Texte. Dazu sollen Sie fünf Aufgaben lösen. Sie hören diese Ansagen nur einmal. Entscheiden Sie beim Hören, ob die Aussagen 1–5 richtig oder falsch sind. Markieren Sie PLUS (+) gleich richtig und MINUS (–) gleich falsch.**

> → Hier müssen Sie jeweils nur ein einzelnes Detail heraushören.
> → Achten Sie beim Hören auf Synonyme der Wörter aus den Aufgaben (z. B. *Spur* und *Fahrstreifen*).
> → Hören Sie Radio auf Deutsch. Auf www.dw.com gibt es zum Beispiel auch langsam gesprochene Nachrichten zum Mitlesen.

1 Auf der A81 kann man zum Teil nur auf einer Spur fahren. ⊞ ⊟
2 Am Freitagvormittag gibt es in der Region Jena Regen. ⊞ ⊟
3 Für die heutige Vorstellung gibt es keine Karten mehr. ⊞ ⊟
4 Erwachsene dürfen nur mit Kindern ins Kinderreich des Deutschen Museums. ⊞ ⊟
5 Über das Starterpaket von „NetzFix" kann man sich im Internet informieren. ⊞ ⊟

P B2   **2** **Sprechen – Präsentation**

Sie sollen kurz Ihrem Partner / Ihrer Partnerin eines der folgenden Themen präsentieren (die Stichpunkte in den Klammern können Ihnen dabei helfen). Sie haben dazu ca. zwei Minuten Zeit. Nach Ihrer Präsentation beantworten Sie die Fragen Ihres Partners / Ihrer Partnerin.

Nachdem Ihr Partner / Ihre Partnerin ebenfalls sein/ihr Thema präsentiert hat, stellen Sie ihm/ihr einige Fragen, die Sie interessieren.

Während der Präsentation unterbrechen Sie Ihren Partner / Ihre Partnerin möglichst nicht.

> → Diesen Prüfungsteil können Sie gut zu Hause vorbereiten. Die Redemittel auf Seite 85 und Seite LVI helfen. Machen Sie sich Stichworte und lesen Sie diese vor der Prüfung noch einmal durch.
> → Lernen Sie aber keine Texte auswendig. Die Prüfenden merken sofort, wenn Sie nicht spontan und natürlich sprechen.

- Ein Buch, das Sie gelesen haben (Thema, Autor, Ihre Meinung usw.)
  oder
- Einen Film, den Sie gesehen haben (Thema und Handlung, Schauspieler, Ihre Meinung usw.)
  oder
- Eine Reise, die Sie unternommen haben (Ziel, Zeit, Land und Leute, Sehenswürdigkeiten usw.)
  oder
- Eine Musikveranstaltung, die Sie besucht haben (Musikrichtung, Musiker, Ort, persönliche Vorlieben usw.)
  oder
- Ein Sportereignis, das Sie besucht haben (Sportart, Ort, Personen, Ergebnis usw.)

So können Sie Fragen einleiten:

> Du hast erzählt, dass … . Wie/Warum/Wann/…?   ⟩   ⟨   Ich wollte noch mal nachfragen: Wie war …

3 Lesen – formale bzw. halbformale Texte

Lesen Sie die Texte 1–3 und die Aufgaben 1–6. Entscheiden Sie, welche Antwort (a, b oder c) am besten passt. Kreuzen Sie an.

> → Lesen Sie immer zuerst die Aufgaben und dann die Texte.
> → Es sind immer drei Texte. Diese Textsorten können vorkommen: formale Briefe bzw. E-Mails, Informationstexte, Ratgeber, Rundschreiben, Anleitungen oder Rechtsvorschriften.

Text 1

Sehr geehrte Frau Vanhofen,

mein Name ist Tatjana Komissarova, und ich wende mich heute mit einer Frage an Sie:
Wäre es möglich, dass ich im Zeitraum vom 6. bis zum 20. April bei Ihnen ein Praktikum mache?
Für Sie würden dabei natürlich keinerlei Kosten entstehen.
Der Beruf der Reiseverkehrskauffrau interessiert mich sehr, und ich überlege mir, nach meinem
Mittleren Schulabschluss eine entsprechende Ausbildung zu machen. Deshalb liegt es natürlich
sehr nahe, dass ich mein zweiwöchiges Betriebspraktikum in einem Reisebüro mache, um den
Beruf näher kennenzulernen und eine gute Basis für meine Entscheidung zu haben.
Zu meiner Person: Derzeit besuche ich die Sekundarschule, die ich im Juli 20.. abschließen
werde. Ich bin im Alter von fünf Jahren mit meinen Eltern aus Russland nach Deutschland
gekommen und spreche perfekt Russisch und Deutsch. Außerdem kann ich fließend Polnisch
und Englisch. Da Sie vor allem Reisen nach Mittel- und Osteuropa anbieten, könnten diese
Sprachkenntnisse für die Arbeit bei Ihnen eventuell nützlich sein.
Gerne stelle ich mich Ihnen persönlich vor. Über eine Einladung würde ich mich sehr freuen.

Mit freundlichen Grüßen

1 Tatjana Komissarova
  a bewirbt sich in dem Reisebüro für eine Ausbildung.
  b möchte in dem Reisebüro zwei Wochen arbeiten.
  c möchte über das Reisebüro eine Sprachreise buchen.

2 Nach ihrem Schulabschluss möchte sie
  a nach Russland reisen.
  b einen Beruf lernen.
  c Sprachen studieren.

Text 2

Informationsveranstaltung für arbeitssuchende Migrant/innen
Ausbildungs- und Beschäftigungsmöglichkeiten im Handwerk
24.6. 20... um 19:30 im Stadtteilzentrum West

Sind Sie handwerklich geschickt und suchen Arbeit oder möchten eine Ausbildung machen?
Haben Sie schon handwerkliche Erfahrungen, z. B. als Maler/in, Elektriker/in oder Installateur/in?
Dann suchen wir Sie! Viele Handwerksbetriebe brauchen neue Mitarbeiter/innen oder haben noch freie Ausbildungs-
plätze. Das Projekt „Willkommen im Handwerk" der Handwerkskammer Neuhaus will helfen, Migrant/innen und
Handwerk zusammenzubringen. Ziel dieses Abends ist es, Ihnen Handwerksbetriebe vorzustellen, in denen Sie ar-
beiten können. Falls Sie sich für einen Betrieb interessieren, wird Ihnen der Willkommenslotse Karsten Everding bei
Ihrer Bewerbung beratend zur Seite stehen. Außerdem bekommen Sie detaillierte Informationen über das Projekt.
„Willkommen im Handwerk" richtet sich an Migrant/innen über 20 Jahre, die entweder Beschäftigung oder eine Aus-
bildung in Handwerksbetrieben suchen. Im Rahmen des Projekts werden Sie handwerkliche Berufe in Deutschland
kennenlernen. Der Kurs „Willkommen im Handwerk" dauert 18 Wochen und beinhaltet ein Praktikum sowie Unter-
richt in Deutsch, Mathematik und weiteren Fächern. Nachdem Sie das Projekt abgeschlossen haben, unterstützen wir
Sie bei der Suche nach einem Ausbildungsplatz oder einer Arbeitsstelle.
Die Veranstaltung findet auf Deutsch statt, wird aber ins Türkische, Arabische und in Farsi übersetzt.

3 Das Projekt richtet sich an
   a Handwerker, die eine Fortbildung brauchen.
   b junge Menschen, die Arbeit im Handwerk suchen.
   c Übersetzer, die sich weiterbilden möchten.

4 Im Rahmen des Projekts bekommt man
   a ein kostenloses Bewerbungstraining.
   b eine mehrjährige Ausbildung in einem Handwerksberuf.
   c Hilfe bei der Suche nach einem Arbeits- oder Ausbildungsplatz.

Text 3

An: alle Mitarbeiterinnen und Mitarbeiter
CC: Geschäftsleitung
Betreff: Rundbrief

Sehr geehrte Mitarbeiterinnen und Mitarbeiter,
wir hoffen, dass Sie alle gut ins neue Jahr gekommen sind, und wünschen Ihnen und Ihren Familien alles Gute!
Mit diesem Schreiben möchten wir Ihnen wie üblich zu Jahresbeginn einige wichtige Informationen geben.

Lohnregelung:
Folgende Lohnregelung wurde beschlossen: Ab dem 1. April gibt es für alle Beschäftigten eine Lohnerhöhung um 2,5 %.
Für die Monate Januar, Februar und März erhalten Sie jeweils eine Pauschale von 100,00 €.
Das Weihnachtsgeld wird in Zukunft abhängig von der Dauer der Betriebszugehörigkeit nach folgendem Schlüssel berechnet: über 6 Monate 35 %, über 12 Monate 45 % und über 24 Monate 50 % eines Monatsentgelts.

Urlaub:
Die Urlaubsregelung ist dieses Jahr wie folgt: An den Brückentagen 30. April und 11. Mai bleibt die Firma geschlossen. An diesen beiden Tagen müssen Sie Urlaub nehmen.
Außerdem ist die Firma in der Weihnachtszeit vom 24. Dezember bis zum 31. Dezember geschlossen; in dieser Zeit müssen Sie ebenfalls vier Urlaubstage nehmen.
Dieses Jahr wird es wegen unserer guten Auftragslage abweichend von der bisherigen Regelung keine Schließung in den beiden ersten Augustwochen geben, die Firma bleibt im Sommer durchgehend geöffnet.
Tragen Sie bitte Ihre übrigen gewünschten Urlaubstermine wie üblich in den in Ihren Abteilungen ausliegenden Listen ein.

Mit freundlichen Grüßen
Bernhard Hiller
im Auftrag der Geschäftsleitung

5 Ab April gibt es
   a 100 Euro mehr im Monat.
   b für alle Angestellten mehr Geld.
   c für Personen, die mehr als zwei Jahre in der Firma arbeiten, mehr Geld.

6 Urlaub
   a darf in den beiden ersten Augustwochen niemand nehmen.
   b gibt es für die Brückentage im April und Mai nicht.
   c müssen über die Weihnachtstage alle nehmen.

4 Schreiben – innerbetriebliche E-Mail

So sieht die Aufgabe in der Prüfung aus:

Situation

Ihre Kollegin Miranda Gonzales, IT-Beauftragte in Ihrem Betrieb, ist bis zum 14.7. in Urlaub und hat Sie gebeten, ihre E-Mails zu bearbeiten.

Aufgabe

Schreiben Sie eine E-Mail. Vergessen Sie nicht den Betreff, die Anrede, eine passende Einleitung und einen passenden Schluss.

Von:	Abier Al Hoseen [al-hoseen@kramer.com]
Gesendet:	9.7.
An:	IT-Beauftragte@kramer.com
Betreff:	neues Präsentationsprogramm

Liebe Frau Gonzales,
leider gibt es in meiner Abteilung viele technische Probleme mit der neuen Kundendatenbank. Außerdem kommen viele Kolleginnen und Kollegen mit der neuen Benutzeroberfläche nicht zurecht.
Deshalb zwei Bitten: Könnten Sie prüfen, ob das Programm richtig installiert wurde?
Und wäre es möglich, bald eine Schulung zu organisieren?

Mit Dank und Gruß
Abier Al Hoseen

Bearbeiten Sie folgende Punkte angemessen ausführlich:

- **Grund für Ihre E-Mail**
- **Nachfrage: Welche Probleme?**
- **Terminvorschlag Schulung**

→ Üben Sie E-Mail-Standards: Betreff (in Stichworten), Anrede, Einleitung, Schluss. 😊
→ Schreiben Sie 100–150 Wörter.

Schreiben Sie die Antwort-E-Mail. Die Ausdrücke im Kasten helfen.

Anrede	Einleitung	Hauptteil	Schluss
Liebe Frau …, Lieber Herr …, Liebe Kolleginnen und Kollegen, Sehr geehrte Mitarbeiterinnen und Mitarbeiter,	vielen Dank für Ihre/eure Mail. Da Herr/Frau … in Urlaub / auf Dienstreise / auf Fortbildung ist, antworte ich in Vertretung. Herr/Frau … ist gerade dienstlich unterwegs und hat mich gebeten, seine/ihre E-Mails zu beantworten.	Könnten Sie mir bitte die Probleme noch etwas detaillierter schildern? Können Sie mir bitte sagen, wie viele Kolleginnen und Kollegen Interesse an … hätten? Ich schlage Folgendes vor: … Wäre es möglich zu warten, bis Herr/Frau … aus dem Urlaub zurück ist?	Sobald Herr/Frau … aus dem Urlaub zurück ist, werden wir uns wieder bei Ihnen melden. Vielen Dank für Ihr/Euer Verständnis. Vielen Dank schon jetzt für Ihre Rückmeldung. Mit freundlichen Grüßen …

Lernwortschatz

Schwarze Wörter stammen aus dem Kursbuchteil, grüne Wörter aus dem Übungsbuchteil.

A.: Akkusativ	*Sg.*: Singular	ạ: betont und kurz	‥: Plural mit Umlaut
D.: Dativ	*Pl.*: Plural	ạ̲: betont und lang	

Kapitel 1   Das bin ich.

1 Gabrielas Seite

die Premi**e**re, -n
sich beschw**e**ren (bei + D. / über + A.)
die Spezialit**ä**t, -en
das Prof**i**l, -e
der St**e**ckbrief, -e
w**i**rken
verp**a**ssen
ber**u**fstätig

2 Das ist Gabriela.

die N**a**chricht, -en
sich w**o**hlfühlen
s**e**henswert
unternehmungslustig
der L**e**benslauf, ‥e
verg**e**sslich
zur**ü**ckhaltend
die Char**a**ktereigenschaft, -en
g**e**genseitig
sch**ü**chtern
l**au**nisch
g**ei**zig
sp**a**rsam
organis**ie**rt
leb**e**ndig
kolleg**ia**l
temperam**e**ntvoll
gef**ü**hlvoll

3 Ein neuer Arbeitsplatz

die Ver**ä**nderung, -en
die Agent**u**r, -en
bish**e**r
sob**a**ld
sich gew**ö**hnen (an + A.)
die **Ei**narbeitung (*Sg.*)
das **Au**fgabengebiet, -e
sol**a**nge
der **A**nhang, ‥e
die St**e**lle, -n
die Z**u**sage, -n
unbefristet
w**ei**terhin
die Her**au**sforderung, -en

4 Gabrielas Hobbys

der R**u**cksack, ‥e
die Entsp**a**nnung, –
die Bew**e**gung, -en
die L**ei**denschaft, -en
inzw**i**schen
verl**o**sen
be**o**bachten
etwas dab**ei**haben
etwas von j**e**mandem übern**e**hmen
sich beg**ei**stern (für + A.)

5 Ich fotografiere die Natur.

auf etwas k**o**mmen
ge**ei**gnet sein (für + A.)
der W**e**ttbewerb, -e
das Nat**u**rschutzgebiet, -e
die Gesch**ä**ftsbedingungen (*Pl.*)

6 Einen Lebenslauf schreiben

der **A**bschluss, ‥e
verpfl**i**chtet sein (zu + D.)
die Br**a**nche, -n
die Ber**u**fserfahrung, -en
die Z**u**satzqualifikation, -en
etwas **a**ngeben, gab **a**n,
    hat **a**ngegeben
das V**o**rstellungsgespräch, -e
die Pfl**i**cht, -en
das Engag**e**ment (*Sg.*)
die Bew**e**rbung, -en
der L**e**bensabschnitt, -e
das St**i**chwort, ‥er
das **A**nschreiben, –
die V**o**rlage, -n
beh**au**pten
angemessen
erw**ä**hnen
p**a**ssend
v**o**llständig
die K**e**nntnis, -se
h**i**lfsbereit
achten (auf + A.)
das Bew**e**rbungsgespräch, -e
gl**ei**chermaßen

Kapitel 2 Gestern – heute – morgen

1 Alte Freunde

der <u>Au</u>ßendienst *(Sg.)*
Kontakt <u>au</u>fnehmen (zu + D. / mit + D.)
den <u>Ü</u>berblick (über + A.) … verlieren/behalten
die K<u>u</u>ndenbetreuung *(Sg.)*
das M<u>a</u>rketing *(Sg.)*

2 Das Treffen

die Bez<u>ie</u>hung, -en
das Stip<u>e</u>ndium, die Stip<u>e</u>ndien
finanz<u>ie</u>ren
<u>ei</u>nsam
etwas läuft gut/super
das H<u>ei</u>mweh *(Sg.)*
die Fil<u>ia</u>le, -n
Liebe auf den ersten Blick
z<u>ie</u>mlich (gut/schlecht/teuer …)

3 Ahmeds E-Mail

der St<u>a</u>nd, ⸚e
jemanden auf den neuesten Stand bringen
die N<u>eu</u>igkeit, -en
das W<u>ie</u>dersehen *(Sg.)*

4 Und was sind deine Pläne?

es g<u>e</u>ht dar<u>u</u>m …
einen Job <u>au</u>fgeben/<u>a</u>nnehmen
der N<u>e</u>benjob, -s
zur<u>ü</u>cklassen, ließ … zurück, hat zurückgelassen
die Schw<u>ie</u>rigkeit, -en
die Z<u>u</u>lassung, -en
die S<u>i</u>cherheit, *(Sg.)*
das Verm<u>ö</u>gen, –
der M<u>i</u>tmensch, -en

5 Wo sehen Sie sich in 5 Jahren?

der R<u>ea</u>lschulabschluss, ⸚e
vergl<u>ei</u>chbar
der Ber<u>u</u>fsabschluss, ⸚e
der <u>U</u>mgang *(Sg.)* (mit + D.)
Freude am Umgang mit Menschen haben
<u>e</u>twas über sich erzählen
sich bew<u>e</u>rben (bei + D. / auf + A.)
der<u>ze</u>itig
<u>e</u>twas w<u>i</u>ssen (über + A.)
<u>e</u>twas err<u>ei</u>chen
die St<u>ä</u>rke, -n
die Schw<u>ä</u>che, -n
<u>au</u>sgebildet

sich einen Plan machen
das Ziel n<u>i</u>cht aus den Augen verlieren
<u>a</u>nkommen (auf + A.), kam <u>a</u>n, ist <u>a</u>ngekommen

6 Berufe im Wandel

der W<u>a</u>ndel *(Sg.)*
entst<u>e</u>hen, entst<u>a</u>nd, ist entst<u>a</u>nden
ers<u>e</u>tzen
die Ver<u>ä</u>nderung, -en
der W<u>a</u>sserhahn, ⸚e
die L<u>ei</u>tung, -en
die H<u>ei</u>zung, -en
die F<u>o</u>rtbildung, -en
die Sol<u>a</u>ranlage, -n
der <u>U</u>msatz, ⸚e
die Digitalis<u>ie</u>rung *(Sg.)*
(ein Gerät) <u>ei</u>nstellen
der R<u>o</u>boter, –
(einen Gew<u>i</u>nn) erw<u>i</u>rtschaften
sich ver<u>ä</u>ndern
Besch<u>ei</u>d wissen (über + A.)
der <u>Ei</u>nkaufswagen, –
der Sc<u>a</u>nner, –
(Daten) erf<u>a</u>ssen
etwas <u>a</u>brechnen
l<u>ie</u>fern
best<u>e</u>llen
autom<u>a</u>tisch
eine <u>Au</u>fgabe übern<u>e</u>hmen
eine <u>Au</u>fgabe erl<u>e</u>digen
der H<u>au</u>sarzt, ⸚e
die Pr<u>a</u>xis, die Praxen
der H<u>au</u>sbesuch, -e
die Operat<u>io</u>n, -en
automat<u>i</u>sieren
die <u>A</u>rbeitshandschuhe *(Pl.)*
die B<u>o</u>hrmaschine, -n
der <u>Ei</u>mer, –
die F<u>a</u>rbrolle, -n
der H<u>a</u>mmer, ⸚
der P<u>i</u>nsel, –
der Schr<u>au</u>bendreher, –
der Schr<u>au</u>benschlüssel, –
der Sch<u>u</u>tzhelm, -e
der Sp<u>a</u>chtel, –
das Kl<u>e</u>beband, ⸚er
das T<u>e</u>ppichmesser, –
das Verl<u>ä</u>ngerungskabel, –
die W<u>a</u>sserwaage, -n
der W<u>e</u>rkzeugkasten, ⸚
die Z<u>a</u>nge, -n

Haltestelle A

2 Lebensphasen

die Lebensphase, -n
die Karriere, -n
die Chancen steigern (auf + A.)
die Lebenserfahrung, -en
die Spontaneität *(Sg.)*
der Neuanfang, ⁓e
das Gehirn, -e
die Pubertät *(Sg.)*
der Altersgenosse, -n / die Altersgenossin, -nen
einen Konflikt austragen
leichtfallen, fiel leicht, ist leichtgefallen
das Lernen fällt leicht
die Geburt, -en
im Gegensatz (zu + D.)
das Gen, -e
der/die Gleichaltrige, -n

gesundheitliche Probleme haben
gestalten
dem Leben einen Sinn geben
die Umstellung, -en
Zeit gewinnen
hinauszögern
der Alterungsprozess, -e
der Durchschnitt, -e
im Durchschnitt
mühsam
entscheidend
soziale Kontakte
die Betreuung *(Sg.)*
die Routine, -en
die Industrienation, -en
die Lebenserwartung, -en
gelten, galt, hat gegolten

Kapitel 3   Rund ums Wohnen

1 Wohnformen

die Gardine, -n
das Parkett, -s
die Puppe, -n
der Rollladen, ⁓
das Kissen, –
die Kommode, -n
die Schublade, -n
die Stehlampe, -n
das Spielzeug, -e
die Wolldecke, -n
das Einkommen, –
die Einrichtung, -en
sich einig sein (über + A.)
der Tiefkühlschrank, ⁓e
der Wasserkocher, –

die Hausverwaltung, -en
jdm. die Daumen drücken
das Display, -s
das Telefonat, -e
abschleifen
jdn. beauftragen (mit + D.)
(eine Wohnung) streichen
die Fliese, -n
der Internetanschluss, ⁓e
(Geräte) anschließen, schloss an, hat angeschlossen
besorgen
professionell
der Sekt *(Sg.)*
anstoßen (mit + D.), stieß an, hat angestoßen
(sich) ummelden
der Handyanbieter, –
der Klick, -s
die Einweihungsparty, -s
einen Nachsendeantrag stellen
der Umzugskarton, -s
der Fliesenleger, –

2 Unsere neue Wohnung

die Wohnungsbesichtigung, -en
die Zusage, -n
geräumig
das Online-Portal, -e
etwas in der engeren Auswahl haben
der Grundriss, -e
jdn. (über etwas) auf dem Laufenden halten
der Interessent, -en / die Interessentin, -nen
die Dachgeschosswohnung, -en
die Einbauküche, -n
sich vormerken lassen (für + A.)
die Unterlagen *(Pl.)*
die Selbstauskunft, ⁓e
der Nachweis, -e

einen Mietvertrag abschließen
die Mieterhöhung, -en
die Kochgelegenheit, -en
die Wohnfläche, -n
(zeitlich) befristet
verbindlich
eventuell
die Vorauszahlung, -en
die Betriebskosten *(Pl.)*
gründlich
die Reinigung, -en

der Mangel, ⸚
der Schaden, ⸚
zumutbar
die Kündigungsfrist, -en

3 Der Umzug

ein Angebot einholen (für + A.)
flexibel (bezüglich + G.)
noch etwas Spielraum haben (bei + D.)
ausgebucht (bis + A.)
jdm. (bei etwas) entgegenkommen
der Fixpreis, -e

4 Die Einweihungsparty

spontan
neugierig sein (auf + A.)
die Bemühung, -en
die Verkehrsanbindung (Sg.)
der Vorort, -e

5 Es gibt da ein Problem.

der Abfluss, ⸚e
die Sprechanlage, -n
der Fenstergriff, -e

die Türklinke, -n
tropfen
verstopft
etwas austauschen
klemmen
abbrechen, brach ab, ist abgebrochen
dicht
anschrauben
entlüften

6 Eine E-Mail an die Hausverwaltung

jdn. verständigen
beheben, behob, hat behoben
einen Schaden beheben
bei Bedarf
ein Problem schildern
sich beziehen (auf + A.), bezog, hat bezogen
im Voraus
die Nachbesserung, -en
etwas vereinbaren (mit + D.)
ein Problem klären
die Rückfrage, -n
jederzeit
etwas veranlassen
zurechtkommen (mit + D. / ohne + A.)

Kapitel 4   Mein eigener Laden

1 Mehmets Kiosk

der Kiosk, -e
der Lieferant, -en / die Lieferantin, -nen
die Tiefkühlkost (Sg.)
liefern

2 Warum ich die Spätis liebe.

das Warenangebot, -e
die Öffnungszeit, -en
rund um die Uhr
die Auswahl (Sg.)
begehren
die Besorgung, -en
der/die Einheimische, -n
miteinander
das Zuhause (Sg.)
ein offenes Ohr für jemanden haben
die Entdeckung, -en
hetzen
freiberuflich
sich etwas einteilen
der Auftrag, ⸚e
zufällig
die Gleitzeit (Sg.)
der Schichtdienst, -e

die Schuld (Sg.)
Das ist nicht seine Schuld.
der Feierabend, -e
die Frühschicht, -en
der Kioskbesitzer, – / die Kioskbesitzerin, -nen
die Spätschicht, -en
die Redaktion, -en
Besorgungen machen

3 Ein Gespräch mit Mehmet

einen Kiosk betreiben
die Buchführung (Sg.)
der Pachtvertrag, ⸚e
das Sortiment, -e
die Lage (Sg.)
finanzielle Rücklagen
eröffnen
der Besitzer, – / die Besitzerin, -nen
gewerblich
die Reserve, -n
die Einnahme, -n
die Ausgabe, -n
die Verwirklichung (Sg.)
profitieren (von + D.)
selbstständig

die Versicherung, -en
das Existenzgründerseminar, -e
die Geschäftsidee, -n
der Familienbetrieb, -e
der Konzern, -e
der/die Vorgesetzte, -n
die Lieferung, -en
die Rücksendung, -en
die Logistik *(Sg.)*

4 Beiträge im Gründerforum

die Nachfrage *(Sg.)*
klappen
die Pleite, -n
pleitegehen
der Kredit, -e
einen Kredit aufnehmen
niedergeschlagen
gründen
die Gewerbefläche, -n

Testtraining A

2 Lesen – Forumsbeiträge

der Lagerraum, ⁼e
der Türöffner, –
der Anschluss, ⁼e
(unter Wasser) stehen, stand, hat gestanden
wohl oder übel
es sei denn
die Änderungskündigung, -en
der Fachanwalt, ⁼e
das Mietrecht *(Sg.)*
verschwinden, verschwand, ist verschwunden
ein gewisses Maß an
die Abwesenheit, -en
(einen Raum) betreten, betrat, betreten
etwas absprechen (mit + D.)
das Einverständnis *(Sg.)*
der Nachschlüssel, –
jdn. hinweisen auf (+ A.), wies hin, hingewiesen
das Einschreiben, –
die Abmachung, -en
wie vereinbart
der Zugang, ⁼e
etwas androhen
die Miete mindern
Renovierungsarbeiten vornehmen
der gesunde Menschenverstand
appellieren (an + A.)
jdn. bewegen (zu + D.)

der Existenzgründer, – / die Existenzgründerin, -nen
günstig
der Zuschuss, ⁼e

5 Alltag im Späti – der Dienstplan

der Dienstplan, ⁼e
etwas übernehmen
etwas einhalten
ausnahmsweise
der Umstand, ⁼e

6 Arbeitsaufträge

die Lieferung, -en
unbedingt
dringend
der Karton, -s
der Arbeitsauftrag, ⁼e
das Telefon abnehmen
zuständig
die Nachbestellung, -en

von einem Jahr auf das andere
das Doppelte verlangen
pauschal
die Abrechnung, -en
tatsächlich
unzumutbar
sicherheitshalber
der Firmenrabatt, -e
(eine Rechnung) beanstanden

3 Lesen – E-Mails

die Terminbestätigung, -en
der Einspruch, ⁼e
die Abbestellung, -en
die Zusage, -n
die Betreffzeile, -n
die Zustellung, -en
das Probeheft, -e
nach eingehender Prüfung
die Kundschaft *(Sg.)*
absehen (von + D.)
unverlangt
lauten
die Geschäftsstelle, -n
sich telefonisch in Verbindung setzen (mit + D.)
die Unannehmlichkeit, -en
ertragen, ertrug, hat ertragen
jdm. die Gelegenheit geben (zu + D.)

Kapitel 5   Wir sind ein Team!

1 Teamarbeit

die Teamarbeit *(Sg.)*
das Zusammenspiel *(Sg.)*
sich anstrengen (bei + D. / mit + D.)
weiterkommen
verteilen
die Mannschaft, -en

2 Sofia Adu ist neu beim Partyservice *Fein*.

Kritik üben/äußern (an + D.)
die Rundmail, -s
souverän
die Absprache, -n
unvoreingenommen
das Verhalten *(Sg.)*
überlastet sein
der Verbesserungsvorschlag, ⸚e
sich unbeliebt machen (bei + D.)
einen schlechten Eindruck hinterlassen (bei + D.)
die Ehrlichkeit *(Sg.)*
jdn. loben (für + A.)
etwas vertuschen
überfordert
das Gerücht, -e
der/die IT-Beauftragte, -n
verhindern
gelassen
das Vorurteil, -e
umgehen (mit + D.)
eine Entscheidung treffen
der Abteilungsleiter, – /
   die Abteilungsleiterin, -nen
Verhandlungen führen (mit + D)
einen Auftrag vergeben/annehmen

3 Ich möchte mich vorstellen.

die Buchhaltung *(Sg.)*
auf jdn. zukommen
der Personalchef, -s / die Personalchefin, -nen
die Fachhochschule, -n (FH)
der Versand *(Sg.)*
das Personal *(Sg.)*

4 Sofias Protokoll

das Protokoll, -e
der Tagesordnungspunkt, -e (der TOP, -s)
das Buffet, -s
die Servicekraft, ⸚e
präzise
sachlich
neutral
ausschließlich

das Gerücht, -e
die Sitzung, -en
mithilfe (von + D.)
der Entwurf, ⸚e
einen Entwurf erstellen
der Flyer, –
die Visitenkarte, -n
die Aushilfskraft, ⸚e
die Sommersaison *(Sg.)*

5 Ein Teamgespräch führen

abstimmen (über + A.)
problematisch

6 Welche Teamrolle haben Sie?

das Ganze *(Sg.)*
ausmachen
die Schulung, -en
sich aufteilen (in + D.)
komplex
per Zufall
ein Ergebnis erzielen
die Kompetenz, -en
der Macher, – / die Macherin, -nen
ohne Rücksicht auf Verluste
die Abwechslung, -en
sich festlegen lassen (auf + A.)
improvisieren
die Flexibilität *(Sg.)*
die Experimentierfreude *(Sg.)*
der/die Konservative, -n
über Bord werfen
die Ausdauer *(Sg.)*
die Treue *(Sg.)*
einen Gegenpol bilden (zu + D.)
etwas in die Tat umsetzen
systematisch
das Faktenwissen *(Sg.)*
die Statistik, -en
detailliert
fasziniert (von + D.)
die Realität aus den Augen verlieren
formal
die Vorgabe, -n
ignorieren
die Neugier *(Sg.)*
die Innovation, -en
das Wachstum *(Sg.)*
konstruktiv – destruktiv
chaotisch – strukturiert
traditionell – innovativ
gefühlsbetont – rational
voreilig

motiv<u>ie</u>rend – demotiv<u>ie</u>rend
provoz<u>ie</u>rend – <u>au</u>sgleichend
pessim<u>i</u>stisch – optim<u>i</u>stisch

Kapitel 6   Reisen

1   Wohin wollen wir fahren?

die Pausch<u>a</u>lreise, -n
die V<u>o</u>llpension *(Sg.)*
alles inklus<u>i</u>ve
die Hot<u>e</u>lanlage, -n
die R<u>ei</u>segruppe, -n

2   Reiseangebote

das <u>A</u>ngebot, -e
sich erh<u>o</u>len
der Fr<u>üh</u>bucherrabatt, -e
sich entsch<u>ei</u>den
die H<u>a</u>lbpension *(Sg.)*
das Erl<u>e</u>bnis, -se
sensation<u>e</u>ll
der H<u>a</u>ken, –
die Geb<u>üh</u>r, -en
verst<u>e</u>ckte Gebühren
die <u>A</u>nzahlung, -en
Ich wäre Ihnen dankbar …
err<u>ei</u>chbar

3   Du hättest den Vertrag lesen sollen.

die R<u>ei</u>serücktrittsversicherung, -en
eine Vers<u>i</u>cherung <u>a</u>bschließen
die K<u>o</u>sten *(Pl.)*
für die K<u>o</u>sten <u>au</u>fkommen
die <u>a</u>llgemeinen Geschäftsbedingungen (AGBs)
(eine R<u>ei</u>se) storn<u>ie</u>ren
b<u>u</u>chen
im Kr<u>a</u>nkheitsfall

4   Arbeiten, wenn andere Urlaub machen.

<u>au</u>fwachsen (in + D.)
der M<u>a</u>ster, –
sich spezialis<u>ie</u>ren (auf + A.)
betr<u>eu</u>en
unterw<u>e</u>gs sein
zur Verfügung stehen
<u>a</u>nspruchsvoll
das feste Einkommen
die Gesch<u>ä</u>ftsleitung, -en
r<u>ei</u>bungslos
das Check-in/out
die Koordinat<u>io</u>n *(Sg.)*
<u>a</u>bwechslungsreich
beg<u>ei</u>stert

einen Einblick bekommen (in + A.)
jdn. fr<u>ei</u>stellen (für + A.)

die Beg<u>ei</u>sterung *(Sg.)*
das Gr<u>u</u>ndgehalt, ⸚er
die <u>Au</u>fstiegsmöglichkeit, -en
die Kreativit<u>ä</u>t *(Sg.)*
die <u>A</u>nerkennung *(Sg.)*
t<u>o</u>dmüde
die Bez<u>a</u>hlung *(Sg.)*

5   Faris will beruflich weiterkommen.

die <u>A</u>nforderung, -en
die T<u>ea</u>m- und Kommunikati<u>o</u>nsfähigkeit
die Bew<u>e</u>rbungsunterlagen *(Pl.)*
v<u>o</u>llständig

6   Berufsbild Reiseleiter/in – eine Satire

das Ber<u>u</u>fsbild, -er
die Sat<u>i</u>re, -n
die <u>U</u>mbuchung, -en
s<u>e</u>lbstverständlich
<u>au</u>sgebucht
h<u>o</u>ffnungslos
überb<u>u</u>cht
z<u>au</u>bern
in der L<u>a</u>ge sein
die R<u>ü</u>ckkehr *(Sg.)*
die Pr<u>e</u>sse *(Sg.)*
k<u>ö</u>rperlich
ps<u>y</u>chisch
therap<u>eu</u>tisch
alles im Griff haben
der Sinn des Lebens
d<u>ie</u>nen
gut umgehen können (mit + D.)
die Präsentat<u>io</u>n, -en
der V<u>o</u>rtrag, ⸚e
s<u>i</u>cherlich
<u>a</u>bschließend
die Aufmerksamkeit
sich l<u>o</u>hnen
verzw<u>ei</u>felt
die Versp<u>ä</u>tung, -en
der <u>A</u>nschlusszug, ⸚e
die K<u>ü</u>ndigungsfrist, -en
die <u>A</u>rbeitsbedingungen *(Pl.)*
die Gew<u>e</u>rkschaft, -en
b<u>ei</u>treten, trat b<u>ei</u>, ist b<u>ei</u>getreten
jmd. ber<u>a</u>ten

Haltestelle B

2 Gedichte

die Ameise, -n
verzichten (auf + A.)
versäumen
zeitig
erholsam

Kapitel 7   So wird's gemacht.

1 Familie Kranz renoviert.

begabt – unbegabt
(Boden/Stromleitungen) verlegen
nähen
die Dichtung, -en
auswechseln
(eine Steckdose) anbringen
tapezieren
der Schraubenzieher, –
die Nadel, -n
der Faden, ⸚
der Stoff, -e
das Maßband, ⸚er
defekt
das Abflussrohr, -e

2 Im Baumarkt

der Baumarkt, ⸚e
der Umgang (mit + D.)
speziell (für + A.)
das Konzept, -e
für sich sprechen
sich fest etablieren
sich eintragen (für + A.)
etwas zur Verfügung stellen
das Niveau, -s
der Fortbildungsbedarf (Sg.)

3 Das neue Zimmer von Dennis

(den Boden) wischen
(den Papierkorb) ausleeren
der Backofen, ⸚
zuschneiden, schnitt zu, hat zugeschnitten
das Preisschild, -er
erneuern
(einen Fleck) entfernen

4 Können Sie mir helfen?

der Heimwerker, – / die Heimwerkerin, -nen
der Notdienst, -e
(Hilfe) benötigen

4 Mit Wörtern spielen

der Kaktus, Kakteen
das Laufband, ⸚er
das Aquarium, -en
die Hängematte, -n
der Spielautomat, -en

die Montage (Sg.)
die Montageanleitung, -en
der Geldbeutel, – (Süddeutsch)
allein klarkommen, kam klar, ist klargekommen
der Haupthahn, ⸚e
zudrehen
(Wasser) ablassen
das Ventil, -e
(ein Baby) wickeln
der Knopf, ⸚e
annähen
abdecken
die Klappe, -n

5 Das kann man besser machen.

die Grundlage legen (für + A.)
intern – extern
der Arbeitsbereich, -e
das Mobbing (Sg.)
ausgerechnet dann, wenn …
vor Ort
vereinfachen
verbilligen
die Instandhaltung (Sg.)
die Wartung (Sg.)
senken
die Eingangsbestätigung, -en
sorgfältig
(einen Vorschlag) umsetzen

6 Die Zukunft des Handwerks

unterkommen (in + D.)
unternehmen, unternahm, hat unternommen
sich fit machen (für + A.)
die duale Ausbildung
durchlaufen, durchlief, hat durchlaufen
einen guten Ruf haben
der Ausbildungsbetrieb, -e
die Berufsschule, -n
der Schulabgänger, – / die Schulabgängerin, -nen
durchführen
etwas überdenken

sich überzeugen (von + D.)
der/die Geflüchtete, -n
jdm. etwas ermöglichen
nachhaltig
sanieren
umgehen (mit + D.). ging um, ist umgegangen
eingeschränkt
überlaufen, lief über, ist übergelaufen
unpraktisch
digital

etw. umgehen, umging, hat umgangen
die Messung, -en
die Auswirkung, -en
Auswirkungen haben (auf + A.)
widersprechen, widersprach, hat widersprochen
jdn. unter Druck setzen
das Design, -s
umarmen
die Kosten überschlagen (für + A.)

Kapitel 8   Metropolregion Rhein-Neckar

1 Eine Region in Südwestdeutschland

die Region, -en
das Industrieunternehmen, –
der öffentliche Nahverkehr (Sg.)
der Aspekt, -e
die Werkstatt, ⸚en
das Rathaus, ⸚er

2 Eine Reportage

der Lottogewinn, -e
wirtschaftlich
sich Gedanken machen (über + A.)
demografisch
die Entwicklung, -en
einheimisch
die Bevölkerung, -en
die Zuwanderung, -en
die duale Hochschule, -en
die Fahrzeit, -en
in Kauf nehmen
das Freibad, ⸚er
vielfältig
das Freizeitangebot, -e
knapp sein/werden
die Kosten tragen (für + A.)
Einfluss nehmen (auf + A.)
jmd. Hilfe leisten
etwas kostet Zeit und Kraft
jmd. unterstützen
ein Gespräch führen
die Studiengebühren (Pl.)
der Arbeitsmarkt, ⸚e

3 Haki Jelimo bewirbt sich.

das duale Studium
die Ausbildungsdauer (Sg.)
mithilfe von

überzeugt (von + D.)
beiliegende Zeugnisse
der Schwerpunkt, -e
die Semesterferien (Pl.)
der Bereich, -e
der Bedarf (Sg.)
der Markt, ⸚e
beruflich/ehrenamtlich tätig sein
überdurchschnittlich – unterdurchschnittlich

4 Haki hat die Stelle bekommen!

der Arbeitsvertrag, ⸚e
die Laufzeit, -en
die Laufzeit des Vertrags
der Vertragsbeginn (Sg.)
innerhalb – außerhalb
die Vergütung, -en
betragen, betrug, hat betragen
betrieblich
sich verpflichten (zu +D.)
das Ausscheiden (Sg.)
die Bescheinigung, -en
die Änderung, -en

5 Haki lernt die Region kennen.

die Körperpflege (Sg.)
wetterfest
geheimnisvoll
weltberühmt
die Ruine
altersmäßig
die Begrenzung, -en
sich richten (an + A.)
die Überbrückung, -en
der Druck (Sg.)
das Motiv, -e
die Methode, -n
wertvoll – wertlos

Testtraining B

1 Hören – Radiomeldungen und Ansagen.

die Spur, -en (auf der Autobahn oder einer Straße)
die Vorstellung, -en

2 Sprechen – Präsentation

der Autor, -en / die Autorin, -nen
die Handlung *(Sg.)*
die Musikrichtung, -en
die Vorliebe, -n

3 Lesen – formale bzw. halbformale Texte

sich wenden (an + A.)
der Zeitraum, ⸚e
der Mittlere Schulabschluss
entsprechend
nahe liegen, lag nahe, hat nahe gelegen
die Basis *(Sg.)*
die Sekundarschule, -n
fließend
arbeitssuchend
handwerklich geschickt sein
die Handwerkskammer, -n

jdm. zur Seite stehen (bei + Dat. / mit + Dat.)
beinhalten
sich einigen (auf + A.)
die Pauschale, -n
die Betriebszugehörigkeit *(Sg.)*
das Monatsengelt, -e
der Brückentag, -e
abweichend (von + D.)
bisherig
die Regelung, -en
durchgehend
ausliegen, lag aus, ist ausgelegen

4 Schreiben – innerbetriebliche E-Mail

der/die IT-Beauftragte, -n
das Präsentationsprogramm, -e
zurechtkommen (mit + D.)
die Benutzeroberfläche, -n
die Dienstreise, -n
in Vertretung
dienstlich unterwegs sein
die Rückmeldung, -en

Grammatik

Inhaltsverzeichnis

Verben

Kapitel 7, Seite 103

1 Verben mit Präfixen (Zusammenfassung)

a trennbare Präfixe

Die meisten Präfixe sind trennbar: ab-, an-, auf-, aus-, bei-, ein-, fort-, gegenüber-, her-, hin-, los-, mit-, nach-, vor-, weg-, zu-, zurück-

Bei den Verben mit trennbaren Präfixen liegt der Wortakzent immer auf dem Präfix.
ankommen, beilegen, einschlafen, fortfahren, gegenüberliegen, herstellen, loslassen, mitmachen, nachdenken, umhergehen, vortragen, wegfliegen, zubereiten

Manche Präfixe können trennbar und nicht trennbar sein: durch-, über-, um-, unter-, wider-, wieder-
Der Wortakzent bei den nicht trennbaren Verben liegt auf der ersten Silbe des Verbs.

trennbar	nicht trennbar
Meine Tochter schläft jetzt nachts durch.	Wir durchlaufen zurzeit eine schwierige Phase.
Zieh dir bitte einen Mantel über, es ist kalt.	Ich überlege mir Ihren Vorschlag bis morgen.
Dann hat er die Radfahrerin einfach umgefahren.	Auf dieser Straße umfahren Sie die Stadt.

b nicht trennbare Präfixe

Diese Präfixe sind nie vom Verb trennbar: be-, emp-, ent-, er-, ge-, miss-, ver-, zer-

Der Wortakzent liegt auf der ersten Silbe des Verbs.

Ich beantrage hiermit ein Führungszeugnis.	Gehört das Auto Ihnen?
Wir empfehlen Ihnen den B2-Kurs.	Wir verkaufen unser Auto.
Ich bin entschlossen, den Kurs zu machen.	Sie hat das Regal komplett zerlegt.
Können Sie das bitte erklären?	**Ausnahme:** *miss-* Ich hoffe, ich missverstehe Sie nicht.

Im Perfekt haben diese Verben kein *-ge-*.

2 Zeitformen (Übersicht)

a regelmäßige Formen

Infinitiv: kochen

	Präsens	Perfekt*		Präteritum	Plusquamperfekt		Futur mit *werden*	
ich	koche	habe	gekocht	kochte	hatte	gekocht	werde	kochen
du	kochst	hast	gekocht	kochtest**	hattest	gekocht	wirst	kochen
er/es/sie/man	kocht	hat	gekocht	kochte	hatte	gekocht	wird	kochen
wir	kochen	haben	gekocht	kochten	hatten	gekocht	werden	kochen
ihr	kocht	habt	gekocht	kochtet**	hattet	gekocht	werdet	kochen
sie/Sie	kochen	haben	gekocht	kochten	hatten	gekocht	werden	kochen

*   Die meisten Verben bilden das Perfekt und das Plusquamperfekt mit *haben*.
** Die 2. Person Singular und Plural benutzt man im Präteritum selten.

b unregelmäßige Formen

Infinitiv: sprechen

	Präsens	Perfekt		Präteritum	Plusquamperfekt		Futur mit *werden*	
ich	spreche	habe	gesprochen	sprach	hatte	gesprochen	werde	sprechen
du	sprichst	hast	gesprochen	sprachst**	hattest	gesprochen	wirst	sprechen
er/es/sie/man	spricht	hat	gesprochen	sprach	hatte	gesprochen	wird	sprechen
wir	sprechen	haben	gesprochen	sprachen	hatten	gesprochen	werden	sprechen
ihr	sprecht	habt	gesprochen	spracht**	hattet	gesprochen	werdet	sprechen
sie/Sie	sprechen	haben	gesprochen	sprachen	hatten	gesprochen	werden	sprechen

** Die 2. Person Singular und Plural benutzt man im Präteritum selten.
Liste der unregelmäßigen Verben: Seite XXXIX.

c Perfekt und Plusquamperfekt mit *sein*

Infinitiv: fliegen

	Perfekt		Plusquamperfekt	
ich	bin	geflogen	war	geflogen
du	bist	geflogen	warst	geflogen
er/es/sie/man	ist	geflogen	war	geflogen
wir	sind	geflogen	waren	geflogen
ihr	seid	geflogen	wart	geflogen
sie/Sie	sind	geflogen	waren	geflogen

A ———→ B

Verben der Bewegung (*gehen, laufen, fliegen, fahren* …) oder Zustandsveränderung (*aufwachen, einschlafen* …) bilden das Perfekt und das Plusquamperfekt mit einer konjugierten Form von *sein*.

Ebenso: *bleiben, passieren, sein*.
Die meisten Verben der Bewegung/Zustandsveränderung sind unregelmäßig.

Liste der unregelmäßigen Verben: Seite XXXIX.

Kapitel 2,
Seite 17, 18

3 Zeitformen (Verwendung)

a Präsens

Gegenwart: Das passiert jetzt.
= Präsens

Ich koche eine Suppe.

Zukunft: Das passiert später.
= Präsens + Zeitangabe der Zukunft
bald, in einer Stunde/Woche, morgen, übermorgen,
in einem Monat/Jahr, nach dem Kurs …

Ich koche **morgen** eine Suppe.
Nach dem Kurs gehe ich einkaufen.
In drei Jahren bin ich mit der Schule fertig.

Kapitel 2,
Seite 17, 18

b Perfekt, Präteritum und Plusquamperfekt

Perfekt
über die Vergangenheit
sprechen*

Ich habe eine Suppe gekocht. Willst du etwas mitessen?

persönliche Texte über die
Vergangenheit schreiben**

Gestern habe ich eine Suppe gekocht.
Sie war sehr lecker.

* Die Verben *sein*, *haben*, *werden* und alle Modalverben (*können, müssen* …) verwendet man auch in
diesen Fällen meistens im Präteritum.
** Einige Verben wie *kommen, bekommen, gehen, sehen, denken, finden* … verwendet man auch in diesen
Fällen häufig im Präteritum.

Präteritum
Texte, die über die Vergangenheit
berichten/erzählen (Texte in
Zeitungen, Zeitschriften,
literarische Texte, offizielle
Schreiben …)

Als er ihr Zimmer betrat, erschrak Leonora und klappte
schnell ihren Laptop zu. Das machte Georg misstrauisch.

Plusquamperfekt
über etwas sprechen oder
schreiben, das in der
Vergangenheit schon
vergangen war

Als ich nach Deutschland kam, hatte ich in der Heimat schon eine
Ausbildung gemacht.
Nachdem sie ihre B1-Prüfung bestanden hatte, hat sie gleich mit
dem B2-Kurs weitergemacht.

c Futur mit *werden*

Das Futur mit *werden* verwendet man meistens für:
– Voraussagen   Das Wetter wird morgen besser werden.
– Versprechen   Ich werde deine Bewerbung morgen lesen.
– Pläne   Im Sommer werden wir nach Spanien fahren.
– Vermutungen (+ *wohl*)   Er wird in diesem Jahr in den Ferien wohl zu Hause bleiben.

4 Passiv (Formen)

a Vorgangspassiv

	Aktiv		Vorgangspassiv
Präsens	Marc und Ana renovieren das Zimmer.		Das Zimmer wird renoviert.
Perfekt	Ana hat die Wände gestrichen.		Die Wände sind gestrichen worden.
Präteritum	Marc verlegte den Boden neu.		Der Boden wurde neu verlegt.

	Passiv Präsens	**Passiv Perfekt**	**Passiv Präteritum**
ich	werde untersucht	bin untersucht worden	wurde untersucht
du	wirst untersucht	bist untersucht worden	wurdest untersucht
er/es/sie/man	wird untersucht	ist untersucht worden	wurde untersucht
wir	werden untersucht	sind untersucht worden	wurden untersucht
ihr	werdet untersucht	seid untersucht worden	wurdet untersucht
sie/Sie	werden untersucht	sind untersucht worden	wurden untersucht

So bildet man das Vorgangspassiv:

Präsens		*werden* (konjugiert)	**Verb** (Partizip II)	
	Er	wird	untersucht .	

Perfekt:		*sein* (konjugiert)	**Verb** (Partizip II)	*worden*
	Er	ist	untersucht	worden .

Präteritum:		*werden* (Präteritum)	**Verb** (Partizip II)	
	Er	wurde	untersucht .	

b Passiv mit Modalverben

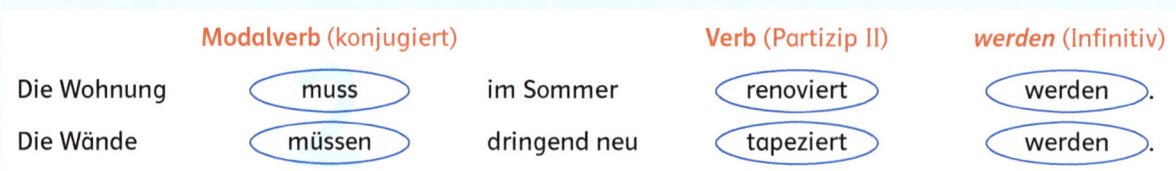

	Modalverb (konjugiert)		**Verb** (Partizip II)	*werden* (Infinitiv)
Die Wohnung	muss	im Sommer	renoviert	werden .
Die Wände	müssen	dringend neu	tapeziert	werden .

Kapitel 7,
Seite 99

c Zustandspassiv

Zustandspassiv
Das Zimmer ist **renoviert**.
Die Wände sind **gestrichen**.
Der Boden ist neu **verlegt**.

**So bildt man
das Zustandspassiv:**

	sein (konjugiert)	Verb (Partizip II)
Das Zimmer	ist	renoviert .

Kapitel 5,
Seite 67
Kapitel 7,
Seite 98, 99

5 Passiv (Verwendung)

Vorgangspassiv*   Das Zimmer ist renoviert worden.   Wichtig ist
der Vorgang,
die Handlung.

Zustandspassiv   Das Zimmer ist renoviert.
Das Zimmer ist aufgeräumt.   Wichtig ist
Der Stuhl ist repariert.   das Ergebnis der Handlung,
der neue Zustand.

*   Mit *von* + Dativ kann man im Vorgangspassiv die Person nennen, die etwas tut:
Das Zimmer ist von meiner Frau renoviert worden.

6 Konjunktiv II Gegenwart (Formen)

	haben	sein	müssen	können	werden	sollen	wollen
ich	hätte	wäre	müsste	könnte	würde	sollte	wollte
du	hättest	wärst	müsstest	könntest	würdest	solltest	wolltest
er/es/sie/man	hätte	wäre	müsste	könnte	würde	sollte	wollte
wir	hätten	wären	müssten	könnten	würden	sollten	wollten
ihr	hättet	wärt	müsstet	könntet	würdet	solltet	wolltet
sie/Sie	hätten	wären	müssten	könnten	würden	sollten	wollten

Die Konjunktiv-II-Formen von *sein, haben* und den Modalverben bildet man so:
Präteritum   *a/u/o (hatte/musste/konnte)* → Konjunktiv II   *ä/ü/ö (hätte/müsste/könnte)*
Ausnahmen: *sollen, wollen*

Kapitel 6,
Seite 81

7 Konjunktiv II Vergangenheit (Formen)

	hätte/wäre (konjugiert)		Verb (Partizip II)
An deiner Stelle	hätte	ich eine Versicherung	abgeschlossen .
Die Versicherung	wäre	für die Kosten	aufgekommen .

			Verb (Infinitiv)	Modalverb (Infinitiv)
Du	hättest	die Reise früher	stornieren	sollen .
Sie	hätte	viel Geld	sparen	können .

8 Konjunktiv II (Verwendung)

a Gegenwart

Wünsche	Ich würde gerne nach Griechenland fahren.
Bitten	Würdest du mir bitte den Brief korrigieren?
Bedingungen	Wenn meine Mutter nicht krank wäre, würde ich verreisen.
Vorschläge	Wir könnten am Wochenende einen Ausflug nach Stettin machen.
Ratschläge	Du solltest mehr auf deine Gesundheit achten.
irreale Vergleiche	Du siehst aus, als ob du verliebt wärst.

Kapitel 6, Seite 81

b Vergangenheit

Wünsche	Ich wäre gern nach Griechenland gefahren, aber mein Vater ist krank.
irreale Bedingung	Wenn du früher storniert hättest, hättest du Geld gespart.
Ratschläge*	An deiner Stelle hätte ich gestern mal nicht gearbeitet.
irrealer Vergleich	Du siehst aus, als ob du zu viel gearbeitet hättest.

* Mit dem Konjunktiv II Vergangenheit kann man Ratschläge formulieren für etwas, das schon passiert ist.

Konnektoren

Kapitel 1, Seite 3

9 Temporale Konnektoren

Sobald ich eine Frage habe, hilft er. → **in dem Moment**   **Frage: Wann?**
Er hilft, sobald ich eine Frage habe.

Solange ich arbeite, ist alles o.k. → **die ganze Zeit**   **Frage: Wie lange?**
Es ist alles o.k., solange ich arbeite.

Konnektor	Beispiel
bevor	Bevor ich jemanden (duze), (dauert) es eine Weile.
	Ich (hatte) schon ein Jahr Deutsch (gelernt), bevor ich nach Deutschland (kam).
bis	Bis ich mich daran (gewöhne), (vergeht) bestimmt noch etwas Zeit.
nachdem	Ich (fühlte) mich besser, nachdem ich mich (eingelebt) (hatte).
seitdem	Seitdem ich Vollzeit (arbeite), (verfliegt) die Zeit nur so.
	Er (arbeitet) Vollzeit, seitdem er sein Examen (gemacht) (hat).
sobald	Sobald ich Feierabend (habe), (komme) ich nach Hause.
	(Sagen) Sie es, sobald Sie einen Fehler (gemacht) (haben).
solange	Solange ich nicht alle Namen (kenne), (frage) ich nach.

Zeitenwechsel

Gegenwart	Er (arbeitet) Vollzeit, seitdem er sein Examen	(gemacht) (hat).
	Er (studiert), nachdem er die Aufnahmeprüfung	(bestanden) (hat).
	Präsens	**Perfekt**

Vergangenheit	Er (arbeitete) Vollzeit, seitdem er sein Examen	(gemacht) (hatte).
	Er (studierte), nachdem er die Aufnahmeprüfung	(bestanden) (hatte).
	Präteritum/Perfekt	**Plusquamperfekt**

10 Konnektoren (Übersicht)

a nach Satzbau geordnet

Hauptsatz + Konnektor + Hauptsatz (Konnektor = Position 0)

und	Ich besuche einen Kurs in Dresden und ich möchte dort arbeiten.
aber	Von Montag bis Freitag arbeite ich, aber am Wochenende habe ich Zeit.
oder	Wir können einkaufen gehen oder wir machen einen Ausflug.
denn	Wir gehen am Samstag schwimmen, denn das Wetter wird gut.
sondern	Ich gehe am Wochenende nicht ins Schwimmbad, sondern ich trainiere im Fitnesscenter.

Hauptsatz + Konnektor + Hauptsatz (Konnektor = Position 1)

deshalb/deswegen/	Heute ist das Wetter sehr gut, deshalb gehen wir schwimmen.
daher/darum	Ich muss arbeiten, deswegen kann ich heute nicht schwimmen gehen.
aus diesem Grund	Morgen ist das Projekt fertig, aus diesem Grund wollen wir feiern.
trotzdem	Ich habe wenig Zeit, trotzdem mache ich heute ein Fest.
also	Mein Job hat mir nicht mehr gefallen, also habe ich gekündigt.

Hauptsatz + Konnektor + Nebensatz

weil	Wir gehen am Samstag schwimmen, weil das Wetter gut wird.
da	Heute bleibe ich zu Hause, da es regnet.
dass	Ich möchte nicht, dass du zu spät kommst.
wenn	Ich hole dich ab, wenn ich mit meiner Arbeit fertig bin.
obwohl	Berlin wirkt gemütlich, obwohl es eine Weltstadt ist.
indem	Die Homepage wird gut lesbar, indem man mit wenigen Schriften arbeitet.
während	Ron arbeitet, während sein Kind schläft.
nachdem	Sie hat einen Job gefunden, nachdem sie den Sprachkurs beendet hatte.
seit/seitdem	Die Zeit verfliegt noch schneller, seit/seitdem ich Vollzeit arbeite.
sobald	Ich werde dir helfen, sobald ich Zeit habe.
solange	Sie ist ganz entspannt, solange sie arbeitet.
damit	Ich werde einen B2-Kurs machen, damit ich bessere Berufschancen habe.

Der Nebensatz kann auch vor dem Hauptsatz stehen. Bei *wenn* kommt das häufig vor:

Nebensatz: Position 1	Verb	
Wenn ich mit der Arbeit fertig bin,	hole	ich dich ab.
Weil das Wetter gut wird,	gehen	wir am Samstag schwimmen.
Während sein Kind schläft,	arbeitet	Ron.
Seit ich Vollzeit arbeite,	verfliegt	die Zeit nur so.

b nach Bedeutung geordnet

Was?	Ich weiß, dass ich nichts weiß.
Grund: Warum?	Wir gehen am Samstag schwimmen, weil das Wetter gut wird.
	Wir gehen am Samstag schwimmen, denn das Wetter wird gut.
	Heute ist das Wetter sehr gut, deshalb gehen wir schwimmen.
	Ich muss arbeiten, deswegen kann ich heute nicht schwimmen gehen.
	Morgen ist das Projekt fertig, aus diesem Grund wollen wir feiern.
Gegen die Erwartung	Obwohl laut Wetterbericht die Sonne scheinen müsste, regnet es.
	Der Wetterbericht hat einen sonnigen Tag vorausgesagt, trotzdem regnet es.
Art und Weise: Wie?	Die Homepage wird gut lesbar, indem man mit wenigen Schriften arbeitet.
	Eine Homepage muss einfach sein, ohne auf wichtige Informationen zu verzichten.
Zeit: Wann? / Seit wann? / Wie lange?	Bevor ich jemanden duze, dauert es eine Weile.
	Nachdem Nia ihren Deutschkurs beendet hatte, begann sie eine Ausbildung als Mechatronikerin.
	Bis ich mich daran gewöhne, vergeht bestimmt noch eine Zeit.
	Seit/Seitdem ich Vollzeit arbeite, verfliegt die Zeit noch schneller.
	Sobald ich Feierabend habe, komme ich nach Hause.
	Solange ich nicht alle Namen kenne, frage ich nach.
	Während ich arbeite, kann ich keine Musik hören.
	Wenn ich mit meiner Arbeit fertig bin, hole ich dich ab.
Bedingung	Wenn du morgen Zeit hast, können wir zusammen etwas kochen.
	Wenn du morgen Zeit hättest, könnten wir zusammen etwas kochen.
	Wenn du gestern Zeit gehabt hättest, hätten wir etwas kochen können.
Zweck: Wozu?	Unsere Homepage ist auf Englisch, damit möglichst viele sie verstehen.
	Wir brauchen einen Profi, um unsere Homepage zu modernisieren.
Alternative	Anstatt einzukaufen ist er lieber ins Kino gegangen.
	Er hat nicht eingekauft, stattdessen war er im Kino.
irrealer Vergleich	Du siehst aus, als ob du krank wärst.
	Du siehst aus, als wärst du krank.

Kapitel 8, Seite 113

11 Nomen-Verb-Verbindungen

Nomen-Verb-Verbindungen kommen häufig in formeller Sprache vor.
In Nomen-Verb-Verbindungen trägt das Nomen die Bedeutung. Man lernt sie am besten mit einem Beispielsatz.

die Kosten tragen	Die Kosten für den Umzug von Herrn Keuner trägt seine neue Firma.
jemandem Hilfe leisten	Gerne leisten wir Ihnen auch bei der Wohnungssuche Hilfe.
in Kauf nehmen	Für eine Wohnung im Grünen nehme ich lange Fahrzeiten in Kauf.
Einfluss nehmen auf + A.	Wir versuchen, auf die Entwicklung des Marktes Einfluss zu nehmen.
sich Gedanken machen über + A.	Sie sollten sich Gedanken über Ihre weitere Karriere machen.

Eine Liste mit Nomen-Verb-Verbindungen finden Sie auf Seite XLIV.

12 Ergänzungen im Satz: im Akkusativ, im Dativ und mit Präpositionen

Kapitel 1, Seite 5

Subjekt	Verb (1)	Dativ	Akkusativ	Ergänzung mit Präposition + D./A.	Verb (2)
Ich	fotografiere		die Natur.		
Er	schenkt	seiner Frau	eine Kamera.		
Wir	haben	euch	ein Buch	über den Schwarzwald	gekauft.
Sie	werden			an einem Fotokurs	teilnehmen.

Die Dativergänzung steht normalerweise vor der Akkusativergänzung.
Präpositionalergänzungen stehen meistens am Ende des Satzes bzw. vor dem zweiten Verbteil.

Wenn die Akkusativergänzung ein Pronomen ist, dann steht dieses vor der Dativergänzung.

Dativ vor Akkusativ	Er schenkt	seiner Frau	einen Ring.
	Er schenkt	ihr	einen Ring.
Akkusativpronomen vor Dativ	Er schenkt	ihn	seiner Frau.
	Er schenkt	ihn	ihr.

Eine Liste der Verben mit Dativ bzw. Dativ und Akkusativ finden Sie auf Seite XXXIV–XXXV.

13 Angaben im Satz

Kapitel 3, Seite 37

Die Angaben im Satz stehen meistens in dieser Reihenfolge:
wann (temporal) – warum (kausal) – wie (modal) – wo/wohin/woher (lokal)

		WANN?	WARUM?	WIE?	WOHIN?	
		temporal	kausal	modal	lokal	
Ich	bin	im Mai	aus Liebe	spontan	nach Bonn	gezogen.

		WANN?	WARUM?	WIE?	Akkusativ	WO?
		temporal	kausal	modal		lokal
Wir	lernen	heute	wegen des Tests	gemeinsam	die Wörter	in der Schule.

Es stehen selten alle Typen von Angaben in einem Satz.

Eine Angabe kann auch am Satzanfang stehen. Die Reihenfolge der anderen Angaben bleibt gleich.

kausal		temporal	modal		lokal	
Wegen des Tests	haben wir	gestern	gemeinsam	die Wörter	in der Schule	gelernt.

Die Wann-warum-wie-wo-Regel (temporal, kausal, modal, lokal) gilt auch in Nebensätzen:

Es war gut, dass wir
gestern **wegen des Tests** **gemeinsam** die Wörter **in der Schule** gelernt haben.

14 Verneinung

a *nicht* oder *kein*

Ich kann das Haus **nicht** mieten.
Ich arbeite **nicht**.

**Mit *nicht* verneint man Verben
oder ganze Aussagen.**

Ich habe **kein** Haus.
Ich habe **keine** Arbeit.

Mit *kein/keine* verneint man Nomen.

Kapitel 4,
Seite 49

b Die Stellung von *nicht* im Satz

Nicht steht meistens vor dem Element, das verneint wird.
Ich kaufe **nicht** im Supermarkt ein.
Ich heiße **nicht** Otto.

Wenn der ganze Satz verneint werden soll, steht *nicht* am Satzende oder
vor dem zweiten Teil der Satzklammer.
Ich vergesse den Einkauf **nicht**.
Ich kaufe morgen **nicht** ein.

Kapitel 4,
Seite 51

15 Negationswörter (Übersicht)

kein	Hast du zurzeit einen Job?	Nein, ich habe im Moment **keinen** Job.
nicht	Besuchst du uns am Wochenende?	Nein, dieses Wochenende **nicht**.
niemand	Hat dir jemand geholfen?	Nein, leider hatte **niemand** Zeit.
nichts	Hast du schon etwas für den Test gelernt?	Nein, noch **nichts**.
nie	Bist du auch immer nervös vor Tests?	Nein, ich bin eigentlich **nie** nervös.
noch nie	Hast schon einmal Schicht gearbeitet?	Nein, **noch nie**.
nirgends/ nirgendwo	Gute Jobs kann man überall finden.	Ich habe **nirgends/nirgendwo** einen gefunden.

Redemittel

Persönliches

K1, 3
UND SIE?
von den ersten Tagen bei der Arbeit / im Deutschkurs / … erzählen
Wenn ich an meine ersten Arbeitstage denke, dann fällt mir sofort … ein.
Am ersten Tag im Deutschkurs war ich …
Als ich nach … kam, …
Am Anfang war es manchmal schwierig, aber dann …

K1, 4
UND SIE?
über Freizeitaktivitäten und Hobbys sprechen
Ich interessiere mich für …, weil …
Ich habe Interesse an … Deshalb …
… macht mir viel Spaß. Man kann …
Seit … mache ich. Das habe ich begonnen, als …
Ich beschäftige mich gern mit … Deswegen …
Ich würde auch gern …, denn …

K2, 2
UND SIE?
über persönliche Entwicklungen berichten
Vor zwei Jahren war ich …
Damals …
Zuerst habe/war ich und danach …
Ich erinnere mich noch genau an …
Es hat fast ein Jahr gedauert, bis …
Erst als ich …
Es war nicht einfach, denn/aber …
Ich hatte Glück, weil …

über Berufe sprechen

K4, 3
UND SIE? /
K6, 6
K6, ÜT 5
über berufliche Tätigkeiten sprechen
Ich habe schon als … gearbeitet.
Von … bis … habe ich als … gearbeitet.
Seit … arbeite ich bei der Firma … als …
Zu meinen beruflichen Tätigkeiten gehört …
Zu meinen Aufgaben gehört …
Als … muss man …
Ich habe viel mit … zu tun.
Bei diesem Beruf ist es wichtig, dass man gut mit … umgehen kann.
Man sollte Spaß an … haben.
Man sollte ein Talent für … haben.
Mir gefällt an diesem Beruf, dass …
Viele stört es aber, dass …
… ist mein Traumberuf. Deshalb …
Ich mag Menschen/Technik/Reisen/…, deshalb ist … der ideale Beruf für mich.
Das ist ein befriedigender/interessanter/anstrengender Beruf, weil …

Haltestelle B, 1
über Berufe sprechen
An diesem Beruf reizt mich (nicht), dass …
Deshalb würde ich (nicht) gerne als … arbeiten.
Ich kenne mich mit diesem Beruf nicht so gut aus, aber ich glaube, man muss oft …
Vielleicht gibt es Probleme, wenn …
Das kommt darauf an, wie …
In meinem Land braucht man für diesen Beruf …
Bei uns ist es ähnlich wie / ganz anders als in Deutschland.

Rund um die Bewerbung

K6, 5c **Informationen am Telefon erfragen**

Mitarbeiter/in	**Anrufer/in**
(Firmenname), Sie sprechen mit Herrn/Frau …, was kann ich für Sie tun / wie kann ich Ihnen helfen?	Guten Tag, Herr/Frau …, mein Name ist ….
Um welche Anzeige geht es denn?	Ich habe Ihre Anzeige im Internet / in der Zeitung gelesen und hätte da ein paar Fragen.
Welche Anzeige meinen Sie genau?	Es geht um … / Ich interessiere mich für …
Womit kann ich Ihnen da weiterhelfen?	Mir ist nicht ganz klar geworden, ob …
Welche Informationen brauchen Sie genau?	Können Sie mir sagen, wie …
Haben Sie noch weitere Fragen?	Ja, ich wüsste noch gerne, was/wann / wie lange …
Vielen Dank für Ihr Interesse.	Vielen Dank für die Informationen.

K1, 6

einen Lebenslauf schreiben

Das gehört in einen Lebenslauf:
- Persönliche Daten
- Berufliche Erfahrungen
- Berufsausbildung/Studium
- Praktika/Auslandssemester
- Schulausbildung
- Sprachkenntnisse
- Computerkenntnisse
- Zusatzqualifikationen

K8, 3f

ein Anschreiben für eine Bewerbung schreiben

Einleitung
Sehr geehrte Frau …, … / Sehr geehrter Herr …, … / Sehr geehrte Damen und Herren, …
in Ihrer oben genannten Anzeige …
mit großem Interesse habe ich Ihre Stellenanzeige gelesen.
Sie suchen …
hiermit bewerbe ich mich als …

bisherige Tätigkeiten
Nach erfolgreichem Abschluss meines …
Meine Berufsausbildung zum … / Mein …studium habe ich im … erfolgreich abgeschlossen.
Ein Praktikum bei … hat mir gezeigt, dass …
… sammelte ich Erfahrungen …
In meiner jetzigen Tätigkeit als … bin ich …

Gründe für die Bewerbung
Die Arbeit in Ihrem Unternehmen reizt mich sehr, weil …
Aufgrund meiner Ausbildung / bisherigen beruflichen Erfahrung, glaube ich, dass …
Da ich mich beruflich verändern möchte …

Schluss
Über eine Einladung zu einem persönlichem Gespräch freue ich mich sehr.
Mit freundlichen Grüßen

ein Bewerbungsgespräch führen

Einige Standardfragen aus Bewerbungsgesprächen:	Mögliche Antworten:

Einige Standardfragen aus Bewerbungsgesprächen:

Können Sie mir ein bisschen über sich erzählen?
Warum haben Sie sich bei uns beworben?

Mögliche Antworten:

Ich habe schon einige Berufserfahrung in/im …
Ich kann mich mit Ihrem Unternehmen gut identifizieren, weil …
Auf dieser Stelle hätte ich die Möglichkeit, …
Ich finde, der Beruf hat viele Vorteile. Man …
Ich arbeite einfach gerne mit Menschen / mit dem Computer / in Teams / …

Aus welchem Grund wollen Sie Ihren derzeitigen Arbeitgeber verlassen?

Bei meiner momentanen Tätigkeit bin ich …

Was machen Sie in Ihrer Freizeit?

Meine Hobbys sind …

Was möchten Sie in drei/fünf/zehn Jahren erreicht haben?

Mein langfristiges Ziel ist es, einmal …

Was würden Sie gerne verdienen?

… Euro im Jahr finde ich angemessen.

Warum denken Sie, die richtige Besetzung für diese Stelle zu sein?

Ich bin ziemlich belastbar.
Ich kann auch in schwierigen Situation freundlich bleiben / die Ruhe bewahren / den Überblick behalten.

Was sind Ihre persönlichen Stärken?

Ich arbeite sehr systematisch.
Ich bin sehr teamfähig.
Mich reizen neue Herausforderungen.

Kommunikation im Team

K4, 5c

Arbeitszeiten aushandeln

Ich kann am … arbeiten.
Also, ich könnte am … von … bis … Uhr.
Ich kann … übernehmen.
Am … kann ich leider nicht, weil …
Ich habe am … einen Termin bei … Aber am … könnte ich.
Am …? Das geht bei mir leider nicht. Aber …

K4, 6e

Arbeitsaufträge

Arbeitsaufträge geben
Bitte rufen Sie … an.
Können Sie bitte …?
Könnten Sie bitte heute die E-Mail an … schreiben?
Wäre es möglich, dass Sie …?
… Geht das?

Arbeitsaufträge entgegennehmen
Ja, natürlich. Das mache ich.
Ja, das erledige ich sofort/gleich.
In Ordnung!
Selbstverständlich.

Arbeitsaufträge verhandeln
Das kann ich leider erst später erledigen.
Ja, aber dafür brauche ich mehr Zeit.
Tut mir leid, aber dafür bin ich nicht zuständig.

Verständnis sichern

Verstehen Sie, was ich damit sagen möchte?
Verstehen Sie, was ich meine?
Haben Sie noch Fragen?
Ist alles klar?

nachfragen, ob etwas erledigt wurde

Haben Sie schon ... gemacht/erledigt/...?
Sind Sie fertig mit ...?

K1, VORHANG AUF / K5, 3

sich im beruflichen Kontext schriftlich oder mündlich vorstellen

Seit Anfang April bin ich neu bei ...
Heute möchte ich mich Ihnen kurz vorstellen.
Mein Name ist ...
Ursprünglich komme ich aus ...
Ich stamme aus ..., lebe aber seit ... Jahren in ...
Schon immer hatte ich eine Leidenschaft für ...
Ich habe schon immer gerne ...
Außerdem arbeite ich gerne mit Menschen zusammen / im Team / ...
Hier in Deutschland habe ich meine Ausbildung zum/zur ... abgeschlossen.
Danach habe ich ... Monate/Jahre in *(Ort)* ... / bei *(Firma)* ... gearbeitet.
Jetzt unterstütze ich das Team von ... bei der Organisation / im Service / ...
Kommen Sie jederzeit gerne auf mich zu, wenn Sie irgendwelche Wünsche oder Fragen haben.
Ich freue mich auf eine gute Zusammenarbeit.

K5, 5a, b

Teamgespräche führen

sich zu Wort melden

Ich möchte zu diesem Punkt gleich etwas sagen.
Kann ich etwas vorschlagen?
Ich möchte dazu noch etwas ergänzen.
Darf ich dazu auch etwas sagen?

ablehnen

Das können wir nicht machen, weil ...
Ich fürchte, wir haben nicht genug ...
Ich glaube, das klappt/funktioniert nicht, weil ...

Probleme äußern

Ist das nicht ungünstig, weil ...?
Ich bin nicht sicher, ob ...
Da könnte es Schwierigkeiten mit ... geben.
Ich kann mir nicht vorstellen, dass ...

nachfragen

Habe ich das richtig verstanden?
Sollen wir wirklich ...?
Meinen Sie, dass ...

etwas vorschlagen

Meiner Meinung nach wäre es gut, wenn ...
Ich schlage vor, dass wir ...
Sollen wir ...?
Ich würde gerne ...
Wir könnten doch ...

Alternativvorschläge machen
Wir könnten das auch anders lösen.
Warum … wir nicht …?
Machen wir es doch einfach so: …

zustimmen
Das halte ich für eine gute Idee.
Diesen Vorschlag finde ich gut.
Einverstanden.
Okay, das können wir so machen.

sich einigen
Wunderbar, dann machen wir das so.
Für mich ist das in Ordnung.

K5, 4c

Muster für ein Protokoll

Protokoll des Teamgesprächs vom x.x.20…, xx – xx Uhr
Anwesend: Frau …, Herr …, Frau …, …
Entschuldigt: Herr …
Leitung: Frau …

TOP:		wer?	wann?
1. neues Projekt	…	…	…
2. Termine	…	…	…

(Unterschrift)

K7, 4c

einen Ablauf beschreiben
Zuerst muss man…
Danach wird …
Dann …
Anschließend …
Als Nächstes …
Zum Schluss …

K7, 5,
UND SIE?

einen Verbesserungsvorschlag machen
Ich mache in meinem Arbeitsbereich die Erfahrung, dass …
Ich möchte Sie auf ein Problem hinweisen.
… könnte/sollte geändert/verbessert werden.
Es wäre besser, wenn wir in Zukunft …
Für dieses Problem möchte ich eine Lösung vorschlagen.
Der Vorteil davon wäre, dass …

Testtraining B, 4

eine innerbetriebliche E-Mail schreiben

Anrede

Liebe Frau …, / Lieber Herr …,
Liebe Kolleginnen und Kollegen,
Sehr geehrte Mitarbeiterinnen und Mitarbeiter,

Einleitung

vielen Dank für Ihre E-Mail vom …
da Herr/Frau … in Urlaub / auf Dienstreise / auf Fortbildung ist, antworte ich in Vertretung.
Herr/Frau … ist gerade dienstlich unterwegs und hat mich gebeten, seine/ihre E-Mails zu beantworten.

Hauptteil

Könnten Sie mir bitte die Probleme noch etwas detaillierter schildern?
Können Sie mir bitte sagen, wie viele Kolleginnen und Kollegen Interesse an … hätten?
Ich schlage Folgendes vor: …
Wäre es möglich zu warten, bis Herr/Frau … aus dem Urlaub / von der Dienstreise/Fortbildung zurück ist?

Schluss

Sobald Herr/Frau … zurück ist, werden wir uns wieder bei Ihnen melden.
Vielen Dank für Ihr/Euer Verständnis.
Vielen Dank schon jetzt für Ihre/Eure Rückmeldung.

Mit freundlichen Grüßen
(Unterschrift)

Geschäftliche Kommunikation

K3, 3b

Angebote einholen und nachfragen

Kunde/Kundin

Könnten Sie mir bitte ein Angebot schicken?
Ich würde gerne ein Angebot für … einholen.

Mitarbeiter/Mitarbeiterin

Wo genau …?
An welchem Termin wollen Sie denn …?
Wie groß/weit/hoch/… ist …?
Um ein Angebot machen zu können, müsste ich …

K3, 3b

Angebote verhandeln

Kunde/Kundin

Sind Sie denn bezüglich des Termins flexibel?
Haben Sie beim Preis noch etwas Spielraum?

Mitarbeiter/Mitarbeiterin

Tut mir leid, wir sind bis … ausgebucht.
Ja, wir können Ihnen beim Termin entgegenkommen.
Wir haben Fixpreise, da kann ich leider nichts machen.

K3, 6b

eine offizielle E-Mail schreiben

ein Schreiben einleiten
Sehr geehrte Frau … / Sehr geehrter Herr … / Sehr geehrte Damen und Herren,
 ich beziehe mich auf unser heutiges Telefongespräch / Ihre E-Mail / Ihre Nachricht.
wie soeben telefonisch besprochen …

den Grund des Schreibens nennen
Hiermit möchte ich Sie bitten …
Ich möchte Sie noch einmal daran erinnern, …
Wir hatten vereinbart, dass …

um schnelle Erledigung bitten
Bitte klären Sie bald mit … folgendes Problem: …
Deshalb bitte ich Sie dringend darum, so schnell wie möglich …

über Erreichbarkeit informieren
Falls Sie noch Rückfragen haben, können Sie mich gerne jederzeit unter der Nummer … anrufen.
Wir sind täglich von … Uhr bis … Uhr zu Hause / im Büro / außer Haus.
Wir sind täglich von … Uhr bis … Uhr erreichbar.

Zusammenfassen und abwägen

K2, 6d

einen Text zusammenfassen
In dem Text geht es um …
Das Thema des Textes ist …
Der Autor / Die Autorin ist der Meinung, dass …
Er/Sie … berichtet, dass …
Die zentrale Aussage des Textes ist folgende: …

K4, 2,
UND SIE?

Vorteile und Nachteile nennen
Ich finde es sehr positiv, dass/wenn …
Ich finde es nicht so positiv, dass/wenn …
Ein Vorteil/Nachteil von … ist …
Einerseits …, andererseits …
Ich finde es (un)praktisch/gut/schlecht/(un)wichtig/…

K6,
VORHANG AUF

Eine Präsentation halten

Einleitung
Ich möchte eine kurze Präsentation über … halten.
In meinem Vortrag geht es um …
Ich möchte Ihnen von … erzählen/berichten.
Ich stelle heute … vor.

Hauptteil
Mein Vortrag besteht aus … Teilen.
Zuerst möchte ich …, danach …
Ich komme jetzt zum zweiten/dritten/… Teil.
Als Nächstes möchte ich über … sprechen.
Wie Sie sicherlich wissen, …
Ich möchte jetzt erklären, warum/wie …

Schluss
Zum Schluss möchte ich noch erwähnen, dass …
Und damit komme ich zum Ende meiner Präsentation.
Abschließend möchte ich sagen, dass …
Vielen Dank für Ihre Aufmerksamkeit.

Verben mit Dativ

abraten	Ich rate dir vom Kauf eines Autos mit Dieselmotor ab.
ähneln	Meine neue Tätigkeit ähnelt sehr meiner bisherigen.
antworten	Bitte antworten Sie mir so schnell wie möglich.
auffallen	Mir fällt auf, dass Herr Kranz in letzter Zeit viel fröhlicher wirkt.
ausweichen	Der Radfahrer konnte dem Fußgänger gerade noch ausweichen.
begegnen	Jeden Morgen begegne ich Herrn Kranz im Aufzug.
beistehen	Meine Freunde stehen mir immer bei, wenn ich Probleme habe.
beitreten	Sie können unserem Sportverein ohne Grundgebühr beitreten.
bekommen	Das Essen ist mir überhaupt nicht bekommen.
danken	Ich danke Ihnen für Ihr Verständnis.
dienen	Das Treffen dient dem gegenseitigen Kennenlernen.
drohen	Ihm droht die Kündigung, wenn er weiter so unpünktlich ist.
einfallen	Mir fällt einfach nichts ein, was ich Dana zum Geburtstag schenken könnte.
entfallen	Mir ist sein Name entfallen.
fehlen	Du fehlst mir so sehr!
folgen	Bitte folgen Sie mir. Ich bringe Sie jetzt zu Dr. Born, unserem Geschäftsführer.
gefallen	Ihre Projektskizze gefällt mir sehr gut.
gehören	Die Jacke gehört mir.
gelingen	Dieser Kuchen gelingt mir immer besonders gut.
genügen	Ihre Antwort genügt mir nicht. Da bleiben noch viele Fragen offen.
gratulieren	Wir gratulieren dir ganz herzlich zum neuen Job!
helfen	Ich helfe dir gerne bei den Vorbereitungen für die Präsentation.
kündigen	Wir kündigen Ihnen hiermit fristgerecht zum Ende des Quartals.
leichtfallen	Wörterlernen ist mir immer leichtgefallen.
leidtun	Es tut mir wirklich leid, dass ich schon wieder zu spät bin. Mein Sohn ist krank.
missfallen	Mir missfällt, wie Sie mit mir sprechen.
misslingen	Der Kuchen ist mir leider misslungen.
nützen	Diese Information nützt mir sehr viel. Vielen Dank!
passen	Der Anzug passt dir perfekt.
schaden	Ein bisschen mehr Sport zu machen, würde dir gar nicht schaden.
schmecken	Schmeckt Ihnen die Suppe nicht?
schwerfallen	Es fällt mir manchmal schwer, mich zu konzentrieren.
stehen	Der Mantel steht dir ausgezeichnet.
tun	Was habe ich dir getan, dass zu mich so schlecht behandelst?
vertrauen	Meinen Kolleginnen kann ich immer vertrauen.
widersprechen	Da muss ich Ihnen wirklich widersprechen.
zuhören	Könnten Sie mir bitte mal zuhören?
zustimmen	Da kann ich dir nur zustimmen.

Verben mit Dativ und Akkusativ

abgewöhnen	Du solltest dir wirklich abgewöhnen, jede Minute dein Handy zu checken.
angewöhnen	Wann hast du dir denn das Joggen angewöhnt?
anbieten	Wir bieten Ihnen eine gute Stelle in unserem Unternehmen an.
auffallen	Ist Ihnen an dem Vertrag etwas Besonderes aufgefallen?
beschreiben	Ich beschreibe Ihnen den Weg zu unserer Firma.
bestätigen	Bitte bestätigen Sie mir die Reservierung.
bieten	Die Firma K&L bietet Ihnen einen kompletten Service.
borgen	Kannst du mir mal deinen Kugelschreiber borgen?
bringen	Bringst du mir bitte mal meine Brille?
empfehlen	Ich empfehle Ihnen dieses E-Bike, weil es sehr leicht ist.
entziehen	Die Polizei hat ihm die Fahrerlaubnis entzogen.
erklären	Frau Dumitru, erklären Sie mir bitte dieses Programm.
erlauben	Ich erlaube meinen Kindern dieses gefährliche Spiel nicht.
erleichtern	Ihre Hilfe erleichtert mir meine Arbeit sehr.
ermöglichen	Ein Stipendium hat mir diesen Auslandsaufenthalt ermöglicht.
erzählen	Das hat er mir selbst erzählt.
geben	Ich gebe Ihnen morgen den Projektentwurf.
gestatten	Bitte gestatten Sie mir einen Besuch in Ihrer Abteilung.
glauben	Ich glaube ihm seine Geschichte.
leihen	Ich leihe dir mein Tablet für die Präsentation.
liefern	Der neue Kopierer wird Ihnen heute geliefert.
mitteilen	Bitte teilen Sie mir Ihre Kontonummer mit.
nennen	Können Sie mir bitte die Gründe für die Reklamation nennen?
präsentieren	Heute präsentiere ich Ihnen unsere neue Wasserfilteranlage.
schenken	Ich schenke Fabian ein Buch mit Ärzte-Cartoons zum Geburtstag.
schicken	Ich schicke Ihnen morgen die Endfassung der neuen Website.
schreiben	Mein Freund schreibt mir noch Briefe mit der Hand.
schulden	Du schuldest mir noch das Geld für den Betriebsausflug.
senden	Ich sende dir die Unterlagen für die Kalkulation per Post.
servieren	Heute servieren wir Ihnen eine Suppe vom Rind.
spenden	Ahmed hat 20 Euro für Amnesty International gespendet.
verbieten	Mein Arzt hat mir das Rauchen verboten.
verdanken	Meine guten Deutschkenntnisse verdanke ich nicht zuletzt meiner Lehrerin.
verheimlichen	Diesen Vorfall hat sie mir verheimlicht.
verkaufen	Wir verkaufen die neue Maschine am Anfang mit 20% Einführungsrabatt.
vermitteln	Sie vermitteln mir oft das Gefühl, dass ich mich weiterentwickle.
verraten	Ich verrate Ihnen ja kein Geheimnis, wenn ich sage, dass wir Sie sehr schätzen.
verschweigen	Sie hat mir die Probleme wochenlang verschwiegen und jetzt wird eine Lösung sehr schwierig sein.
versprechen	Ich verspreche Ihnen absolute Pünktlichkeit.
verzeihen	Ich kann mir diesen Fehler nicht verzeihen.
vorlesen	Der Notar liest Ihnen den Vertrag noch einmal vor.
vorschlagen	Ich schlage Ihnen eine einfache Lösung vor.
wegnehmen	Ich nehme Ihnen das Projekt nicht weg, aber Sie bekommen Unterstützung.
wiedergeben	Gib mir bitte meinen Kuli wieder.
wünschen	Ich wünsche Ihnen viel Erfolg bei Ihren neuen Aufgaben!
zeigen	Hier zeige ich Ihnen eine neue Erfindung aus China.
zuordnen	Welchem Absatz können Sie diese Überschrift zuordnen?
zurückbringen	Bringst du mir morgen mein Tablet zurück?

Verben mit Präpositionen

Mit Akkusativ

achten	auf	Achten Sie bei der Maschine auf die Sicherheitshinweise.
ankommen	auf	Bei einer Bewerbung kommt es auf die persönliche Wirkung an.
anpassen	an	Man muss sich nicht an jeden Trend anpassen.
antworten	auf	Hat die Firma Held schon auf deine Bewerbung geantwortet?
sich ärgern	über	Ich habe mich heute so über meine Kollegin geärgert.
aufpassen	auf	Könntest du heute Abend auf meine Kinder aufpassen?
ausgeben	für	Wie viel haben Sie für das Geschäftsessen ausgegeben?
sich bedanken	für	Wir wollen uns für die gelungene Fortbildung bedanken.
sich begeistern	für	Gabriela begeistert sich für Fotografie.
sich beklagen	über	Der Gast hat sich ständig über das Essen beklagt.
berichten	über	Im Fernsehen wurde über das Ereignis berichtet.
sich beschweren	über	Herr Dr. Müller hat sich gestern über die Hompage beschwert.
sich bewerben	auf/um	Haki hat sich auf/um eine Stelle bei der Firma Held beworben.
sich beziehen	auf	Die Mahnung bezieht sich auf die Rechnung vom Januar.
bitten	um	Könnte ich dich um einen Gefallen bitten?
danken	für	Ich möchte Ihnen für Ihre Unterstützung danken.
denken	an	Denk doch nicht immer nur an dich!
diskutieren	über	Wir müssen morgen über unseren Terminplan diskutieren.
eingehen	auf	Mein Chef geht meistens auf die Meinung anderer ein.
sich einigen	auf	Können wir uns auf dieses Bild einigen?
sich einsetzen	für	Wir setzen uns für eine bessere Berufsausbildung ein.
einziehen	in	Wir sind erst vor Kurzem in die neue Wohnung eingezogen.
sich engagieren	für	Viele Leute engagieren sich für einen guten Zweck.
sich engagieren	gegen	Wir engagieren uns gegen Gewalt im Alltag.
sich entscheiden	für/gegen	Wir haben uns für/gegen dieses Sofa entschieden.
sich entschuldigen	für	Herr Bieber hat sich für seinen Fehler entschuldigt.
(sich) erinnern	an	Erinnern Sie sich an unser Gespräch neulich?
erzählen	über	Was hat Pablo denn über den Chef erzählt?
sich freuen	auf	Ich freue mich auf unseren Ausflug am Wochenende.
sich freuen	über	Meine Eltern haben sich sehr über meinen Besuch gefreut.
sich gewöhnen	an	Ich kann mich einfach nicht an dieses Essen gewöhnen.
glauben	an	Seine Chefin glaubt an ihn, das macht ihm Mut.
halten	für	Ich halte Sie für eine sehr kompetente Fachkraft.
sich halten	an	Halten Sie sich in Zukunft bitte an unsere Abmachung!
sich handeln	um	Hier handelt es sich um eine seltene Pflanze.
hinweisen	auf	Ich möchte Sie noch auf unsere Sonderangebote hinweisen.
hoffen	auf	Wir haben lange auf besseres Wetter gehofft.
(sich) informieren	über	Vor seiner Bewerbung hat er sich über die Firma informiert.
sich interessieren	für	Nesrin interessiert sich sehr für neue Technik.
investieren	in	Das Unternehmen hat viel Geld in dieses Projekt investiert.
kämpfen	für	Sie kämpfen für bessere Arbeitsbedingungen.
kämpfen	gegen	Sie kämpfen gegen Rassissmus.
sich konzentrieren	auf	Seid leiser! Ich muss mich auf die Aufgabe konzentrieren.
sich kümmern	um	Wer kümmert sich um den Auftrag von der Firma Fein?
lachen	über	Über diesen Witz kann ich echt überhaupt nicht lachen.
nachdenken	über	Ich denke über dein Angebot nach und gebe dir Bescheid.
reagieren	auf	Wie hat dein Chef auf deinen Vorschlag reagiert?
reden	über	Wir haben lange über die Arbeitsverteilung geredet.
schimpfen	über	Er schimpfte den ganzen Abend über seine Kollegen.
sorgen	für	Eleni sorgt dafür, dass die Homepage termingerecht fertig wird.
sich sorgen	um	Ron sorgt sich um seine berufliche Zukunft.
sich spezialisieren	auf	Fabian hat sich während des Studiums auf Chirurgie spezialisiert.
sprechen	über	Habt ihr auch über die Arbeitsbedingungen gesprochen?
(sich) streiten	über	Streitet ihr schon wieder über die gleiche Frage?

(sich) streiten	um	In Beziehungen wird oft um Geld gestritten.
sich unterhalten	über	Wir haben uns den ganzen Abend über Politik unterhalten.
sich verlassen	auf	Auf meine Kollegen kann ich mich immer verlassen.
sich verlieben	in	Nina hat sich schon während der Schulzeit in Paul verliebt.
verzichten	auf	Faris kann morgens nicht auf Kaffee verzichten.
sich vorbereiten	auf	Hast du dich gut auf das Vorstellungsgespräch vorbereitet?
warten	auf	Auf wen wartest du denn?
sich wenden	an	Wenden Sie sich mit weiteren Fragen bitte an Frau Beyerle.
werben	für	Die Firma Held wirbt für ihre Produkte.
sich wundern	über	Ich habe mich sehr über diese Frage gewundert.

Mit Dativ

abhalten	von	Ich konnte ihn nicht von der Kündigung abhalten.
abhängen	von	Unsere Arbeitsplätze hängen von der Weltwirtschaft ab.
abmelden	von	Hast du dich wirklich vom Sportstudio abgemeldet?
abraten	von	Ich kann euch von diesem Restaurant nur abraten.
ändern	an	Gabriela sagt, dass sie an der Situation nichts ändern kann.
anfangen	mit	Paula hat mit dem Tanzkurs angefangen.
anrufen	bei	Hast du bei unserem Vermieter angerufen?
arbeiten	an	Sie arbeiten an einem großen Projekt.
arbeiten	bei	Er arbeitet zwölf Stunden pro Woche beim Späti.
arbeiten	in	Eleni arbeitet in einer mittelständischen Firma.
aufhören	mit	Könnt ihr bitte mit dem Streit aufhören?
ausgehen	von	Ich gehe davon aus, dass der Termin gehalten wird.
sich auskennen	mit	Ahmed kennt sich gut mit Computern aus.
sich austauschen	mit	Im Forum kann sich Tom mit anderen Betroffenen austauschen.
sich bedanken	bei	Ich möchte mich sehr bei Ihnen bedanken.
sich befassen	mit	Die Fortbildung befasst sich mit dem Arbeitsrecht.
sich befinden	in	Wir befinden uns hier im Zentrum von Rostock.
beginnen	mit	Wann beginnst du mit deinem neuen Job?
beitragen	zu	Möchtest du auch etwas zu dieser Diskussion beitragen?
sich beklagen	bei	Unsere Kollegin hat sich wieder beim Abteilungsleiter beklagt.
berichten	von	Frau Lin berichtet immer sehr ausführlich von ihren Reisen.
sich beschweren	bei	Herr Kranz hat sich bei der Hausverwaltung beschwert.
bestehen	aus	Diese Schokolade besteht zu 75% aus Kakao.
bestellen	bei	Habt ihr die Lieferung bei Herrn Krämer bestellt?
sich beteiligen	an	Habt ihr euch auch an der Demo gestern beteiligt?
sich bewerben	bei	Haki hat sich bei der Firma Held beworben.
bringen	zu	Er bringt mich immer zum Lachen.
diskutieren	mit	Wir haben lange mit dem Webdesigner diskutiert.
einladen	zu	Ich würde dich gern zu meiner Party einladen.
sich entschließen	zu	Haki hat sich zu einem dualen Studium entschlossen.
sich entschuldigen	bei	Die Kollegin hat sich heute bei mir entschuldigt.
erhalten	von	Haben Sie die Nachricht von Frau Beyerle erhalten?
sich erholen	von	Sie hat sich gut von der Krankheit erholt.
erkennen	an	Ich erkenne ihn an seiner Stimme.
sich erkundigen	bei/nach	Ich habe mich bei der IHK nach Kursen erkundigt.
erwarten	von	Was erwartest du von diesem Kurs?
erzählen	von	Erzähl doch mal was von deiner Familie!
erziehen	zu	Sie haben ihre Kinder früh zur Selbstständigkeit erzogen.
experimentieren	mit	Habt ihr mit Wasser experimentiert?
fragen	nach	Wo warst du? Fabian hat schon dreimal nach dir gefragt.
führen	zu	Der Klimawandel führt zu immer mehr Unwettern.
gehören	zu	Zu welcher Projektgruppe gehörst du?
gratulieren	zu	Ich möchte dir zu deinem guten Prüfungsergebnis gratulieren.
greifen	nach	Er greift nach dem Treppengeländer.
handeln	mit	Die Firma handelt mit elektronischen Bauteilen.

handeln	von	Das Buch „Die Hauptstadt" handelt von der Europäischen Union.
halten	von	Was hältst du von dem neuen Büro?
helfen	bei	Könntest du mir bitte beim Aufräumen helfen?
hören	von	Hast du mal was von Ulrike und Moritz gehört?
klarkommen	mit	Sie kommt sehr gut mit ihren Kolleginnen klar.
klingen	nach	Das klingt nach einem tollen Projekt.
leiden	an	Er leidet an Asthma.
leiden	unter	Er leidet unter Schlaflosigkeit.
liegen	an	Es liegt an seinem Ehrgeiz, dass er so weit gekommen ist.
sich melden	bei	Meldest du dich morgen bei mir?
motivieren	zu	Kann ich dich heute zum Joggen motivieren?
nachfragen	bei	Das Paket ist nicht da? Hast du bei der Poststelle nachgefragt?
sich orientieren	an	Er hat sich an den üblichen Verfahren orientiert.
passen	zu	Ich glaube, Herr Gül wird gut zu unserer Firma passen.
raten	zu	Ich rate dir zu einem Arztbesuch.
(sich) retten	vor	Alle haben sich vor dem Feuer gerettet.
sich richten	nach	Ich richte mich da ganz nach dir.
schimpfen	mit	Er schimpft den ganzen Tag mit seinem Hund.
schmecken	nach	Die Schokolade schmeckt nach Nougat.
speichern	auf	Du solltest die Datei auf einer externen Festplatte speichern.
sprechen	mit	Kann ich mal kurz mit Ihnen sprechen?
sprechen	von	Dana hat den ganzen Abend nur von ihrem Kind gesprochen.
sterben	an	Mein Opa ist letztes Jahr an Krebs gestorben.
(sich) streiten	mit	Ich habe mich gestern mit meinem Freund gestritten.
teilnehmen	an	Nimmst du auch am nächsten Kurs teil?
telefonieren	mit	Ich habe gerade mit der Personalabteilung telefoniert.
träumen	von	Ich träume vom nächsten Urlaub.
sich treffen	mit	Nach dem Kurs treffe ich mich noch mit Rosalie.
(sich) trennen	von	Sie hat sich von ihrem alten Auto getrennt.
überreden	zu	Ich habe sie zu einem Ausflug überredet.
überzeugen	von	Versuch nicht, mich vom Gegenteil zu überzeugen.
umgehen	mit	Kannst du gut mit Stress umgehen?
unterbrechen	bei	Meine Kinder unterbrechen mich ständig bei der Arbeit.
sich unterhalten	mit	Gestern habe ich mich lange mit meinem Chef unterhalten.
sich unterscheiden	von	Meine neue Firma unterscheidet sich deutlich von der alten.
unterstützen	bei	Können Sie uns bei dem Projekt unterstützen?
sich verabreden	mit	Ich würde mich gern mal mit ihr verabreden.
sich verabschieden	von	Die Gäste haben sich von uns verabschiedet.
verbinden	mit	Was verbindest du mit dem Begriff „Gerechtigkeit"?
vergleichen	mit	Man kann Äpfel nicht mit Birnen vergleichen.
verlangen	von	Was verlangst du von mir?
(sich) verstecken	vor	Er versteckt sich vor ihr.
sich verstehen	mit	Haki versteht sich sehr gut mit seinen Kollegen.
vorbeikommen	bei	Kommt ihr nachher noch bei uns vorbei?
vorkommen	bei	Das kommt bei meinem Computer öfter vor, dass er abstürzt.
vortragen	vor	Er hat die Präsentation vor über 100 Leuten vorgetragen.
weglaufen	vor	Du kannst nicht immer vor deinen Problemen weglaufen.
sich wünschen	von	Eleni wünscht sich von mir ein Buch.
zurückkommen	von	Gestern ist mein Bruder von einer langen Reise zurückgekommen.
zählen	zu	Fabian zählt zu den besten Studenten der Universität.
zweifeln	an	Zweifelst du an seiner Ehrlichkeit?
zwingen	zu	Niemand kann dich zu dieser Prüfung zwingen.

Unregelmäßige Verben

DSüd = Süddeutschland; *A* = Österreich; *CH* = Schweiz

Infinitiv	Präsens	Präteritum	Perfekt
abbrechen	er bricht ab	brach ab	hat abgebrochen
abfahren	er fährt ab	fuhr ab	ist abgefahren
abgeben	er gibt ab	gab ab	hat abgegeben
abhängen	er hängt ab	hing ab	hat abgehangen
abheben	er hebt ab	hob ab	hat abgehoben
abnehmen	er nimmt ab	nahm ab	hat abgenommen
abschließen	er schließt ab	schloss ab	hat abgeschlossen
anbieten	er bietet an	bot an	hat angeboten
anerkennen	er erkennt an	erkannte an	hat anerkannt
anfangen	er fängt an	fing an	hat angefangen
angeben	er gibt an	gab an	hat angegeben
ankommen	er kommt an	kam an	ist angekommen
annehmen	er nimmt an	nahm an	hat angenommen
anrufen	er ruft an	rief an	hat angerufen
ansehen	er sieht an	sah an	hat angesehen
ansprechen	er spricht an	sprach an	hat angesprochen
anwenden	er wendet an	wendete/wandte an	hat angewendet/angewandt
auffallen	er fällt auf	fiel auf	ist aufgefallen
aufgeben	er gibt auf	gab auf	hat aufgegeben
aufheben	er hebt auf	hob auf	hat aufgehoben
aufladen	er lädt auf	lud auf	hat aufgeladen
aufnehmen	er nimmt auf	nahm auf	hat aufgenommen
aufstehen	er steht auf	stand auf	ist aufgestanden
auftreten	er tritt auf	trat auf	ist aufgetreten
ausfallen	er fällt aus	fiel aus	ist ausgefallen
ausgehen	er geht aus	ging aus	ist ausgegangen
ausleihen	er leiht aus	lieh aus	hat ausgeliehen
ausschlafen	er schläft aus	schlief aus	hat ausgeschlafen
aussehen	er sieht aus	sah aus	hat ausgesehen
aussprechen	er spricht aus	sprach aus	hat ausgesprochen
aussteigen	er steigt aus	stieg aus	ist ausgestiegen
ausweichen	er weicht aus	wich aus	ist ausgewichen
ausziehen	er zieht aus	zog aus	hat ausgezogen *(Kleidung)*
ausziehen	er zieht aus	zog aus	ist ausgezogen *(aus der Wohnung)*
backen	er bäckt/backt	buk/backte	hat gebacken
befehlen	er befiehlt	befahl	hat befohlen
sich befinden	er befindet sich	befand sich	hat sich befunden
beginnen	er beginnt	begann	hat begonnen
begreifen	er begreift	begriff	hat begriffen
behalten	er behält	behielt	hat behalten
beibringen	er bringt bei	brachte bei	hat beigebracht
beißen	er beißt	biss	hat gebissen
bekommen	er bekommt	bekam	hat bekommen
beraten	er berät	beriet	hat beraten
beschließen	er beschließt	beschloss	hat beschlossen
besprechen	er bespricht	besprach	hat besprochen
bestehen	er besteht	bestand	hat bestanden
betreffen	es betrifft	betraf	hat betroffen
betreiben	er betreibt	betrieb	hat betrieben
betrügen	er betrügt	betrog	hat betrogen
sich beziehen	er bezieht sich	bezog sich	hat sich bezogen
biegen	er biegt	bog	hat gebogen
bieten	er bietet	bot	hat geboten

Infinitiv	Präsens	Präteritum	Perfekt
binden	er bindet	band	hat gebunden
bitten	er bittet	bat	hat gebeten
bleiben	er bleibt	blieb	ist geblieben
braten	er brät	briet	hat gebraten
brechen	er bricht	brach	hat gebrochen
brennen	er brennt	brannte	hat gebrannt
bringen	er bringt	brachte	hat gebracht
denken	er denkt	dachte	hat gedacht
dürfen	er darf	durfte	hat dürfen/gedurft
eindringen	er dringt ein	drang ein	ist eingedrungen
einfallen	er fällt ein	fiel ein	ist eingefallen
eingeben	er gibt ein	gab ein	hat eingegeben
einhalten	er hält ein	hielt ein	hat eingehalten
einladen	er lädt ein	lud ein	hat eingeladen
einschlafen	er schläft ein	schlief ein	ist eingeschlafen
einschließen	er schließt ein	schloss ein	hat eingeschlossen
einwerfen	er wirft ein	warf ein	hat eingeworfen
einziehen	er zieht ein	zog ein	ist eingezogen
empfangen	er empfängt	empfing	hat empfangen
empfehlen	er empfiehlt	empfahl	hat empfohlen
empfinden	er empfindet	empfand	hat empfunden
enthalten	es enthält	enthielt	hat enthalten
entlassen	er entlässt	entließ	hat entlassen
entnehmen	er entnimmt	entnahm	hat entnommen
entscheiden	er entscheidet	entschied	hat entschieden
sich entschließen	er entschließt sich	entschloss sich	hat sich entschlossen
entsprechen	er entspricht	entsprach	hat entsprochen
entstehen	er entsteht	entstand	ist entstanden
entwerfen	er entwirft	entwarf	hat entworfen
erfahren	er erfährt	erfuhr	hat erfahren
erfinden	er erfindet	erfand	hat erfunden
sich ergeben	es ergibt sich	ergab sich	hat sich ergeben
ergreifen	er ergreift	ergriff	hat ergriffen
erhalten	er erhält	erhielt	hat erhalten
erkennen	er erkennt	erkannte	hat erkannt
erscheinen	er erscheint	erschien	ist erschienen
ertragen	er erträgt	ertrug	hat ertragen
sich erweisen	es erweist sich	erwies sich	hat sich erwiesen
erwerben	er erwirbt	erwarb	hat erworben
erziehen	er erzieht	erzog	hat erzogen
essen	er isst	aß	hat gegessen
fahren	er fährt	fuhr	ist gefahren
fallen	er fällt	fiel	ist gefallen
fangen	er fängt	fing	hat gefangen
fernsehen	er sieht fern	sah fern	hat ferngesehen
feststehen	es steht fest	stand fest	hat festgestanden
finden	er findet	fand	hat gefunden
fliegen	er fliegt	flog	ist geflogen
fliehen	er flieht	floh	ist geflohen
fließen	er fließt	floss	ist geflossen
fressen	er frisst	fraß	hat gefressen
frieren	er friert	fror	hat gefroren
geben	er gibt	gab	hat gegeben
gefallen	es gefällt	gefiel	hat gefallen
gehen	er geht	ging	ist gegangen
gelingen	es gelingt	gelang	ist gelungen

Infinitiv	Präsens	Präteritum	Perfekt
gelten	er gilt	galt	hat gegolten
genießen	er genießt	genoss	hat genossen
geraten	er gerät	geriet	ist geraten
geschehen	er geschieht	geschah	ist geschehen
gewinnen	er gewinnt	gewann	hat gewonnen
gießen	er gießt	goss	hat gegossen
greifen	er greift	griff	hat gegriffen
haben	er hat	hatte	hat gehabt
halten	er hält	hielt	hat gehalten
hängen	er hängt	hing	hat gehangen
			(DSüd, A, CH: ist gehangen)
heben	er hebt	hob	hat gehoben
heißen	er heißt	hieß	hat geheißen
helfen	er hilft	half	hat geholfen
herunterladen	er lädt herunter	lud herunter	hat heruntergeladen
hervorheben	er hebt hervor	hob hervor	hat hervorgehoben
hinterlassen	er hinterlässt	hinterließ	hat hinterlassen
hinweisen	er weist hin	wies hin	hat hingewiesen
hüpfen	er hüpft	hüpfte	ist gehüpft
kennen	er kennt	kannte	hat gekannt
klingen	es klingt	klang	hat geklungen
kommen	er kommt	kam	ist gekommen
können	er kann	konnte	hat können/gekonnt
laden	er lädt	lud	hat geladen
lassen	er lässt	ließ	hat gelassen
laufen	er läuft	lief	ist gelaufen
leiden	er leidet	litt	hat gelitten
leihen	er leiht	lieh	hat geliehen
lesen	er liest	las	hat gelesen
liegen	er liegt	lag	hat gelegen
			(DSüd, A, CH: ist gelegen)
lügen	er lügt	log	hat gelogen
meiden	er meidet	mied	hat gemieden
messen	er misst	maß	hat gemessen
missverstehen	er missversteht	missverstand	hat missverstanden
mitbringen	er bringt mit	brachte mit	hat mitgebracht
mitnehmen	er nimmt mit	nahm mit	hat mitgenommen
mögen	er mag	mochte	hat mögen/gemocht
müssen	er muss	musste	hat müssen/gemusst
nachgeben	er gibt nach	gab nach	hat nachgegeben
nachlassen	er lässt nach	ließ nach	hat nachgelassen
nachweisen	er weist nach	wies nach	hat nachgewiesen
nehmen	er nimmt	nahm	hat genommen
nennen	er nennt	nannte	hat genannt
raten	er rät	riet	hat geraten
reiben	er reibt	rieb	hat gerieben
reiten	er reitet	ritt	ist geritten
rennen	er rennt	rannte	ist gerannt
riechen	er riecht	roch	hat gerochen
rufen	er ruft	rief	hat gerufen
scheinen	er scheint	schien	hat geschienen
schieben	er schiebt	schob	hat geschoben
schiefgehen	es geht schief	ging schief	ist schiefgegangen
schießen	er schießt	schoss	hat geschossen
schlafen	er schläft	schlief	hat geschlafen
schlagen	er schlägt	schlug	hat geschlagen

Infinitiv	Präsens	Präteritum	Perfekt
schleichen	er schleicht	schlich	ist geschlichen
schleifen	er schleift	schliff	hat geschliffen
schließen	er schließt	schloss	hat geschlossen
schmeißen	er schmeißt	schmiss	hat geschmissen
schneiden	er schneidet	schnitt	hat geschnitten
schreiben	er schreibt	schrieb	hat geschrieben
schreien	er schreit	schrie	hat geschrien
schweigen	er schweigt	schwieg	hat geschwiegen
schwimmen	er schwimmt	schwamm	ist geschwommen
sehen	er sieht	sah	hat gesehen
sein	er ist	war	ist gewesen
senden	er sendet	sandte/sendete	hat gesandt/gesendet
singen	er singt	sang	hat gesungen
sinken	er sinkt	sank	ist gesunken
sitzen	er sitzt	saß	hat gesessen (DSüd, A, CH: ist gesessen)
sollen	er soll	sollte	hat sollen/gesollt
spazieren gehen	er geht spazieren	ging spazieren	ist spazieren gegangen
sprechen	er spricht	sprach	hat gesprochen
springen	er springt	sprang	ist gesprungen
stattfinden	es findet statt	fand statt	hat stattgefunden
stechen	er sticht	stach	hat gestochen
stehen	er steht	stand	hat gestanden (DSüd, A, CH: ist gestanden)
stehlen	er stiehlt	stahl	hat gestohlen
steigen	er steigt	stieg	ist gestiegen
sterben	er stirbt	starb	ist gestorben
stoßen	er stößt	stieß	hat gestoßen
streichen	er streicht	strich	hat gestrichen
streiten	er streitet	stritt	hat gestritten
teilnehmen	er nimmt teil	nahm teil	hat teilgenommen
tragen	er trägt	trug	hat getragen
treffen	er trifft	traf	hat getroffen
treiben	er treibt	trieb	hat getrieben
treten	er tritt	trat	hat/ist getreten
trinken	er trinkt	trank	hat getrunken
tun	er tut	tat	hat getan
überlassen	er überlässt	überließ	hat überlassen
übernehmen	er übernimmt	übernahm	hat übernommen
übertreffen	er übertrifft	übertraf	hat übertroffen
übertreiben	er übertreibt	übertrieb	hat übertrieben
überweisen	er überweist	überwies	hat überwiesen
überwinden	er überwindet	überwand	überwunden
umfahren	er umfährt	umfuhr	hat umfahren
umfahren	er fährt um	fuhr um	hat umgefahren
umfallen	er fällt um	fiel um	ist umgefallen
umgeben	er umgibt	umgab	hat umgeben
umsteigen	er steigt um	stieg um	ist umgestiegen
umziehen	er zieht um	zog um	ist umgezogen
unterbrechen	er unterbricht	unterbrach	hat unterbrochen
unterhalten	er unterhält	unterhielt	hat unterhalten
sich unterhalten	er unterhält sich	unterhielt sich	hat sich unterhalten
unterlassen	er unterlässt	unterließ	hat unterlassen
unternehmen	er unternimmt	unternahm	hat unternommen
unterscheiden	er unterscheidet	unterschied	hat unterschieden

Infinitiv	Präsens	Präteritum	Perfekt
unterschreiben	er unterschreibt	unterschrieb	hat unterschrieben
unterstreichen	er unterstreicht	unterstrich	hat unterstrichen
verbergen	er verbirgt	verbarg	hat verborgen
verbieten	er verbietet	verbot	hat verboten
verbinden	er verbindet	verband	hat verbunden
verbrennen	er verbrennt	verbrannte	hat verbrannt
verbringen	er verbringt	verbrachte	hat verbracht
vergeben	er vergibt	vergab	hat vergeben
vergessen	er vergisst	vergaß	hat vergessen
vergleichen	er vergleicht	verglich	hat verglichen
sich verhalten	er verhält sich	verhielt sich	hat sich verhalten
verlassen	er verlässt	verließ	hat verlassen
verlieren	er verliert	verlor	hat verloren
vermeiden	er vermeidet	vermied	hat vermieden
verraten	er verrät	verriet	hat verraten
verschieben	er verschiebt	verschob	hat verschoben
verschlafen	er verschläft	verschlief	hat verschlafen
verschwinden	er verschwindet	verschwand	ist verschwunden
versprechen	er verspricht	versprach	hat versprochen
verstehen	er versteht	verstand	hat verstanden
vertragen	er verträgt	vertrug	hat vertragen
vertreiben	er vertreibt	vertrieb	hat vertrieben
vertreten	er vertritt	vertrat	hat vertreten
verzeihen	er verzeiht	verzieh	hat verziehen
vorhaben	er hat vor	hatte vor	hat vorgehabt
vorkommen	es kommt vor	kam vor	ist vorgekommen
vorlesen	er liest vor	las vor	hat vorgelesen
vorliegen	er liegt vor	lag vor	hat vorgelegen
vorschlagen	er schlägt vor	schlug vor	hat vorgeschlagen
vorschreiben	er schreibt vor	schrieb vor	hat vorgeschrieben
vortragen	er trägt vor	trug vor	hat vorgetragen
vorweisen	er weist vor	wies vor	hat vorgewiesen
wachsen	er wächst	wuchs	ist gewachsen
wahrnehmen	er nimmt wahr	nahm wahr	hat wahrgenommen
waschen	er wäscht	wusch	hat gewaschen
wegfallen	er fällt weg	fiel weg	ist weggefallen
weglassen	er lässt weg	ließ weg	hat weggelassen
weitergeben	er gibt weiter	gab weiter	hat weitergegeben
weiterkommen	er kommt weiter	kam weiter	ist weitergekommen
werben	er wirbt	warb	hat geworben
werden	er wird	wurde	ist geworden
werfen	er wirft	warf	hat geworfen
widerrufen	er widerruft	widerrief	hat widerrufen
widersprechen	er widerspricht	widersprach	hat widersprochen
wiedergeben	er gibt wieder	gab wieder	hat wiedergegeben
wiedersehen	er sieht wieder	sah wieder	hat wiedergesehen
wiegen	er wiegt	wog	hat gewogen
wissen	er weiß	wusste	hat gewusst
wollen	er will	wollte	hat wollen/gewollt
ziehen	er zieht	zog	hat gezogen
zugeben	er gibt zu	gab zu	hat zugegeben
zurechtfinden	er findet zurecht	fand zurecht	hat zurechtgefunden
zurücktreten	er tritt zurück	trat zurück	ist zurückgetreten
zusammentreffen	er trifft zusammen	traf zusammen	ist zusammengetroffen
zwingen	er zwingt	zwang	hat gezwungen

Nomen-Verb-Verbindungen

Abschied nehmen von
die Absicht haben
eine Absprache treffen mit
eine Ahnung haben von
eine Andeutung machen
Anerkennung finden
einen Anfang machen
eine Anforderung erfüllen
ein Angebot machen
im Angebot haben
der Ansicht sein
einen Antrag stellen
eine Antwort geben
eine Anweisung geben
zur Anwendung kommen
ein Argument einbringen
der Auffassung sein
in Auftrag geben
aus den Augen verlieren
zum Ausdruck bringen
zum Ausdruck kommen
Auskunft geben über
eine Äußerung machen
in der engeren Auswahl haben
in der engeren Auswahl sein
Beachtung finden
Beachtung schenken
einen Beitrag leisten für/zu
Berücksichtigung finden
Bescheid geben
eine Bestellung aufgeben
in Betracht kommen
in Betracht ziehen
in Betrieb nehmen
Bezug nehmen auf
im Blick haben
die Daumen drücken
zur Debatte stehen
eine Diskussion führen über/mit
zur Diskussion stellen
unter Druck setzen
einen Eindruck bekommen von
einen Eindruck geben in
einen Eindruck machen auf
Einfluss nehmen auf
eine Entscheidung treffen
zur Entscheidung bringen
zur Entscheidung stellen
eine Erfahrung machen

in Erfahrung bringen
in Erfüllung gehen
eine Erklärung finden für
Ersatz leisten für
Feedback bekommen
Feedback geben
eine Forderung stellen
eine Frage stellen
eine Freude bereiten
ins Geschäft kommen mit
ein Gespräch führen über/mit
ins Gespräch bringen
ein Gewerbe betreiben
den Glauben verlieren an/in
im Griff haben
in den Griff bekommen
auf den Grund gehen
Hilfe leisten
zur Hilfe nehmen
die Hoffnung aufgeben
sich Hoffnung machen
auf eine Idee kommen
infrage kommen
infrage stellen
Interesse wecken
Interesse zeigen
in Kenntnis setzen von
zur Kenntnis nehmen
Klarheit gewinnen über
Kontakt halten mit
Kontakt knüpfen mit
Kontakt aufnehmen mit
in Kontakt stehen mit
in Kontakt treten mit
die Kosten tragen für
die Kosten übernehmen für
in Kraft treten
Krieg führen
Kritik üben an
den Kürzeren ziehen
in der Lage sein zu
auf dem Laufenden halten
auf dem Laufenden sein
der Meinung sein
in Ordnung bringen
ein Profil anlegen
eine Prüfung bestehen
durch eine Prüfung fallen
eine Qualifikation mitbringen

einen Rat geben
Rechenschaft ablegen über
zur Rechenschaft ziehen
in Rechnung stellen
eine Rede halten
in eine Reihenfolge bringen
den Respekt verlieren vor
Rückmeldung geben zu
Rücksicht nehmen auf
die Ruhe bewahren
zur Sprache bringen
Stellung nehmen zu
unter Strafe stehen
in Streik treten
Stress haben mit
unter Stress stehen
eine Tätigkeit ausüben
einen Überblick bekommen über
einen Überblick geben über
einen Unterschied machen
eine Verabredung treffen mit
die Verantwortung
    übernehmen für
sich in Verbindung setzen mit
eine Vereinbarung treffen
    mit/über
zur Verfügung stehen für
zur Verfügung stellen
in Verhandlungen stehen
    mit/über
in Verhandlungen treten
    mit/über
ein Versprechen geben
einen Vertrag abschließen mit
Vertrauen herstellen
Vorbereitungen treffen für
im Vordergrund stehen
einen Vorschlag machen
Vorsorge treffen
eine Wahl treffen
im Wettbewerb stehen mit
Wert legen auf
Widerstand leisten gegen
das Wort ergreifen
ein Ziel verfolgen
eine Zusage erhalten von
im Zusammenhang stehen mit

Video-Clips zu Linie 1

Nach der Kinderpause
34 Jahre lang war der Haushalt mit fünf Kindern Anny Loders Lebensmittelpunkt. Doch nun fühlt sich die Mutter und Großmutter mit ihrem leeren Nest nicht mehr ausgelastet. Sie möchte jetzt eine zweijährige Ausbildung zur Kinderpflegerin absolvieren.

zu Kapitel 1

Fit fürs Bewerbungsgespräch
Wie man sich optimal auf ein Bewerbungsgespräch vorbereitet: In entsprechenden Ratgebern findet man Tipps zur Gestaltung der Bewerbungsunterlagen und Verhaltensregeln fürs Vorstellungsgespräch. Aber auch ein individuelles Coaching kann hilfreich sein.

zu Kapitel 2

Beziehungsfalle Urlaub
Endlich Urlaub: Es sollen die wunderbarsten Wochen des Jahres sein, dementsprechend groß sind die Erwartungen. Für Paare ist der Urlaub die Gelegenheit, endlich mal wieder viel Zeit miteinander zu verbringen. Viele müssen dann aber feststellen, dass das, was er will, gar nicht das ist, was sie will.

zu Kapitel 6

Passivhaus
Das schlagende Argument für das PassivHaus: Die Energiekosten. Ein Passivhaus wird passiv genannt, weil sein Wärmebedarf größtenteils nicht durch aktives Heizen erzeugt wird.

zu Kapitel 7

Gehaltsverhandlungen
Vielen fällt eine Gehaltsverhandlung mit dem Chef schwer. Hier wird gezeigt, wie man erfolgreich verhandelt.

zu Kapitel 8

Lizenz durch www.zdf.archive.com / ZDF Enterprises GmbH
Videotrainer: Oliver Bayerlein
Videotrainer zum Download unter www.klett-sprachen.de/linie1/videoB2

Links

Audiodateien zum Download unter www.klett-sprachen.de/linie1/audioB2 Code: L1-B1+2/AU
Videodateien zum Download unter www.klett-sprachen.de/linie1/videoB2 Code: L1-B1+2/VI

Quellen

Fotos, die im Folgenden nicht aufgeführt sind: Hermann Dörre, Dörre Fotodesign, München
Reihenfolge der Quellenangaben: immer von links nach rechts und von oben nach unten.

S. 1 Familie Bergmann: Annalisa Scarpa-Diewald; iStockphoto (stockcam); Shutterstock (Jacob Lund); stock.adobe.com (Pavel Losevsky); Shutterstock (Uber Images); Shutterstock (Syda Productions); stock.adobe.com (elenabsl)

S. 2 Annalisa Scarpa-Diewald; Shutterstock (Jag_cz)

S. 3 Shutterstock (Enculescu Marian Vladut)

S. 4 Annalisa Scarpa-Diewald

S. 6 Shutterstock (Jane Kelly)

S. 7 Shutterstock (Syda Productions); Shutterstock (Rawpixel com); Shutterstock (g-stockstudio)

S. 8 Shutterstock (WAYHOME studio); Shutterstock (Charles Knox); Shutterstock (WAYHOME studio)

S. 10 Annalisa Scarpa-Diewald

S. 11 Annalisa Scarpa-Diewald

S. 12 Shutterstock (Peter Ruter)

S. 13 Shutterstock (pkchai); Shutterstock (LDprod); Shutterstock (goodluz); Shutterstock (mimagephotography)

S. 14 Shutterstock (etorres)

S. 17 Shutterstock (art-sonik)

S. 18 Shutterstock (antoniodiaz); Shutterstock (ESB Professional); Shutterstock (Oksana Kuzmina); Shutterstock (Rawpixel com); Shutterstock (Africa Studio); Shutterstock (kurhan); Shutterstock (Kzenon); Shutterstock (Photographee eu); stock.adobe.com (Daniel Ernst); stock.adobe.com (Jeanette Dietl)

S. 20 Shutterstock (Robert Kneschke); Shutterstock (Billion Photos); Shutterstock (Rynio Productions); Shutterstock (donatas1205); Shutterstock (little birdie); Shutterstock (wavebreakmedia); Annalisa Scarpa-Diewald; Shutterstock (beerkoff); Shutterstock (Dmitry Kalinovsky); Shutterstock (Phonlamai Photo)

S. 21 Shutterstock (Anna Jurkovska); Shutterstock (Carsten Medom Madsen); Shutterstock (LiliGraphie); Shutterstock (Phovoir)

S. 22 Shutterstock (Gregory Dean)

S. 24 Shutterstock (iiiphevgeniy)

S. 26 Shutterstock (Africa Studio); Shutterstock (Piotr Debowski); Shutterstock (Florin Burlan); Shutterstock (Paket); Shutterstock (satit_srihin); Shutterstock (Lorerock81); Shutterstock (amplejs); Shutterstock (GalapagosPhoto); Shutterstock (Raisman); Shutterstock (Volodymyr Krasyuk); Shutterstock (Papa Annur); Shutterstock (Hayati Kayhan); Shutterstock (mollicart); Shutterstock (photo one); Shutterstock (Andrey Eremin); Shutterstock (Dim Dimich)

S. 27 Shutterstock (Phonlamai Photo); Shutterstock (Dmitry Kalinovsky)

S. 32 Liesel Sunkler

S. 33 A: Shutterstock (kurhan); C: Lutz Rohrmann; D: Sabine Hoppe

S. 40 Shutterstock (Photographee eu); Shutterstock (fiphoto); Shutterstock (alexandre zveiger); Shutterstock (Breadmaker)

S. 41 Shutterstock (Yunava1)

S. 42 Shutterstock (baranq)

S. 43 Shutterstock (ESB Professional); Shutterstock (Dragon Images)

S. 44 Shutterstock (Solis Images)

S. 45 Shutterstock (science photo); Shutterstock (VCoscaron); Shutterstock (Ozgur Guvenc); Shutterstock (Sergiy1975); Shutterstock (Fishman64); Shutterstock (photokup); stock.adobe.com (Fotoschlick); Shutterstock (yampi)

S. 46 Shutterstock (Macrovector); Shutterstock (Leremy)

S. 47 A: Shutterstock (Tyler Olson); stock.adobe.com (Minerva Studio); B: Annalisa Scarpa-Diewald, mit freundlicher Genehmigung vom Deja Markt, München; C: Katharina Pretscher

S. 48 Shutterstock (Minerva Studio); Shutterstock (g-stockstudio); Shutterstock (Minerva Studio); Shutterstock (spfotocz)

S. 50 stock.adobe.com (Minerva Studio)

S. 51 Shutterstock (EKramar); Shutterstock (cristovao); Shutterstock (Andrey Arkusha); Shutterstock (Minerva Studio)

S. 52 Shutterstock (ESB Essentials)

S. 55 Shutterstock (Tyler Olson); stock.adobe.com (Minerva Studio); Shutterstock (STH)

S. 56 Shutterstock (pikselstock)

S. 57 Shutterstock (Jovan Barajevac); Shutterstock (Vadym Nechyporenko)

S. 58 Shutterstock (Pavel_Bogdanov)

S. 59 Shutterstock (Africa Studio)

S. 60 Shutterstock (CandyBox Images)

S. 62 Shutterstock (LINE ICONS)

S. 63 Shutterstock (notbad)

S. 65 A: Shutterstock (Rawpixel com); B: stock.adobe.com (txakel); C: Annalisa Scarpa-Diewald; D: Shutterstock (Syda Productions)

S. 66 Annalisa Scarpa-Diewald

S. 69 Annalisa Scarpa-Diewald; Shutterstock (Sergey Skleznev); Shutterstock (ksana-art)

S. 71 Shutterstock (Rawpixel com)

S. 72 Shutterstock (dsy88); Shutterstock (Michal Kowalski); Shutterstock (Africa Studio); Shutterstock (Andrey_Popov); stock.adobe.com (cirquedesprit)

S. 73 Shutterstock (sirtravelalot)

S. 74 Shutterstock (Rawpixel com); Shutterstock (Yulia Glam)

S. 75 Shutterstock (Daniel Novoa); Shutterstock (YuliiaHolovchenko)

S. 77 stock.adobe.com (Kzenon)

S. 78 Shutterstock (ESB Professional)

S. 79 Shutterstock (slava296); Shutterstock (wavebreakmedia); Shutterstock (Sergey Novikov); iStockphoto (verbaska_studio); Shutterstock (begalphoto)

S. 81 Shutterstock (Philip Date)

S. 82 Shutterstock (Lazar Milanovic); Shutterstock (Rido); iStockphoto (Thomas_EyeDesign)

S. 86 Shutterstock (Bildagentur Zoonar GmbH); Shutterstock (Maria Savenko); Shutterstock (CBCK)

S. 87 Shutterstock (Mikadun)

S. 88 Shutterstock (boonchoke)

S. 89 Shutterstock (Myroslava)

S. 90 Shutterstock (ESB Basic)

S. 91 Shutterstock (Rawpixel com); Shutterstock (bbernard); Shutterstock (George Rudy); Shutterstock (88studio); Shutterstock (Dmitry Kalinovsky)

S. 93 Shutterstock (Andrey_Popov); Shutterstock (Robert Kneschke); Theo Scherling

S. 94 Shutterstock (Quick Shot); Shutterstock (pockygallery); Shutterstock (Africa Studio); Shutterstock (Monkey Business Images)

S. 95 Shutterstock (asiandelight); Shutterstock (leolintang); Shutterstock (g-stockstudio); Shutterstock (Africa Studio); Shutterstock (VERSUSstudio); Shutterstock (Jacob Lund); Shutterstock (Katharina Wittfeld)

S. 98 Shutterstock (ALPA PROD)

S. 101 A: Shutterstock (Morphart Creation); B: Shutterstock (Everett Historical), Siemens-Pressebild; C: Shutterstock (sirtravelalot), (Coprid)

S. 102 Zentralverband des Deutschen Handwerks (ZDH); Shutterstock (milanzeremski); iStockphoto (triffitt)

S. 104 Shutterstock (sirtravelalot); Shutterstock (Andrey_Popov); Shutterstock (Grigvovan); Shutterstock (wavebreakmedia)

S. 105 Shutterstock (kurhan)

S. 106 Shutterstock (Dean Drobot); Shutterstock (Robert Przybysz)

S. 111 Bildschirmwand: Shutterstock (estherpoon); A, C, G: Lutz Rohrmann; D: Duale Hochschule Baden-Württemberg Baden-Wuerttemberg Cooperative State University; E: Shutterstock (David Hajnal); F: Shutterstock (Pavel L Photo and Video) und Popakademie Baden-Württemberg GmbH University of Popular Music and Music Business; H: iStockphoto (aldorado10)

S. 112 Lutz Rohrmann

S. 113 Shutterstock (travelview); Shutterstock (Inked Pixels); Shutterstock (Rolf G Wackenberg)

S. 114 Lutz Rohrmann

S. 115 Shutterstock (studioloco)

S. 117 B: Technik Museum Sinsheim; A, C, D, E, F: Lutz Rohrmann

S. 118 Shutterstock (Rolf G Wackenberg); Shutterstock (g215); Shutterstock (YP23); Shutterstock (Ints Vikmanis)

S. 119 Shutterstock (Syda Productions)

S. 120 Shutterstock (mije_shots); Shutterstock (Andres Garcia Martin); Shutterstock (Wolfgang Zwanzger)

S. 121 Shutterstock (Bartolomiej Pietrzyk)

S. 122 BVA Bielefelder Verlag GmbH & Co KG; Shutterstock (Circumnavigation)

S. 123 Shutterstock (klikkipetra)

Prüfungsaufgaben in B1+/B2.1

Die Testtrainings in **Linie 1** B1+/B2.1 bereiten auf die Prüfungen telc Deutsch B1·B2 Beruf [**P** B1·B2 Beruf] und telc Deutsch B2 [**P** B2] vor.

Sie finden sämtliche Aufgaben aus diesen Prüfungen in **Linie 1** B1+/B2.1 und **Linie 1** B2.2.

Unter www.klett-sprachen.de/tests und www.telc.net finden Sie komplette Modelltests.

	telc Deutsch B1·B2 Beruf	telc Deutsch B2[1]
Hören		
Teil 1	K6, ÜT, 1b, S. 87	Linie 1 B2.2
Teil 2	K2, ÜT, 6b, S. 26 TT A, 1, S. 61	K8, KB, 1c, S. 111[2]
Teil 3	K4, KB, 3, S. 50[2] K5, ÜT, 4a, S. 74[2] K7, KB, 2b, S. 98[2]	TT B, 1, S. 125 K3, ÜT, 5c, S. 45
Teil 4	K7, ÜT, 6c, S. 109 Linie 1 B2.2	*
Lesen		
Teil 1	TT A, 3, S. 64 K5, ÜT, 6c, S. 76–77	Linie 1 B2.2
Teil 2	TT A, 2, S. 62–63	K2, ÜT, 4, S. 24 K8, KB, 2b, S. 112[2]
Teil 3	TT B, 3, S. 126–127	K8, ÜT, 5, S. 122
Teil 4	K3, ÜT, 2f, S. 42 Linie 1 B2.2	*
Sprachbausteine		
Teil 1	K1, ÜT, 6f, S. 13[3] Linie 1 B2.2	K7, ÜT, 5a, S. 108
Teil 2	Linie 1 B2.2	Linie 1 B2.2
Schreiben		
Teil 1	K5, KB, UND SIE? nach 3, S. 67 Linie 1 B2.2	Linie 1 B2.2 *
Teil 2	TT B, 4, S. 128	
Sprechen		
Teil 1	K2, KB, VORHANG AUF, S. 21 HS B, 1, S. 93	K6, KB, VORHANG AUF, S. 85 TT B, 2, S. 125
Teil 2	K8, UND SIE? nach 2, S. 113 Linie 1 B2.2	Linie 1 B2.2
Teil 3	K5, KB, 5c, S. 69 K8, KB, VORHANG AUF, S. 117 Linie 1 B2.2	Linie 1 B2.2

[1] Bei telc Deutsch B2 ist der Ablauf der Prüfung wie folgt: Lesen – Sprachbausteine (Pause) Hörverstehen – Schreiben – Sprechen

[2] Die Prüfungsaufgabe hat nicht genau so viele Aufgaben wie in der Original-Prüfung. Aber auch so kann man die Prüfungsaufgaben gut kennenlernen und trainieren.

[3] In der Prüfung ist es eine geschäftliche E-Mail, keine private. Aber auch so kann man das Format gut trainieren.

* Diesen Teil gibt es in der Prüfung *telc Deutsch B2* nicht.